Reading Dutch

Reading Dutch

Fifteen annotated stories from the Low Countries

William Z. Shetter Indiana University
R. Byron Bird University of Wisconsin-Madison

MARTINUS NIJHOFF LEIDEN 1985

CIP-GEGEVENS KONINKLIJKE BIBLIOTHEEK, DEN HAAG

Shetter, William Z.

Reading Dutch : fifteen annotated stories from
the Low Countries / William Z. Shetter, R.Byron
Bird. - Leiden : Nijhoff
Met reg.
ISBN 90-6890-021-8
SISO * 838.5 UDC 372.880.393-054.6
Trefw.: Nederlandse taal voor buitenlanders /
leermiddelen ; Nederlands.

ISBN 90 689 0021 8
D(5) 1985

© 1985, Uitgeverij Martinus Nijhoff, Morssingel 9-13, 2312 AZ Leiden

This book presents fifteen highly readable stories and a handful of poems for those who would like to pursue their study of Dutch by reading some contemporary literature. The reading selections are unabridged and unsimplified, but the copious annotations and the complete vocabulary list will enable even beginners to build vocabulary and develop a sensitivity to modern idiomatic usage.

The stories are 'readable' in two senses. First, they are simply good reading. They are written in a natural, straightforward language, they all have a clear, rapid plot development, and all come to a well-focused point. Each of the stories has in addition its own peculiar eccentricity. Each will leave the reader with something to think about.

They are also 'readable' in being designed to give maximum help both in classroom work and self-study. Each story is introduced by a few paragraphs that first place it in the context of the author's work and then point out the direction the plot takes and suggest one or two questions the story raises. Each is followed by thorough annotations that offer help with points of grammar or idiom and explain an occasional puzzling reference. A complete vocabulary makes the book relatively self-contained. Provision in the vocabulary of additional information such as noun plurals and principal parts of verbs should enhance the book's usefulness in discussion and essay writing. In anticipation of the use of the stories for oral discussion or for reading aloud, both annotations and vocabulary indicate the place of word stress in some words where it is not readily guessed.

This selection of readings is based on the classroom testing of many dozens of stories. All these have been worked through and discussed by first-year Dutch classes, and found to be readily accessible as well as good springboards for lively discussion. The stories are arranged in roughly increasing order of difficulty, with several of the shortest ones placed first. The initial stories can be begun as soon as the user has some control of basic grammar plus a reasonable vocabulary. If the book is used together with *Introduction to Dutch*, it can be started at any time after the first several chapters have been covered, in any case by Chapter 14.

A few short poems scattered about among the stories make for a change of pace and are also good for oral discussion. Poems with a clear rhythm are easy to memorize, and this helps establish good pronunciation habits.

6

It is with pleasure that we thank the many friends and acquantances in the Netherlands and Flemish Belgium who have responded to our queries about obscure or ambiguous points. We are particularly indebted to the Dutch Club in Madison, Wisconsin, and to the Dutch community in Bloomington, Indiana. Anneke Campbell's sharp perception of the artistic uniqueness of each work stimulated many classes and left its mark on several of the introductory paragraphs. Special recognition is due to the students in many Dutch classes at Indiana University who year after year have been talking about and helping to evaluate these stories and poems. We hope the result will please and help many future generations of those learning the Dutch language.

Finally, we wish to acknowledge financial assistance made possible by a John D. MacArthur Professorship held by RBB.

We will welcome all comments and suggestions concerning any aspect of the book.

The Netherlands and Flemish Belgium

Contents

These stories are the work of writers in the Netherlands and northern Belgium, written in their common Dutch language for a potential reading public of some twenty million. They are all by recognized and, in most cases, popular authors. The fact that some of the stories have a way of reappearing in Dutch and Belgian collections of 'best stories' suggests that they have a good chance of being read with appreciation many years from now.

With two exceptions, all of them are set in the Netherlands and in Dutch-speaking northern Belgium. Each provides a window onto some facet of the setting, atmosphere, social life or point of view peculiar to the Low Countries. The two stories set in the East and West Indies broaden this view by adding something of the flavor of life in the former Dutch colonies. Though everything is viewed through the lens of a specific culture (each with the additional perspective of its own regional or class sub-culture), the stories go well beyond just reflecting life in the Netherlands and Flemish Belgium. All of them in one way or another present a view of life in our present-day world.

This collection cannot pretend to be anything like an anthology or representative survey of Dutch writing today; a mere fifteen stories could not possibly give a taste of the range and variety of writing produced by two complex societies, and many of the most widely admired writers are not to be found here at all. In addition, the need for simplicity and a relatively bold outline means that the experimental, symbolic, aphoristic or solipsistic kinds of writing characteristic of the modern literary scene are not represented here either.

Nevertheless this collection of stories has some interesting parallelisms in theme that give them a bit the character of a family. Taken all together, this book could well be titled something like *'The Intrusion of Reality'*. Each begins with a comfortable or at least familiar situation, actual or implied, that in the course of development of the plot turns out to be an illusion that must yield to a reality. The idea of 'illusion and reality' is, to be sure, anything but a surprising theme in modern literature, but in each of these stories the idea is handled with a special touch.

In *Etentje, broek* and *Gast aan tafel*, a situation that at the outset seems simple and straightforward unfolds inexorably as a rather different, and less welcome, reality. In *De E.B. en Clara-Serena* and *De woonwagen*, there is a certain melancholy in the way the fresh originality of unorthodox or even eccentric personalities is smothered by the presumptuousness of middle-class taste; a similar oppressive reality might be found in the role of orthodox religion in *Mammoet op zondag*, and in *Socotoro* a naive enthusiasm collides with the real but underestimated demands of society. *Jaloezie* and *Spijtig voor het kind* both show what happens when the comfortable security of a marriage is shattered by another kind of stark reality. The idea of 'reality' can take on many different forms. In the second of these last two stories, as in *Dit is het verhaal van Oji*, the illusion of a romance outside the acceptable social bounds is intruded upon violently. Both *Iets anders* and *De schim* bring the reader into the seductive illusory world of satisfaction derived from an act undertaken outside the law, but do not allow him to escape a sense of the coldly real consequences. The reality that intrudes on the illusion, though, is not always an unwelcome one. In *De oertijd voor het venster* and *De engel en de juke-box*, playing a role takes a whimsical turn and brings in reality in the form of a humorous surprise, and in *Telegrammen* the frustration of telephone communication (which the story has in common with *broek*) leads not to hopeless failure but to a decidedly happy ending.

Within the general framework of these similarities, each story goes its own way, creates its own world and develops its own special theme – often in only a page or two. The introduction that precedes each story attempts to point the way toward the puzzles and ironies that will tease you into thinking about the story long after you have finished reading it.

Etentje

Simon Carmiggelt

Chris van Houts

SIMON CARMIGGELT

Carmiggelt was born in 1913 in The Hague, but has lived nearly all his adult life in Amsterdam, the city whose ordinary people form the main inspiration for his stories. A journalist, he began in 1936 writing occasional whimsical anecdotes in the newspaper *Het Parool*, and these proved so popular that before long he was contributing a daily column which he continued almost up to his retirement. It was nearly forty years ago that he began publishing collections of the best of these, events that later became annual. There are by now far too many of these collections to enumerate — a recent volume lists nearly forty of them. Carmiggelt's stories have been translated into many lan-

guages, and new ones regularly appear in English. In 1977 he was awarded the *P.C. Hooft Prijs*, the Netherlands' most prestigious literary honor. Over these many years he has developed a highly personal style that is widely admired and often imitated, though seldom successfully. His secret seems to include not only a broad humanity few can project so convincingly, but a brevity and economy that look deceptively easy in the hands of a true master. Persons are sharply characterized by a single word, a hesitation or a gesture. His stories take all types and classes of people for their inspiration, but his favorites remain the melancholy aging men and women who idle away their time in side-street Amsterdam cafés, the *kroegen*. His world is one of big-city worldliness, with a dash of typically European cynicism and a poignant melancholy, always the 'small' side of life suddenly brought momentarily into a bright spotlight.

Etentje is from *Welverdiende onrust* (Well-earned Unrest, 1982). Here he adopts his usual stance of reporting a humdrum event offhandedly, as if he were merely chatting to pass the time. He observes the pair of diners and easily reads facial expressions and gestures as thoughts: the son wonders what to say next. But as he develops the narrative, he gives us all the father's thoughts, and has thereby led us unsuspecting into confidence in observations that could not have taken place. He eventually even reports to the reader what was said later at home, and we scarcely notice how adroitly he has managed it all.

Het restaurant waar ik met een collega moest eten, lag aan de grote weg. 'Daar we alleen samen aten omdat we, in zijn auto, ergens heen moesten, was onze conversatie eb, maar voortkabbelend routinegeluid maakten we toch wél. Dat het erger kon, zag ik als ik over de schouder van mijn
5   disgenoot heen keek naar het volgende tafeltje. Daar at een vader met zijn zoon. Of beter gezegd: een zoon met zijn vader. Het initiatief was onmiskenbaar uitgegaan van de al wat peper en zout gekuifde nazaat, wiens tweeds beschaafd getuigden van een kostbare eenvoud. De grijsaard, spierwit en statig, 'n mode of twee geleden uitgedost, pa-
10   rodieerde Arthur van Schendel niet onverdienstelijk. Hij at als iemand die van eten houdt en bewaarde daarbij een volstrekt stilzwijgen. Na een tijdje vroeg de zoon: 'Nog wat aardappeltjes, vader?'
De oude knikte en liet zich bedienen.
'Ze zijn lekker, hè?' zei de zoon.
15   'Ja,' antwoordde de vader. Weer nam de stilte bezit van het tweetal. Je hoorde alleen het licht gerinkel van messen en vorken. De zoon dacht: 'Wat zal ik nou eens tegen hem zeggen?'
En een schaaltje optillend, sprak hij, met een broos soort geestdrift: 'Brussels lof! Dat kon moeder ook zo heerlijk klaarmaken, weet je nog?'
20   'Ja,' zei de vader. En hij dacht: 'Brussels lof? Kookte ze dat? Ik weet alleen nog d'r bitterkoekjesvla. Daar lag altijd zo'n dik vel op en de koekjes waren van onderen dredderig geworden. Vies hoor. Ik hield er niet van. Zij wel. Daarom bleef ze het maken. En ik vrat het maar op, voor de lieve vrede.'
25   De zoon zei: 'En haar toetjes, die mis ik nog steeds. Joyce houdt niet van toetjes, dus daarom krijg ik nooit iets na. Maar straks nemen we allebei een Dame Blanche, hè pa? We zullen onszelf eens verwennen. We zijn nou uit.'
De vader produceerde een trek om zijn mond, die vroeger op een lach
30   geleken had, maar de spieren waren te stroef geworden, zodat het nu leek of hij wilde gaan huilen. Hij dacht: 'Ja – we zijn nou uit. Ik hou niet meer van uitgaan. Vroeger wel. Maar nou ben ik liever thuis in m'n eigen boeltje, lekker alleen, dan kan ik doen waar ik zin in heb en hoef ik niet te praten. Ik hou niet meer van praten. Wat heeft het voor zin? Maar die
35   jongen wou nou eenmaal naar het restaurant en je kunt hem niet voor z'n hoofd stoten. Hij bedoelt het goed.'
Hij nam een schepje jus.
'Weet je nog?' vroeg de zoon. 'Toen ik een klein jongetje was, moesde jij altijd m'n eten en dan maakte je, met de lepel, in het midden een deuk
40   voor de jus. Een vijvertje noemden we dat.'
De oude was het vergeten, maar knikte om eraf te wezen. Kauwend op het voedsel, dacht hij: 'Op de tv is nou het zesde deel van die serie. Of het zevende? Nee, het zesde. Dat loop ik nou mis. Jammer hoor. Het is zo'n mooie serie.'
45   'Een vijvertje!' riep de zoon. Hij lachte en dacht: 'Hij versuft steeds meer. 't Is net een dovende lamp. Lang zal hij het niet meer maken.' En tegen de kelner zei hij: 'U kunt wel afruimen, hoor. We willen allebei een

Dame Blanche na.'

Hij volgde de blik van de oude en zei: 'Dat is een droogboeket. Mooi
50 hè?'

'Ja...' De vader dacht: 'Nou weet ik niet wat er in deel zes is gebeurd,
maar ik kan 't morgen aan de buurman vragen. Die heeft vast gekeken.'

Toen de zoon thuiskwam, vroeg zijn vrouw: 'En – was het gezellig?'

'Gezellig? Je wilt zo'n man een pleziertje doen, maar veel zin heeft het
55 niet. Hij eet wel, hoor, maar er komt geen woord meer uit. Nou ja. Wat heb
jij gedaan vanavond?'

'O, niks bijzonders,' zei ze. 'Televisie gekeken. De zesde aflevering van
die serie, weet je wel? Erg mooi hoor. Je hebt veel gemist.'

1 *lag aan de grote weg* was on the highway (the verbs *liggen*, *staan*, and *zitten* are often best translated by forms of the verb 'to be')

2 *daar* inasmuch as: *alleen omdat* only because

3 *voortkabbelend routinegeluid maakten we toch wél* we did manage to mumble along in a routine conversation

4 *dat het erger kon* that things could be worse
over...heen over...(direction)

5 *de disgenoot* table companion (less stilted: *tafelgenoot*)

7 *uitgaan van* to originate with
de...nazaat the descendant whose hair was already flecked with grey

8 *tweeds* tweed suit (pronounced *twiets*)
beschaafd refined (used adverbially)
getuigen van to bear witness to

9 *spierwit en statig* snow-white and dignified
pariodieerde niet onverdienstelijk did a creditable parody of

10 *Arthur van Schendel* (1874-1946): a celebrated novelist who had a shock of white hair

11 *houden van* to like (see also line 31)
volstrekt stilzwijgen absolute silence

12 *aardappeltjes*: the use of the diminutive here gives the question an air of informality and friendliness

13 *hij liet zich bedienen* he allowed himself to be served

14 *hè* aren't they (equivalent to *nietwaar* isn't it, aren't they, etc.)

15 *bezit nemen van* to take possession of
het tweetal twosome (note that *-tal* can be added to any number from *twee* on to denote the size of a group of persons or things, whereas the English '-some' refers only to persons and can hardly go beyond four)

17 *wat zal ik nou eens tegen hem zeggen* whatever shall I say to him now

18 *een broos soort geestdrift* a brittle sort of enthusiasm

19 *Brussels lof* endive

21 *bitterkoekjesvla*: a combination of custard and an almond-flavored biscuit

22 *dredderig* soggy (an unusual word)
vies hoor ugh!

23 *ze bleef het maken* she kept on making it (*blijven* + inf. is equivalent to 'keep on + -ing')
voor de lieve vrede for the sake of peace

26 *ik krijg nooit iets na* I don't ever get dessert

27 *Dame Blanche* chocolate sundae
eens for a change

29 *een trek om zijn mond* a distortion of his mouth

30 *lijken op* to look like; *lijken of* to look as if

32 *vroeger wel* I did use to
thuis in mijn eigen boeltje at home among my own things

33 *lekker alleen* alone and glad of it
zin hebben in to feel like

34 *wat voor zin heeft het?* what's the point of it? (see also line 54 *het heeft niet veel zin* it doesn't make much sense)

35 *wou nou eenmaal* just had to go (*gaan* is frequently omitted after a modal auxiliary)
iemand voor het hoofd stoten to rebuff someone

36 *hij bedoelt het goed* he means well

37 *jus* is pronounced as though it were spelled *sjuu* in Dutch

41 *om eraf te wezen* to dispose of the matter (*wezen* is an alternative form for the infinitive *zijn*, 'to be')

43 *jammer hoor* too bad; what a shame
46 *lang...maken* he won't last much longer
52 *die heeft vast gekeken* he certainly will have watched (*die* is often used instead of some personal pronoun, such as *hij, zij, hem*, when the noun designating the person(s) has already been mentioned — in this case, *de buurman*)

53 *was het gezellig?* did you have a good time? (*gezellig* is a much used word meaning generally 'enjoyable, pleasant' often implying overtones of sociability, conviviality, comfort, or chumminess)
54 *iemand een pleziertje doen* to do something nice for someone
55 *nou ja* oh well (with a shrug of the shoulders)
57 *niks = niets*

De reiger[1] en de vis[2]

Een visje nam een reiger waar:
'Beweeg u eens? Hee! Bent u daar?!'

De reiger hield zich extra star;[3]
alleen zijn kuif[4] woei in de war.[5]

De vis vroeg dodelijk dichtbij:
'Zie ik u? Of ziet u mij?'

Pijn! Kort kon hij in de lucht
de reiger zien in vogelvlucht.[6]

De reiger slikte tot[7] zijn maag
spartelde:[8] verse vis vandaag.

Hetzelfde werk had voor de vis
een diepere betekenis.

Moraal

Mondje open, oogjes dicht:
Ecologisch evenwicht.[9]

-- *Leo Vroman (1915)*

1 heron
2 fish
3 rigid
4 crest
5 in disorder
6 bird's eye view
7 until
8 to squirm
9 ecological equilibrium

De oertijd voor het venster

Manuel van Loggem

MANUEL VAN LOGGEM

Van Loggem was born in 1916 in Amsterdam. He studied psychology, and now divides his time between psychotherapy and writing. One of his dominant interests is the stage: he has taught drama and written books on theater criticism, dramatized literary works for the stage, and written plays for both theater and TV. In narrative prose he first achieved wide recognition in 1950 with the novella *Insekten in plastic* (Insects in Plastic) and since then has become a popular writer of fantasy and science fiction. He has published several novels and two short-story collections: *De oertijd voor het venster* (Prehistory in Front of the Window, 1966) and *Het liefdeleven der Priargen* (The Love Life of the Priargians, 1969). In 1982 he edited and contributed to *New worlds from the Lowlands: Fantasy and Science Fiction of Dutch and Flemish Writers.*

On the surface the story 'De oertijd voor het Venster' is a spoof of psychiatrists, but it does not treat them unkindly. This particular doctor's only fault is her dogged earnestness — the very quality that the narrator announces he expects for his weekly 'laundering' and relies on for his manipulation. Van Loggem has more than one way of creating comedy: the sessions are treated like old-fashioned Freudian-style psychoanalysis, and at the end the roles of doctor and patient are reversed. The suggestion is even raised that the psychiatrist, who specializes in the drawbridges that dot the Netherlands' peaceful countryside, is somehow probing the Dutch collective unconscious.

The story might also be seen as a playful exploration of (and parody on) the well-worn modern themes of illusion and reality. Here it is the psychiatrist who has trouble distinguishing the two. She is unable to sense how much of what she is being told is tongue-in-cheek, and the one item she unhesitatingly recognizes as illusion turns out to be reality after all. Or is it? The narrative concludes with a perfectly straight face on the 'concrete facts', but have we, like the poor doctor, also been conned by the patient's charm into assuming his reliability?

Zo nu en dan moet de ziel een opfrisser hebben en dan ga ik naar mijn psychiatrice. Zij is wel duur, maar ik ken niemand die zo lang en met zoveel meelevende belangstelling bereid is te luisteren naar de zaken die alleen mijzelf betreffen en die ik bij anderen lachwekkend zou hebben
5 gevonden. Maar de deskundigen van de ziel blijven er ernstig bij, want het is hun vak.

Ik voedde haar een paar dromen met duidelijke symbolen, want ik wist dat ze die verzamelde zoals een ander postzegels. Ze had me wel eens verteld dat ze bezig was een boek te schrijven over de betekenis van de
10 opklapbrug in het onbewuste en ik liet dan ook nooit na haar enige fraaie staaltjes van deze wegverbinders aan te bieden.

'Ik had u dat nooit moeten vertellen,' zei ze dan. 'Misschien beïnvloedt het uw dromen.'

Van de divan, waarop ik lag, kon ik door het raam naar buiten kijken. Ik
15 vertelde met welbehagen wat ik anders aan niemand kwijt kan, keek intussen naar de wolken en de bomen en luisterde dromerig naar mijn eigen stem, met de onpersoonlijke goedkeuring van iemand die er niets mee te maken heeft.

Mijn zielzorgster zat naast het raam aan het hoofdeinde van de divan
20 en soms vroeg ze iets, om het verhaal op gang te houden of om te tonen dat ze er nog bij zat en me maar liet doorreutelen als een kraan die men heeft vergeten af te zetten.

We waren beiden tevreden, mijn psychiatrice en ik. We wisten wat we van elkaar verwachten konden en er was een mooie verstandhouding
25 tussen ons gegroeid die alleen vaag verstoord werd bij het aanbieden van de rekening.

Ik keek tersluiks op mijn horloge en zag dat het uur bijna was afgelopen en ik dacht eraan dat ieder mens eens in de week deze was- en strijkinrichting van het zieleleven moest bezoeken. Ik zweeg, nog na-
30 genietend van mijn eigen verhaal, tevreden met het zachte herfstweer en mijn makkelijke houding op de divan. Ik had alle zwarte stipjes uit mijn innerlijk weggepraat.

'Heeft u me vandaag verder niets te zeggen?' vroeg mijn weldoenster.

'Ja, nog één ding,' zei ik. 'Er staat een brontosaurus voor het raam.'
35 Ik hoorde dat ze schrok en ik begreep waarom. De milde afwijkingen die ze tot nu toe bij me had aangetroffen gaven geen reden te veronderstellen dat ik eens de symptomen van een zwaar geval zou gaan vertonen.

'Heeft u de laatste tijd iets over brontosaurussen gelezen?' vroeg ze
40 aarzelend.

'Ja, gisteravond nog, in een boek over de oertijd. Ik interesseer mij voor de oertijd.'

'Dat is te begrijpen,' zei ze haastig. 'En bent u er heel zeker van dat u deze brontosaurus werkelijk ziet?'
45 'Ja,' antwoordde ik. 'Ik ben er heel zeker van.'

'Heeft u ooit wel eens last gehad van hallucinaties?'

'Nooit.'

'Het is ook niet erg,' zei ze, met die nadrukkelijke geruststelling die me ongerust zou maken, als ik me niet zo behaaglijk had gevoeld.

50 'Ziet u hem nog?'

'Ja, hij staat voor het raam en kijkt naar binnen.'

'Hoe ziet hij er uit?'

'Precies zoals in de boekjes. Een kleine, slimme kop met priemende oogjes. En een enorm lange hals, erg slank, net als een palmboom. Dat

55 beest moet wel een verdieping hoog zijn om door het raam te kunnen kijken. Ik dacht dat ze waren uitgestorven.'

Ze zweeg lange tijd. Blijkbaar moest ze haar houding bepalen.

'We zullen nog maar even doorgaan,' zei ze ten slotte argeloos. 'Ook al is het uur om. We zijn nu juist zo prettig bezig. We moeten die

60 brontosaurus even uit de weg helpen. Het is de oertijd in uzelf die door de ramen gluurt. Het is alles heel eenvoudig.'

'Hij knipoogt,' zei ik. 'Ik heb nog nooit zo iets gezien.'

'Als u denkt aan iemand die knipoogt, wat is dan het eerste beeld dat bij u opkomt?' vroeg ze haastig.

65 'Mijn moeder,' antwoordde ik prompt. Ik wist wat er van mij werd verwacht en het was trouwens de waarheid.

'Juist, mooi.' Haar stem klonk opgewekt. We waren op vertrouwd terrein. 'Uw moeder. Als ik nu het woord brontosaurus zeg, wat moet u daar dan bij denken, wat doet zich dan direct aan u voor?'

70 'De oertijd,' antwoordde ik zonder aarzelen. Ik was getraind op deze vragen. 'Mannen in beestevellen die hun vrouwen bij de haren achter zich aan slepen. En de grote vrijheid van zeden die in deze tijden moet hebben geheerst.'

'Juist,' zei ze. 'We zijn gelukkig spoedig tot een oplossing gekomen. U

75 zult zelf wel begrijpen wat dat visioen te betekenen heeft gehad. Uw eigen primitieve verlangen, de overblijfselen uit de oertijd die nog in u leven, hebben u aangekeken. Het is niets om u ongerust over te maken. Denk er maar niet meer aan. Beschouw het als een droom met open ogen. Dromen vergeet je ook gauw.'

80 Ik stond op en gaf haar de hand.

'Dank u wel, dokter,' zei ik. 'Het was erg prettig. Ik voel me heel opgelucht. Maar wat de brontosaurus betreft, hij is er echt. Hij staat er trouwens nog.'

Ze zuchtte en streek met haar hand over de ogen.

85 'Komt u morgen maar terug, dan maken we dat wel in orde.'

'Kijkt u zelf dan maar,' zei ik. 'Hij knipoogt weer.'

Ze keek naar het raam. Haar ogen werden dubbel groot. Ze gilde met een snerpend, zaagachtig geluid. Het deed me onaangenaam aan. De brontosaurus schrok en dook weg. Mijn dokter viel flauw. Ik legde haar

90 op de divan en toen ze weer bij kwam zei ik zachtjes: 'Maakt u zich maar niet ongerust. Deze beesten zijn onschadelijk. Het zijn planteneters.'

Ze sloot de ogen weer. Ik streelde haar hand en ging naar beneden. De brontosaurus stond nog op de stoep. Ik nam het beest bij de halsband, die op manshoogte aan zijn nek vastzat en trok hem mee naar het

95 politiebureau.

4 *bij anderen* to others (note that the plural ending *-en* on an adjective used as a noun refers only to persons)

5 *blijven er ernstig bij* take it seriously

9 *ze was bezig een boek te schrijven* she was writing a book

10 *opklapburg* drawbridge
ik liet nooit na I never failed to

11 *wegverbinder* 'road connector' (a non-standard word referring here to *de opklapbrug*)

15 *wat ik anders aan niemand kwijt kan* what I otherwise can not unload on anyone

19 *zielzorgster* (fem.) caretaker of my psyche (derived from *zielzorg* spiritual care)

20 *het verhaal op gang houden* to keep my story coming

21 *dat ze er nog bij zat* that she was still (sitting) there

23 *beiden* both (see note on *anderen* in line 4)

28 *dacht eraan dat* thought about the fact that
was- en strijkinrichting van het zieleleven laundry for one's spiritual life (lit.: washing and ironing establishment)

29 *nagenietend van* continuing to savor (the prefix *na-* often indicates the continuation of an action)

43 *u bent er heel zeker van dat* you are sure that

46 *heeft u ooit wel eens last gehad van* have you ever been troubled at all by

48 *nadrukkelijke geruststelling* emphatic reassurance

49 *iemand ongerust maken* to worry someone

53 *slimme kop* wily-looking face

55 *een verdieping hoog* one story tall

56 *ze waren uitgestorven* they had become extinct

57 *ze moest haar houding bepalen* she had to decide what kind of attitude she should take

58 *ook is het uur al om* even though the hour is already up

60 *uit de weg helpen* to get rid of

69 *wat doet zich dan direct aan u voor?* what occurs to you right away?

70 *getraind op* trained for (the verb *trainen* has been taken over from English)

71 *ze slepen hun vrouwen achter zich aan* they drag their women along behind them

75 *te betekenen heeft gehad* meant

77 *niets om u ongerust over te maken* nothing to worry about

80 *de hand geven* to shake hands (in the Netherlands shaking hands occurs more often than in the U.S.)

82 *hij is er echt* he's really there

84 *streek met haar hand over de ogen* ran her hand across her eyes

broek

Kees van Kooten

De Bezige Bij

KEES VAN KOOTEN

Van Kooten was born in The Hague in 1941. He established his reputation in the 60's as a cabaret artist, and was soon working with Wim de Bie as a team. Essential to the European cabaret style is a strong instinct for social satire coupled with an unfailing sense of fast pace and split-second timing, and Koot en Bie, as they called themselves, proved to be masters of this style.

They worked in TV, and there developed the program that made them nationally famous: The *Simplistisch Verbond*, an imaginary association serving as focus for a series of headlong, witty satiric dialogs. Some of these appeared in print, and in 1970 the team tried its hand at written dialogs: *Lachen is gezond* (Laughing is Healthy). In 1969 Van Kooten began publishing a column in the weekly *De Haagse Post* called *Treitertrends* (Pestering-trends), short, snappy dialogs invariably pricking some social balloon and making fun of some contemporary passing fashion in speech. Several collections of these columns have appeared, from one of which these stories were taken.

The dialog *broek* has its own crisp and clever charm. With just the spoken words themselves he manages to evoke immediately a whole world of encounter between people, all without any accompanying narration or description. And yet emotions, some subtle and some not so subtle, play a prominent part. Two people are involved in the familiar urban ritual of attempting to communicate via a telephone line, which here plays a minor role in its own right.

'Hallo, hallo juffrouw? Ja, juffrouw? Juffrouw – ik bel u nog even over die donkerblauwe broek, maat zesenveertig. Drie weken geleden heb ik bij uw zaak een donkerblauw kostuum gekocht, maar de pantalon van dat kostuum... hallo? Hallo, juffrouw?'

5 'Een ogenblikje meneer.'
'Domdoedelomdoedelompompom.'
'Op wie wacht u?'
'Ja, ik weet het niet. Ik had net een juffrouw aan de lijn en die juffrouw zei: 'Een ogenblikje'.'

10 'Dat weet ik, ja, die juffrouw was ik. Maar op wie wàcht u dan?'
'Ik wacht nog op niemand. Ik heb nog geeneens de kans gekregen om m'n verhaal te vertellen. U had mij namelijk nog niet doorverbonden.'
'Met wie wilt u dan worden doorverbonden?'
'Dat wéét ik niet juffrouw. Dat wou ik u nou juist vragen.'

15 'Waar gáát het dan over, meneer?'
''t Gaat over een broek. Kijk: drie weken geleden...'
'Ja, kijk meneer, als u dat voortaan nou metéén zegt, dat het over een broek gaat, dan weet ik ten minste met wie ik u moet doorverbinden.'
'Ja juffrouw.'

20 'Blijft u even aan het toestel, dan geef ik u de pantalonafdeling.'
'Ja juffrouw.'
''n Ogenblikje, dan zet ik u over op het andere toestel.'
'Goed juffrouw. Domdoedelomdoedelompompom.'
'Met De Bruin pantalonafdeling.'

25 'Ah meneer De Bruin. Meneer De Bruin, u herinnert zich misschien nog wel, dat ik drie weken geleden bij u of bij één van uw collega's een donkerblauwe pantalon, maat 46, heb achtergelaten.'
'Een donkerblauwe 46?'
'Jawel...'

30 ''n Ogenblikje, ik zal het even checken.'
'Domdoedelomdoedelompompom.'
'Hallo?'
'Ja, meneer De Bruin?'
'D'r is hier niks bekend van een donkerblauwe zesenveertig, meneer.

35 D'r is wèl een groene twééënveertig gevonden.'
'Maar ik heb 'm nota bene zelf afgegeven aan de verkoper. D'r is nog een coupeur bij geweest. Die heeft hem persoonlijk helemaal afgespeld.'
'Afgespeld?'
'Ja. Met krijtstrepen en zo. En dinsdag twee weken geleden zou-ie al

40 klaar zijn geweest, die broek.'
'Wacht nou 's even, meneer, wacht nou 's even. U vertelt mij net, dat u uw broek bent verlóren. Dat u uw donkerblauwe vierenveertig...'
'...zesenveertig...'
'Goed, dat u dus een donkerblauwe zesenveertig, dat u die in de

45 paskamer hebt laten hangen. Dus vandaar, dat ik even laat informeren of er iemand van de collega's misschien een zesenveertig is tegengekomen.'

'Jawel, meneer De Bruin.'

'Maar néé, nou blijkt uit de loop van dit gesprek, dat uw broek vermáákt
50 moest worden. Kijk, als u dat in het vervolg nou metéén zegt, want wij
hebben hier óók meer aan ons hoofd, meneer.'

'Natuurlijk, meneer De Bruin.'

'Maar alla – de klant is koning, zullen we maar zeggen. Dus als u mij nog
één keer in telegramstijl dat verhaal van die broek van u wilt vertellen, dan
55 kan ik 's zien of er misschien iets aan te doen is.'

'Kijk, meneer De Bruin: drie weken geleden kocht ik bij uw zaak een
donkerblauw kostuum. Het colbert zat...'

'Hola: een kostuum, zei u?'

'Jawel. Een donkerblauw lightweight kostuum.'

60 'Maar wat doet u dan in godsnaam op de afdeling pantalòns? Hoe kan
u nou van de afdeling pantalons verwachten, dat wij hier iets van
kostuums afweten?'

'Zoudt u me dan misschien kunnen doorverbinden met de kostuumafdeling?'

65 'Dan moet ik u terugzetten op de telefoniste.'

'Gaat dat niet direct?'

'Nee meneer, dat gaat niet direct. Blijft u even aan het toestel.'

'Centrale. Een ogenblikje alstublieft.'

'Domdoedelomdoelelompompom.'

70 'Centrale. Op wie wacht u?'

'Ja, juffrouw, daar ben ik weer met m'n broek.'

'Hoe bedoelt u?'

'Nou kijk – vijf minuten geleden heb ik u dat verhaal verteld van die
donkerblauwe pantalon. U weet wel.'

75 'Ja, dan denk ik, dat u mijn collega heeft gesproken. De andere
telefoniste. Die is gaan lunchen.'

'Oh juist ja.'

'Maar dan lijkt het me het beste, dat ik u even doorverbind met de
afdeling pantalons. Blijft u even aan de lijn?'

80 'Nee juffrouw, juffrouw...'

'Met De Bruin pantalonafdeling.'

---

1 *ik bel u nog even over* I'm just calling about

2 *bij uw zaak* at your store

3 *de pantalon* trousers (the word commonly used in stores; *de broek* 'pants' is the ordinary everyday word)

het kostuum suit (the store word; the ordinary word is *het pak*)

6 *domdoedelomdoedelompompom:* noises in the telephone

11 *ik...gekregen* I still haven't so much as had the chance (*geeneens = niet eens*)

12 *namelijk* you see

14 *dat wou ik u nou juist vragen* that's just what I wanted to ask you about

15 *waar gaat het dan over* then what does it (i.e. your question) concern

17 *voortaan* from now on, in the future; *meteen* immediately

18 *ten minste* at least

20 *blijft u even aan het toestel* hold the line

22 *overzetten op* to transfer (to another phone)

24 *met De Bruin* De Bruin speaking ([*U spreekt*] *met De Bruin* is the usual way of

answering the phone)

30 *checken*: the English word with a Dutch verb ending, in very common use, mainly in the colloquial language

35 *is gevonden* has been found (past perfect of the passive voice)

36 *nota bene* (Lat.) if you please

37 *de coupeur* cutter (tailor who marks the garments for adjustments)
erbij zijn to be present

39 *zou-ie = zou hij* (the spelling *ie* indicates the pronunciation in normal speech)

41 *wacht nou 's even* now wait just a minute

45 *dus vandaar* so that was the reason

46 *tegenkomen* to run into

49 *uit de loop van dit gesprek* from the course of this conversation

50 *in het vervolg* in the future

51 *meer aan ons hoofd* more to think about

53 *maar alla* but o.k. then
zullen we maar zeggen let's just say

55 *of er iets aan te doen is* if anything can be done about it

58 *hola* hey, wait a minute

61 *iets afweten van* to know something about

65 *terugzetten* to reconnect

76 *die* she (*die* is often used in place of he, she, or they)

77 *oh juist ja* yes, of course

78 *dan lijkt het me het beste* then it seems best to me

Schoonmaak[1]

heel voorzichtig
met haar ragebol[2]
veegt de huisvrouw
in de oksel van het plafond

giechelend[3]
lacht het gebouw[4] zich in puin[5]

-- *Karel Soudijn (1944)*

1 housecleaning
2 ceiling mop
3 giggling
4 building
5 rubble

Jaloezie

Renate Rubinstein

Georg Fischer (Meulenhoff BV)

RENATE RUBINSTEIN

Rubinstein was born in 1929 in Berlin. Hers was one of many Jewish families that fled Germany, and she grew up from childhood in the Netherlands. She studied in Amsterdam and has followed a career in journalism. She has steadily built up her literary reputation since the 1960's with her weekly columns in *Vrij Nederland* under the pseudonym Tamar. These offer her highly –

often sharply – personal reactions to a wide variety of topics from international through domestic issues and on to personalities and relationships. Some of her earliest collections of Tamar-columns were grouped mainly around these latter themes, for instance *Namens Tamar* (In the Name of Tamar, 1967) from which the selection here was taken, and *Was getekend Tamar* (Signed, Tamar, 1977). Other books and collection of columns dealing with special themes are *Jood in Arabië, Goy in Israel* (Jew in Arabia, Gentile in Israel, 1967), *Niets te verliezen en toch bang* (Nothing to Lose and Still Afraid, 1978), an account of a divorce, and *Hedendaags feminisme* (Present-day Feminism, 1979).

In *Jaloezie* the author lets the situation itself tell us who is who. We are challenged to read attentively to discover the dramatic function of each person named. This story is an exploration of the inner feelings of the woman, and it is also left partly up to the reader to decide how much of her jealousy is justified and how much is a pathetic loneliness or even paranoia. One of the strongest aspects of Rubinstein's writing is her ability to portray within an extremely cramped space ordinary human beings' brave but often futile attempts to strike back out of, or cover up, their vulnerability.

Clara legde de hoorn op de haak. Haar zuster had opgebeld dat ze 's avonds langs wou komen, en hoewel ze dat leuk vond, betekende het dat ze nu hard op moest schieten met het werk dat op haar wachtte. Onder het afwassen dacht ze na over het telefoongesprek. 'Ik hoorde van Louise

5 dat Jaap vandaag naar een congres moest en toen dacht ik, laat ik jou gezelschap komen houden,' had haar zuster gezegd. Vreemd, Jaap had haar helemaal niet gezegd dat hij Louise tegengekomen was. En gisteren nog had zij tegen hem gezegd dat ze niet begreep waarom ze Louise in geen weken gezien had. Jaap werd steeds vergeetachtiger.

10 Bij het afdrogen pas bedacht ze dat Jaap eerst gisteren geweten had dat hij voor twee dagen naar dat congres moest. Een collega was plotseling uitgevallen en hij had er nogal over geklaagd dat hij zo zonder voorbereiding iemand moest vervangen. Maar dan heeft Jaap gisteren Louise gezien, dacht Clara, wat gek. Ze zou niet hebben kunnen zeggen

15 waarom ze een ontmoeting van een dag geleden vreemder vond dan een van onbestemder datum, maar ze merkte dat dat idee een dorre helderheid in haar hoofd verspreidde. De grote detective haalde triomfantelijk een haar van het tapijt, dacht ze, maar het grapje hielp al niet meer, want het deel van haarzelf dat met de zekerheid van een

20 slaapwandelaar verderdacht, was niet meer af te leiden. Als Jaap er met opzet niet over gepraat heeft, dan is er geen reden om aan te nemen dat hij haar toevallig tegengekomen was, dacht ze, hij kan best met haar afgesproken hebben. Waar was hij gisteren eigenlijk? Methodisch, van 's ochtends tot 's avonds begon ze de vorige dag af te zoeken. Hij was naar

25 zijn werk gegaan, thuisgekomen om te lunchen, weer weggegaan en voor het avondeten, – ja, maar wel een beetje later dan anders, op- gehouden door een vergadering had hij gezegd, – thuisgekomen. Ik lijk wel gek, dacht Clara, grote detective met waanzin geslagen. Trouwens, hoe weet ik eigenlijk dat Jaap werkelijk pas gisteren hoorde dat hij naar

30 het congres moest? Maar het vriendelijke gezichtje van die ingeving bleek slechts een masker van dezelfde duivel – ze besloot om het onderwerp uit haar hoofd te zetten en een brief te gaan schrijven.

De brief vlotte niet, ze had het gevoel dat er niets te vermelden was dat tante Tien kon interesseren. Even later draaide ze al het telefoonnummer

35 van Louise. 'Dag,' zei ze, 'hoe is het toch met je, ik heb je in geen weken gezien.' 'O,' zei Louise, 'ik was van plan geweest om jullie vanavond te bezoeken, maar er is iets tussen gekomen, zal ik morgen even komen?' 'Jaap is niet thuis,' zei Clara' 'hij moest naar een congres voor twee dagen. Kom morgen maar als je zin hebt, ik ben alleen.'

40 Ze wist zelf niet waarom ze niet gezegd had dat ze wist dat Louise wist, maar het telefoongesprek had haar met één klap vrolijk gemaakt. Hoe dan ook dacht ze, met Jaap meegegaan is ze niet. Ze kon de brief aan tante Tien nu rustig gaan afmaken. 'Jaap is vanavond in Luxemburg,' schreef ze en stond op. Ze pakte haar jas van de kapstok. 'Jaap is in

45 Luxemburg en Louise wist dat niet,' zei ze. 'Maar An wist het wel, want die had het van Louise gehoord. Ik heb toch niets te doen, ik kan best even bij Louise langs gaan, ze is toch thuis.'

Twee straten lang hield ze vol, maar was het haar betere ik of haar angstiger dat won, Clara draaide om en liep terug naar huis. Toen haar
50 zuster even later kwam, ontving ze haar met rode ogen. Dat kwam, zei Clara, van de wind.

1 *de hoorn op de haak leggen* to hang up

3 *hard opschieten* to really get going
onder het afwassen while doing the dishes

5 *congres* meeting (a large national or international meeting, as opposed to *vergadering* (line 27) which is a small gathering such as a committee meeting)
moest = moest gaan (a verb of motion is often omitted after a modal auxilary; see also lines 11, 30, and 38)
laat ik jou gezelschap houden why don't I keep you company

7 *gisteren nog* [it was] only yesterday

8 *waarom ze Louise in geen weken gezien had* why she hadn't seen Louise in weeks

10 *bij het afdrogen pas bedacht ze* not until she was drying the dishes did she recall
eerst gisteren geweten had had found out only yesterday

12 *hij had nogal geklaagd* he had griped a good deal

14 *wat gek* how odd
zou hebben kunnen zeggen should have been able to say

16 *onbestemd* undetermined, vague (the *-er* is a comparative ending)
een dorre helderheid a stark clarity

20 *was niet meer af te leiden* couldn't be distracted any more (*zijn + te + inf* has a

passive meaning)
met opzet on purpose

22 *hij kan best met haar afgesproken hebben* he may very well have made a date with her

24 *afzoeken* to go through (systematically)

27 *ik lijk wel gek* I'm actually crazy

28 *met waanzin geslagen* gone mad

33 *vlotte niet* wouldn't make any headway

34 *even later draaide ze al* a bit later she was dialing

37 *er is iets tussengekomen* something has come up

39 *als je zin hebt* if you feel like it

41 *met één klap* instantly (lit., 'with one blow')
hoe dan ook in any case, anyway

44 *de kapstok* coat rack (in most Dutch homes there is in the vestibule near the door a piece of furniture with hooks, or simply a row of hooks, for hanging up coats, hats, and umbrellas)

46 *die* she (i.e. An)
toch after all
ik kan best even bij Louise langs gaan I can just as well go drop in on Louise

48 *twee straten lang hield ze vol* she stuck it out for two blocks
was het haar betere ik of haar angstiger [*ik*] *dat won* whether it was her better self or her more fearful self that won

lets anders

Marga Minco

Jutka Rona

MARGA MINCO

Marga Minco was born in 1920 in Ginneken (Noord-Brabant). She pursued a career in journalism but in recent years has devoted herself mainly to writing. She is married to the poet and translator Bert Voeten, and her daughter Jessica Voeten is building a strong reputation in literary journalism. Minco's own literary reputation still rests to a great extent on her masterpiece *Het bittere kruid* (Bitter Herbs, 1957), a tightly-organized sequence of episodes in the life of a Jewish family in the second World War in the German-occupied Netherlands. These experiences are seen from the point of view of ordinary people who had little grasp of the magnitude of the events surrounding them and who attempted to cope with life on a day-to-day basis. The story is told with such economy and restraint and in such a matter-of-fact style that the emotional impact even after several decades is still very immediate. Minco strives so hard for this clarity and understated simplicity that her literary output has been relatively small but of the highest quality. In 1959 she published *De andere kant* (The Other Side), a collection of short stories each of which is a gem of narrative art and penetrating perception. For all their sophistication, these stories are so simple and unpretentious that they are an ideal first introduction to modern Dutch writing. The selection presented here is the opening story in this collection. Minco's most recent work is *De val* (The Fall/The Trap, 1983), a short novel which exploits the double meaning of the word *val* to unfold a picture of ties between an event during the war and some of its consequences forty years later.

lets anders provides an excellent example of Minco's narrative style. It is about a trivial event, a case of shoplifting by a bored housewife. But as we follow the third-person narrative we are never allowed to lose contact with all the woman's feelings surrounding this act. These are presented by means of sudden mental jumps back in time, establishing a rhythm of associations linked by the symbol of mirrors and revealing among other things the connections between the thrill of the theft and that of a past affair. Minco's real trademark is seen in her sharp eye for seemingly irrelevant detail, but as she reports what is happening around the woman we increasingly perceive the ways in which the whole world is unintentionally mocking her. The reader can appreciate more than one level of irony when the woman, caught shoplifting but unpunished for adultery, hears a cheery suggestion from the young policeman that she might enjoy taking a stroll sometime through the interesting red-light district adjoining the police station.

...'Waarom deed u het?' vroeg de man. Hij zat achter een klein bureau en verschoof het papier in zijn schrijfmachine. Ze staarde naar zijn achterovergekamd haar en naar zijn oren die iets van zijn hoofd stonden. Hij hield zijn vingers op de toetsen en keek haar aan.

5 'Ik weet het niet.' Ze zat tegenover hem, met haar handen om haar tas geklemd. Achter het hoofd van de man hing een plattegrond van Amsterdam, waarop hier en daar rode cirkels waren aangebracht.

'Hebt u dit al eens meer gedaan?' vroeg hij niet onvriendelijk.

'Nog nooit.'

10 'Denkt u eens goed na.' Hij sloeg haar nauwlettend gade. Hij is een stuk jonger dan ik, dacht ze.

'Het is werkelijk waar.' Ze liet haar tas los en speelde met een knoop van haar mantel. Aan een tafel in een andere hoek van het vertrek zat een man met een rood gezicht, in zijn overhemd, zijn das losgeknoopt. Voor
15 hem op het vloeiblad lag een krant met een opengesneden bokking, waarvan hij met een vork aan het eten was. Met zijn linkerhand peuterde hij zorgvuldig de graatjes uit de bokking en smeerde ze op de krant. Er bleef een graatje aan zijn vinger zitten. Het stak omhoog als een hardnekkige haar.

20 'Was u het van tevoren van plan?'

'Nee.'

'Wat doet uw man?'

'Hij zit in de directie van een machinefabriek.'

'Hij heeft dus een goede positie.'

25 'O ja. Hij behandelt de hele export. Hij zit geregeld in het buitenland.'

'En gaat u dan mee?'

'Nee. Ik ga nooit mee als mijn man op zakenreis moet.'

'Wat zal hij hiervan zeggen?'

'Ik weet het niet,' zei ze aarzelend. Jules zal het nooit te weten komen,
30 dacht ze. Hij merkt nooit iets. Hij weet nauwelijks hoe ik ben. Hij zou het niet eens willen geloven als ze het hem vertelden. Wat dat betreft hoef ik nergens bang voor te zijn. Ze rook de weeïge lucht van de bokking. De man had hem nu half leeggegeten. Hij schraapte over het vel en likte de vette vork af. Het graatje zat nog aan zijn vinger.

35 'Misschien zou uw man me kunnen vertellen waarom u het deed?'

Ze haalde haar schouders op. 'Ik denk van niet.'

'Of weet u het nu wel?' Hij legde een hand op het toetsenbord. Enkele letters werden ingedrukt en bleven voor het lint omhoog staan.

'Och, het ging vanzelf.' Ze schoof de knoop door het knoopsgat en
40 weer terug. 'Ik had nog nooit zoiets gedaan. Je leest er nogal eens over in de krant. Vrouwen van wie je het niet verwacht worden betrapt. Ik vroeg me af hoe die vrouwen zich voelden, wat ze op zo'n moment ondergingen.' Ze zuchtte en vervolgde zacht, alsof ze alleen voor zichzelf sprak:

45 'Het is allemaal zo hetzelfde. Iedere dag is eender.'

'Hebt u kinderen?'

'Nee.' Ze liet de knoop los. 'Je wilt wel eens iets anders... het doet er niet toe wat, als het maar ánders is.'

'Dus u was het wél van tevoren van plan,' zei hij.

'Nee, ik kwam er pas toe op het moment zelf. Ik had er echt niet eerder aan gedacht.'

Hij ging verder met tikken.

Hoe ben ik er eigenlijk toe gekomen? dacht ze. Elke middag ging ze de stad in en kwam doodmoe thuis. Het waren altijd dezelfde winkels, altijd

dezelfde dingen die ze bekeek. Soms kocht ze iets, ook als ze het niet nodig had. Zonder dat ze het wilde, was ze een groot modemagzijn binnengegaan, een volkszaak. Vrouwen verdrongen zich voor lange rekken en zochten begerig tussen de kledingstukken. Zij werd opzij geduwd en kwam tegenover een rek met truien te staan. Ze nam een

groene trui en iemand wees haar de paskamer, een smalle gang, waarop kleine, door gordijnen afgesloten hokjes uitkwamen. Het deed aan een zwembad denken, en het rook er ook naar vochtig goed. In het hokje was nauwelijks ruimte om een stap achteruit te doen. Ze hield de trui voor. Ik ga hem aantrekken, dacht ze, ik sta hier nu toch.

Ze bleef in de spiegel kijken terwijl ze haar mantel uittrok en haar bloesje los knoopte. Haar gezicht was rood, haar onderlip trilde. Ze moest ineens denken aan André. Hij was een buitenlandse zakenrelatie van haar man, met wie zij tijdens zijn verblijf in de stad een korte verhouding had gehad. Op zijn hotelkamer had ook zo'n spiegel ge-

hangen. Als ze ervoor stond, kwam hij altijd achter haar en knoopte, met de armen om haar heen, haar bloesje los. Ik was toen veel slanker, dacht ze. Ze hield haar handen onder haar beha en drukte haar maag in. Jules is er nooit achter gekomen. Ze voelde een vreemde gejaagdheid, haar handen beefden en ze kon de armsgaten van de trui niet vinden, haar ring

haakte in de wollen stof. Ze rukte eraan, er bleef een draadje uitsteken. Haastig trok ze de trui over haar hoofd. Het klerenhaakje legde ze op de stoel. Maar op de stoel lag haar mantel en het haakje viel op de grond. Ze bukte zich, raapte het op, schoof het achter de spiegel en trok haar bloesje aan. De trui prikte op haar huid; ze kreeg het warm alsof ze in de

gloeiende zon stond. Ik kan de trui nooit teruggeven, ik ben helemaal bezweet, ik moet kalm blijven, niemand mag iets aan me merken. Ze kamde haar haar, trok haar mantel aan en deed het gordijn opzij. Er stonden vrouwen met kleren over de arm te wachten. Een van hen schoot achter haar rug om het hokje in en schoof het gordijn snel weer dicht.

'Zal ik deze nemen?' riep iemand.

Langzaam ging ze de paskamer uit. In de winkel was het nog drukker geworden. Een vrouwestem riep door een luidspreker een nummer om. Een kassabel rinkelde. Een jonge verkoper kwam recht op haar af; ze bleef even staan, maar hij moest iemand hebben die achter haar liep. Ze

kreeg een hevige jeuk onder haar oksels en op haar buik. Bij de uitgang stond een dikke man met zijn handen op zijn rug. Hij keek haar aan. De portier hield de deur voor haar open. Een vrouw die zich naar binnen haastte botste tegen haar op. 'Pardon,' zei ze. De vrouw liep zwijgend voorbij. Het is doodeenvoudig, nog een paar stappen, dan sla ik een

95 zijstraat in. Haar benen trilden, het was of ze dwingen moest voort te gaan. Een paar meisjes wezen elkaar iets in de etalage. Ze voelde een hand op haar schouder.

'Kwam u wel eens meer in die winkel?' vroeg de rechercheur.

Ze keek op. 'Nee, ik koop altijd in andere zaken.'

100 'Had u die trui aan uw man laten zien, als u ermee thuisgekomen was?'

Ze haalde haar schouders op. 'Hij let niet op zulke dingen.' Jules ziet nooit of ik iets nieuws aan heb. Het interesseert hem niet.

'Als u niet was aangehouden, zou u dus met de trui naar huis zijn gegaan, zonder hem te betalen?'

105 'Ja.' Ze voelde weer de hand op haar schouder. Voor ze zich omdraaide zag ze aan de overkant een man met een handkar vol fruit uit een steeg komen. Hij riep iets. Achter haar stond een vrouw die hard had gelopen; hijgend vroeg ze of ze even mee wilde gaan.

'Waarom?'

110 'Er wordt een trui vermist,' zei de verkoopster.

De portier hield de deur voor hen open. De dikke man stond nog op dezelfde plaats. Vrouwen bekeken haar en draaiden zich naar haar om. Ik moet iets verzinnen. Dit kan niet. Over haar hele lichaam voelde ze weer het prikken van de trui; het leek of ze er tot aan haar knieën mee bedekt

115 was. Ze werd in een soort magazijn gelaten waar een man in een overall sjouwde met kisten en dozen.

'Doet u uw mantel even uit.'

Er kwam een tweede verkoopster bij in een zwarte jurk met spelden op haar borst. Ze liet toe dat ze het bovenste knoopje van haar bloesje

120 losmaakten. De vrouwen keken alsof ze een kwaadaardige uitslag bij haar ontdekt hadden.

'Bent u wel eens eerder met de politie in aanraking geweest?' vroeg de rechercheur.

'Nee, nog nooit.'

125 Een andere man was aan een fonteintje bezig water in een oude fluitketel te doen. Hij zette hem op een gaspit, spoelde een koffiepot om en deed er koffie in uit een busje. De koffie die hij ernaast morste veegde hij zorgvuldig met de ene hand in de andere.

Er kwam iemand binnen die de deur wijd open liet staan. 'Mijn scooter

130 is gestolen,' riep hij nijdig.

'Wacht u maar in de gang,' zei de rechercheur, 'u ziet dat ik bezig ben.'

'Je kunt geen mens meer vertrouwen,' schreeuwde de ander. Hij sloeg de deur achter zich dicht. Ze hoorde hem hard stampen op de houten vloer.

135 'Hij heeft gelijk,' zei de man bij het fonteintje. Hij keek in een kleine, gebarsten spiegel die boven de kraan hing en vertrok zijn mond in een vreemde grijns.

'Dus zo is het gebeurd.' De rechercheur bekeek het volgetikte vel.

Het was lang geleden dat er iets was gebeurd. Ze moest weer denken

140 aan André. Hij had een paar maanden in een klein hotel gewoond. Iedere middag ging ze naar hem toe. Ze herinnerde zich hoe onrustig ze was

voor ze wegging en hoe opgewonden ze zich voelde als ze in de straat kwam waar het hotel stond. Ze liep steeds vlugger, maar bij de stoep voor de draaideur aarzelde ze soms. De portier liet haar elke keer zeggen voor
145 wie ze kwam. Hij had een stenen gezicht. Op de trap lag een donkerrode loper. Als ze naar boven ging tikte ze met de punten van haar schoenen tegen de koperen roeden. Als ze naar beneden liep drukte ze haar hakken diep in de loper en keek naar de mat onderaan de trap, waarop in omgekeerde letters de naam van het hotel stond. Toen André vertrokken
150 was, wist ze zich eerst geen raad met haar middagen. Ze was zo gewend om weg te gaan. Ze ging dan maar de stad in, winkelen. Ze wist nooit iets anders te bedenken.

'Kijk,' zei de rechercheur, 'wilt u dit even doorlezen en tekenen?' Hij trok het vel uit de machine en legde het voor haar neer. Ze zag haar naam
155 staan. Er waren een paar woorden met kruisjes doorgehaald. Ze las een zin, nog een; de woorden schoven over elkaar heen. Ze boog zich dieper over het papier en kneep haar ogen half dicht. Hij gaf haar een pen.

'Bent u het ermee eens?' vroeg hij.

'Ja.' Ze tekende.
160 'Dit proces-verbaal gaat nu naar de officier van justitie.' Hij trok een la open en nam er een map uit. De bokkingeter had de krant met de visresten ineengefrommeld in de prullemand gegooid. Hij begon aan een bruine boterham. De man bij het fonteintje zette drie bekers klaar.

'En dan?' vroeg ze.
165 'Misschien zult u voor moeten komen.'

Hij sloeg de map open en wees naar een deur.

'Wacht u nog even hiernaast.'

Het was een klein vertrek waar ze voor de rechercheur haar ging verhoren de trui had uitgetrokken. Het prijskaartje hing er nog aan. Ze
170 keek uit het raam tegen een hoge blinde muur. Zou iemand hier wel eens uitspringen? Waar moest ze nu weer op wachten? In het magazijn hadden ze haar ook zo lang laten staan. De man in de overall keek haar al die tijd zwijgend aan. De komst van de rechercheur luchtte haar op.

'Gaat u met me mee?' vroeg hij vriendelijk, alsof hij haar voorstelde een
175 kop koffie te gaan drinken. Via een andere deur kwamen ze op straat. Net als bij een schouwburg, dacht ze, daar is een aparte uitgang voor de artiesten.

'Waar gaan we heen?' vroeg ze.

De man glimlachte. 'Past u op,' zei hij, 'we steken over.' Twee trams
180 passeerden elkaar, auto's reden in file, fietsers zwenkten er behendig tussendoor. 'Om deze tijd is het hier levensgevaarlijk, ze rijden maar raak en denken alleen aan zichzelf.' Ze staken over. Even hield hij zijn hand op haar arm, toen een auto voor hen langs wilde. 'Deze kant uit.'

Ze kwamen in een nauwe straat waar bijna geen verkeer was. De
185 voetgangers liepen op het asfalt. Aan de deur van een winkel in feestartikelen hingen lampions en vlaggetjes. Uit verschillende cafés klonk muziek. Een jongen op een bakfiets riep iets naar een vrouw die uit een raam hing. Het was een dikke vrouw. Haar zware borsten steunden

op de vensterbank. Ze lachte hard.

190 'Ik kom hier nooit,' zei ze.

''t Is een warme buurt, u moet er toch 'ns vaker doorlopen.'

'Dat zal ik doen,' zei ze.

'We zijn er,' zei hij. Hij wees naar een brede deur die open stond.

'Ik wist niet eens dat hier een politiebureau was.'

195 'Ja,' zei hij, 'en 't is wel nodig ook.' Hij liet haar voorgaan. In de gang stonden een paar agenten luid met elkaar te praten. Ze hadden geen petten op en dat gaf hun iets onbestemds.

Ze leunde tegen de rand van de tafel. In het andere vertrek werd getelefoneerd. Ze probeerde er iets van op te vangen, maar ze verstond 200 geen woord. Het kon haar ook eigenlijk niet schelen. Ze was moe. De deur van het kamertje ging open.

'U kunt gaan,' zei de rechercheur, 'u hoort er nog van.'

In de gang liep de man van de gestolen scooter ongeduldig heen en weer. 'Is ie klaar?' vroeg hij.

205 Ze knikte. Twee jonge agenten kwamen lachend binnen en gingen opzij om haar door te laten. Ze haastte zich de straat uit. Aan het eind stond een draaiorgel. Een man rammelde met een koperen bakje onder haar neus; ze schrok ervan en duwde het weg. In de winkelstraat bleef ze staan om een taxi aan te houden. Het was of iedereen op haar lette. Een 210 meisje in een donkere jurk keek naar haar om. Ik word herkend, dacht ze. Ze voelde zich opnieuw warm worden, over haar hele lichaam kreeg ze weer dat zweterige gevoel, alsof ze de trui nog aan had. Ze was blij dat er een taxi kwam. Met een zucht viel ze op de achterbank.

'Moe van het winkelen, dame?' vroeg de chauffeur.

215 Ze antwoordde niet. Ze zag zichzelf in het spiegeltje boven de voorruit: de poeder op haar gezicht was gevlekt en deed de vouwen om haar mond scherper uitkomen, een grijze lok viel op haar voorhoofd, haar oogleden waren dik en rimpelig en besmeurd door mascara.

Ze strekte haar benen, schopte haar schoenen uit. Haar gordel knelde 220 in haar maag; ze leunde achterover om er minder last van te hebben. De taxi nam een scherpe bocht, waardoor ze zich aan de bank moest vasthouden. Ze werd misselijk van de benzinelucht en maakte het bovenste knoopje van haar bloesje los. Het zat er niet stevig meer aan, ze kon het er zo aftrekken.

225 't Is alweer bijna zeven jaar geleden dat ik mijn middagen in dat hotel doorbracht. Ze keek op haar horloge.

Deze middag is om, dacht ze.

---

2 *verschuiven* to shift (here: either adjusting its position or possibly shifting it for something to do)
achterovergekamd combed straight back (with an implication here of 'painstakingly slicked down')

3 *stonden iets van zijn hoofd* stuck out a little

4 *de toets* key (in line 37; *het toetsenbord* keyboard)

6 *de plattegrond* map (of the city); otherwise *kaart*

8 *al eens meer* ever before (the word *eens* is the unstressed *'s*)

10 *gadeslaan* to observe
een stuk jonger quite a bit younger (colloquial)

13 *het vertrek* room (formal; otherwise *kamer*)

14 *het overhemd* shirt (note that *hemd* is 'undershirt')

15 *bokking* smoked herring (the meat becomes soft, making it necessary to pick out the many fine bones); *graatjes* bones (of a fish; animal bones, and occasionally human bones, are *botten*, whereas *beenderen* apply to humans)

18 *bleef aan zijn vinger zitten* stuck to his finger (*zitten* is a common verb to indicate mere location; see also lines 23, 25, and 34)

20 *was u het van plan?* were you planning to do it?

23 *zit in de directie* is on the board of directors

27 *moet = moet gaan*

29 *het te weten komen* to find out about it

30 *hoe ik ben* what I'm like

31 *wat dat betreft* as far as that is concerned

32 *nergens bang voor = bang voor niets*
de weeïge lucht the slightly sickening smell

33 *leegeten* to finish eating (something); similarly *leegdrinken* to empty (a cup) by drinking

36 *de schouders ophalen* to shrug one's shoulders

38 *enkele letters...omhoog staan* several letters were pushed down and stayed up in front of the ribbon

39 *het ging vanzelf* it just happened

40 *nogal eens* now and then

41 *zich afvragen* to wonder

45 *eender* alike

47 *het doet er niet toe* it doesn't matter

49 *dus u was het wel van plan* so you did intend to do it (see line 20)

50 *ertoe komen* to decide it

53 *de stad in* downtown

•57 *volkszaak* bargain store (*volks-* with its suggestion of 'lower' or 'working' classes, has a snobbish ring here)

58 *kwam...te staan* ended up standing

61 *kleine door gordijnen afgesloten hokjes* little cubicles, closed off by curtains; *waarop...uitkwamen* onto which...opened (*uitkomen op* to open onto)

61 *het deed aan een zwembad denken* it was reminiscent of a swimming pool (somewhat steamy and with the little stalls for changing clothes)

64 *ik sta hier nu toch* after all, here I am

72 *beha* bra (this word comes from the letters 'b.h.', the abbreviation for *bustehouder*)
Jules is er nooit achter gekomen Jules never found out about it

75 *er bleef een draadje uitsteken* a strand stayed sticking out

79 *ze kreeg het warm* she got hot

81 *bezweet* sweaty (from *het zweet* sweat)
niemand mag iets aan me merken no one must notice anything odd about me

83 *schoot achter haar rug om het hokje in* dashed around behind her back into the cubicle (*schoot* from *schieten*); note the double preposition *achter + om* 'around behind' and the use of the preposition *in* following the noun *hokje* to indicate motion)

87 *omroepen* to call out

88 *kwam op haar af* came towards her
ze bleef even staan she stopped for a moment

89 *hij moest iemand hebben* he was looking for someone

90 *een hevige jeuk* a furious itching

93 *botste tegen haar op* bumped into her
zwijgen to say nothing; to be silent

94 *ik sla...in* I'll turn into...

96 *wijzen* to point out

100 *had u...laten zien* would you have shown...

103 *als u niet was aangehouden* if you hadn't been arrested

108 *of ze even mee wilde gaan* if she'd just come along

113 *dit kan niet* I can't let this happen

115 *het magazijn* storeroom (but notice that in line 56, the word means 'department store')

119 *ze liet toe dat ze losmaakten* she allowed them to open

120 *kwaadaardige uitslag* virulent rash

125 *het fonteintje* water faucet (a very small wash basin with a single cold-water spigot)

129 *scooter* motor scooter

132 *geen mens* no one

138 *het volgetikte vel* the fully typed sheet of paper

144 *liet haar zeggen* made her say (cf. line 172 *ze hadden haar laten staan* they had made her stand)

146 *tikte tegen de koperen roeden* tapped against the brass rods (runners on Dutch stairs are customarily fastened down at the back of each step with rods to make cleaning easier; the stairs usually being steep and the steps narrow, it is usually impossible to avoid kicking the rods on the way up); *loper* runner

148 *onderaan de trap* at the bottom of the staircase
in omgekeerde letters in upside-down letters (because the name is intended to be read on approaching the stairs from below)

150 *(zich) geen raad weten met* not to know what to do with

151 *ze wist iets anders te bedenken* she managed to think up something else

155 *er waren een paar woorden met kruisjes doorgehaald* a few words had been x'ed out

156 *schoven over elkaar heen* blurred into one another

157 *kneep haar ogen half dicht* squinted

158 *het eens zijn met* to agree with

160 *het proces-verbaal* deposition
officier van justitie prosecutor

161 *de map* portfolio, manila folder (for filing documents)

162 *ineengefrommeld* (which were) crumpled up

163 *zette drie bekers klaar* put out three cups

165 *voorkomen* to appear (in court)

171 *in file* bumper-to-bumper
fietsers zwenkten er behendig tussendoor bicycle riders swerved skillfully in between them (i.e., the cars)

181 *ze rijden maar raak* they drive recklessly

187 *de bakfiets* local-delivery bicycle (equipped in front with a large storage box on two wheels)

191 *warme buurt* red-light district
u moet er toch 'ns vaker doorlopen you really ought to walk through it more often (*ns = eens*)

193 *we zijn er* here we are

197 *dat gaf hun iets onbestemds* that made them seem somewhat less official

198 *[er] werd getelefoneerd* somebody was telephoning

200 *het kon haar niet schelen* she didn't care

202 *u hoort er nog van* you'll hear more about it

204 *is ie = is hij*

206 *de straat uit* out of the street (i.e., the crowded street where the police station was; the preposition following the noun indicates that motion is involved)

207 *het draaiorgel* large street organ; *een koperen bakje*: coins are collected from passersby by rattling a flat brass cup

208 *blijven staan* to stop

209 *het was of* it seemed as though

216 *deed de vouwen scherper uitkomen* made the creases more pronounced

220 *om er minder last van te hebben* so that it would bother her less

221 *nam een scherpe bocht* made a sharp turn

222 *de benzinelucht* smell of gasoline (referring to exhaust fumes)

223 *het zat er niet stevig meer aan* it wasn't fastened very securely anymore
ze kon het er zo aftrekken she could pull it right off

227 *om* finished (cf. *het uur is om* 'the hour is up' in line 59 of *De oertijd voor het venster*)

De E.B. en Clara-Serena

Marnix Gijsen

MARNIX GIJSEN

Marnix Gijsen was the pen name of Jan-Albert Goris, (1899-1984). He was born in Antwerp, followed a career as an upper-level civil servant, and spent the years 1939 to 1968 in New York as Belgian cultural representative to the U.S. This long opportunity to compare and contrast his own European culture with that of the New World played a role in much of his writing, especially *De vleespotten van Egypte* (The Fleshpots of Egypt, 1952) and *Lucinda en de lotoseter* (Lucinda and the Lotus-eater, 1959). Some of his more recent work is

Jacqueline en ik (Jacqueline and I, 1970), *Overkomst dringend gewenst* (Urgent Request to Come Over, 1978), from the latter of which this story is taken. He has also written poetry, essays and literary criticism, and has won several prestigious literary prizes, including the *Prijs der Nederlandse Letteren*, awarded jointly by the Dutch and Belgian governments, in 1974. Both his straightforward, uncomplicated style and his preoccupation with such widely recognized themes as the human personality in modern society make his work unusually accessible to readers with only a partial knowledge of the language.

The story *De E.B. en Clara-Serena* is on a considerably less ambitious plane than much of the above. It presents a simple domestic matter, a mild crisis in a stable marriage, and perhaps it also offers some social commentary. A situation arises around the husband's absorption in yet another 'perpetual motion' machine, and then in the wife's attempt to influence the situation. Both these 'crises' are treated with such indulgence that it is not easy for the reader to say whether the 'before' or the 'after' state of affairs is supposed to be preferred. An equilibrium, perhaps an uneasy truce, between husband and wife is destabilized when she decides to make 'improvements', and when stability is restored it is on a different level and perhaps with questionable results: the reader might want to consider which is better. But what really seems to make the story is the delicate mutual communication by the married couple, precisely the area where the narrator (line 101) disclaims any competence.

Mijn schoonzuster Sonia, alhoewel kinderloos, klaagt slechts over één ding: dat ze te klein, of liever te slecht is behuisd. Mijn broer Hendrik, haar echtgenoot, klaagt helemaal niet. Hij zoekt, zoals tallozen vóór hem gedaan hebben, naar het geheim van het Perpetuum Mobile, de Eeuwige
5 Beweging, woorden die hij nooit volledig uitspreekt; de initialen E.B. volstaan voor hem.

Jammer genoeg is hij helemaal niet begaafd in mechanica. Hij gaat uit van heel vage filosofische principes, die ik hem nooit duidelijk heb horen uiteenzetten. Voor mij spreekt hij in braille. Ik twijfel overigens niet aan
10 zijn verstandelijke vermogens. Misschien heeft hij zelfs een greintje genialiteit. In elk geval bezit hij de obstinate hardnekkigheid in het zoeken, die het genie kenmerkt.

De zeldzame keren dat wij over de E.B. praatten, klonk hij logisch. 'De E.B. moet mogelijk zijn,' beweerde hij, 'want de B. is een feit, en waarom
15 zou ze eindig zijn?' Ik drong er telkens op aan dat hij de zaak langs wiskundige weg of langs de mechanica zou aanpakken, maar daar ging hij niet op in. Op het gebied van de mechanica was hij niet meer dan een handige knutselaar.

Sonia zijn vrouw heeft me wel eens gevraagd, toen ze een paar jaar
20 getrouwd waren en kinderen uitbleven, of de obsessie van haar man niet gevaarlijk kon zijn. Zonder het minste gezag heb ik negatief geadviseerd: 'Het kan stellig geen kwaad.'

Misschien vond hij in zijn geknutsel troost voor zijn kinderloosheid. 'Trouwens', zei ik, 'is het niet beter dat hij zich elke avond in de keet in zijn
25 tuin afzondert om aan zijn Ontwerp, met een hoofdletter, te werken in plaats van kroeg te lopen of achter de jonge meiden aan te zitten?

'Ja,' zuchtte Sonia, die met Claudel dweept, 'c'est un bon mari avec tous ses défauts.'

Zij zocht haar troost bij de tv en in scrabble, een tijdverdrijf waarvoor
30 Hendrik een meelijdend misprijzen koesterde, zonder het echter te laten merken. Het was dus een harmonisch huwelijk.

De klacht van Sonia dat ze te klein behuisd waren, moest men met een korreltje zout nemen. In de 'rustieke cottage', die er op het prospectus uitzag als een lege balzaal, was in feite plaats te over. Het is niet voor niets
35 dat architecten verplicht zijn perspectieftekenen te leren. In de Sovjetunie heeft iedere burger recht op negen vierkante meter. Of dit met of zonder kinderen is, weet ik niet. Hendrik en Sonia beschikten wel over honderdvijftig vierkante meter, een kapitalistische luxe dus. Allebei hadden ze weinig meubelen aangebracht of aangeschaft. Aangezien
40 Sonia alleen een tafel nodig had voor haar gescrabbel en een stoel om naar de tv te kijken, en Hendrik elke avond zijn tijd in zijn keet doorbracht, bleef er een ruimte over die grotendeels door rieten tuinmeubelen gevuld werd.

Men kon het huis niet gezellig noemen. Het maakte een lege indruk:
45 een toestand die ik niet durfde te onderstrepen, want mijn interieur is net het tegenovergestelde. Men kan merken dat ik het meubilair van mijn

ouders, en zelfs van mijn grootouders, heb geërfd. Ik lijd onder de produkten van de Mechelse meubelindustrie. Men moet bij mij goed oppassen voor de scherpe hoeken van de namaak-gotische meubelen,
50 voor de leeuwekoppen met koperen ringen in hun muil, voor gesticulerende engelen die naar de hemel wijzen, maar wier poezele vingeren in je oog kunnen terechtkomen.

Omdat in dit leven ieder wenst te hebben wat een ander heeft en wat hij zelf niet bezit, was het een dergelijk meubilair dat Sonia verlangde: een
55 ambitie die ik slechts veel later heb ontdekt. Toen ze me dat eindelijk opbiechtte, vernam ik dat haar programma bestond in het aanschaffen van een paar oosterse tapijten uit Sint-Niklaas, een viertal grote fauteuils uit Mechelen en een paar legkasten.

De financiering van dat programma was natuurlijk een probleem. Het
60 gezin beschikte over een aardig inkomen, maar het meubileren van een lege ruimte zou door Hendrik verworpen worden als een dwaasheid.

Een vrouw die toch geld wil uitgeven, doet dat. Een vrouw die daarvoor wil sparen is nog onweerstaanbaarder.

Achteraf heb ik vernomen hoe Sonia het had aangelegd om te sparen.
65 Ze heeft zich eerst tot het vegetarisme bekeerd. Vlees verdween van tafel; wijn en bier werden geweerd. Hendrik werd mager maar bleef gezond. Sonia, totaal overbodig, werd nog slanker. Het aldus gespaarde geld ging naar de firma Wijnants te Mechelen.

De grote dag van de bestelling werd zorgvuldig door haar georkestreerd.
70 In de namiddag werden de tapijten, de gotische stoelen en de legkasten afgeleverd. Hendrik kwam op het normale uur thuis, at met Sonia in de keuken en stond op het punt naar zijn E.B.-keet te verdwijnen, toen Sonia hem zei dat er iets haperde aan haar stofzuiger, die in de salon stond, midden op het oosters tapijt. Kon hij die eens nakijken?
75 Er ligt natuurlijk iets beledigends in zo'n verzoek gericht tot de man die de E.B. najaagt, maar Hendrik was een inschikkelijk man, en trouwens, het gebeurde slechts hoogst zelden dat een dergelijke kleine dienst van hem werd gevraagd.

Daar stond Sonia nu aan het aanrecht de vaat te doen en te wachten op
80 de kreten van verwondering en enthousiasme die Hendrik zou moeten uiten, zodra hij vaststelde hoe somptueus de meubilering van de salon was geworden.

Na een tijdje keerde hij weer naar de keuken. Het trof Sonia dat haar man er uitzag zoals Hardy van het komische tweetal Laurel en Hardy.
85 Bijna toonloos zei hij: 'Die stofzuiger is perfect in orde.'

Men kan niet beweren dat Sonia een opvliegend temperament heeft, want na haar ontgoocheling had ze Hendrik de huid vol kunnen schelden ofwel in hysterische tranen kunnen uitbarsten. Ze deed geen van beide en als een model van huiselijk geduld stuurde ze haar man opnieuw naar
90 de salon.

'Dat ding is stuk,' zei ze met nadruk. Wat kon Hendrik doen? Sonia rookt veel, te veel; ze drinkt pikzwarte koffie. Men kan een dergelijk nerveus schepsel licht van de kook brengen.

Er zijn minuten in het huwelijksleven die decennia kunnen duren. Ze
95 hoorde Hendrik in de salon aan de stofzuiger prutsen tot het haar te
machtig werd in de kraakheldere keuken. Ze vond haar man midden op
het tapijt van Sint-Niklaas, en al de onderdelen van de stofzuiger lagen
over dat meesterstuk van onze hedendaagse tapijtkunst verspreid.
Hendrik zette het apparaat weer handig in elkaar en verzekerde Sonia dat
100 er niets aan mankeerde.

De kroniek van een huwelijk kan alleen door de partners in een
dergelijk avontuur worden geschreven. Hoe Sonia er eindelijk in geslaagd was de ogen van haar man te openen voor al dat fraais dat ze
zomaar uit de grond had gestampt heeft ze me nooit verteld, maar wel dat
105 Hendrik, mijn broer, haar ten slotte nederig om vergiffenis had gevraagd
en haar had gelukgewenst met haar goede smaak.

Smaak heeft mijn broer nooit gehad. Karakter ook niet.

Er ging een jaar voorbij zonder dat ik veel aan huis kwam bij Hendrik en
Sonia. Toen maakte hij promotie en ze verhuisden naar een ruime flat.
110 Om deze in te wijden werd ik op een souper geïnviteerd.

Ik dacht met afschuw en gruwen aan wat mij wachtte: rauwe wortels en
sla, groente-gerechten die de naam van een vlees- of vismenu zouden
dragen; al die nonsens waarmee vegetariërs mekaar zand in de ogen
strooien. Sedert G.B. Shaw en Hitler, ben ik een fanatieke vijand van alle
115 vegetariërs.

De crisis in het gezin was echter volkomen voorbij. Het gehele
meubilair was verdwenen. Alles was hypermodern, er was zelfs een tafel
met een glazen bovenblad. De plechtige stijve fauteuils van de vijftiende
en zestiende eeuw – namaak, natuurlijk – waren vervangen door van die
120 vormloze zitmeubelen waar men heel behaaglijk in neerzinkt, maar waar
men mij met twee helpers uit moet verlossen. Er stond nog wel ergens
een tekentafel voor Hendrik en zijn groot Ontwerp, maar er waren
oesters, er was gevogelte en ten slotte zelfs champagne.

Toen de kurk door de luchter vloog, die door Calder scheen te zijn
125 ontworpen, berokkende hij geen schade. Er werd me aangekondigd dat
ik binnen afzienbare tijd peter zou worden van een zoon, die de
voornaam zou dragen van de verstandigste, maar ook onhandigste, van
onze vorsten: Jozef II; was het een dochter, dan zou ze Clara-Serena
heten, zoals de eerste dochter van Rubens.
130 Inmiddels gebruikte Hendrik zijn timmerbank om pijpenrekken uit te
zagen, messen voor bierschuim te vervaardigen en dergelijke dingen
meer. Alhoewel hij mijn broer is, is hij toch een heel normale man.

---

1 *de schoonzuster* sister-in-law (similarly *schoondochter, schoonzoon,
schoonvader, schoonmoeder, schoonouders*; however, in the Netherlands
zwager is usually used instead of
schoonbroer)

klagen over to complain about
klein behuisd cramped; *slecht behuisd* poorly housed
3 *de echtgenoot* husband (*de echtgenote* wife) these are more or less
formal written-language terms; nor-

mally one simply says *man*, and *vrouw* as in lines 19 and 84)

4 *Perpetuum Mobile* (Lat.) = *Eeuwige Beweging* perpetual motion

7 *jammer genoeg* unfortunately

9 *overigens* incidentally

10 *verstandelijke vermogens* intellectual capacity
een greintje genialiteit a spark of genius

15 *eindig* finite (*oneindig* infinite)
aandringen op to emphasize
ik drong er telkens op aan dat hij de zaak langs wiskundige weg zou aanpakken over and over again I insisted that he ought to tackle the problem mathematically

16 *hij ging er niet op in* he didn't pursue the idea

18 *de knutselaar* tinkerer (*knutselen* to putter around)

19 *wel eens* once

20 *kinderen bleven uit* no children came along

22 *het kan geen kwaad* it can't do any harm

23 *het geknutsel* tinkering around (this is an example of a neuter noun formed from the prefix *ge-* followed by a verb stem; other examples are *gelach* laughter, *geklets* chatter, and *gescrabbel* playing Scrabble, as in line 40)

24 *trouwens* as a matter of fact

25 *Ontwerp, met een hoofdletter* Project, with a capital P

26 *kroeglopen* to go bar-hopping
achter iemand (iets) aanzitten to chase after someone (something)

27 *dwepen met* to be fanatical about
Paul Claudel (1868-1955) French author
c'est un bon mari avec tous ses défauts (French) he's a good husband even with all his faults

30 *een meelijdend misprijzen koesteren* to harbor a compassionate disdain (*misprijzen* is more common in the south part of the Dutch language area than is its synonym *verachting*)

33 *er uitzien als* to look like

34 *plaats te over* plenty of room
het is niet voor niets dat there's a good reason why

36 *recht hebben op* to have a right to
vierkante meter square meter (one square meter in 10.76 square feet)

37 *beschikken over* to have at one's disposal

38 *allebei hadden ze weinig meubelen aangebracht of aangeschaft* neither of them had brought along or acquired much furniture

42 *rieten tuinmeubelen* wicker garden chairs

44 *gezellig* hospitable, comfortable, friendly

45 *onderstrepen* to emphasize (lit., to underline)

46 *het tegenovergestelde* opposite
het meubilair furniture (note also: in line 60, *meubileren* to furnish; in line 81, *de meubilering* furniture, furnishings; in line 120, *zitmeubelen* chairs, sofas, etc., in line 48, *meubelindustrie* furniture industry

47 *lijden onder* to suffer from

48 *Mechels:* of or pertaining to the city of *Mechelen* in Belgium, between Antwerp and Brussels

50 *de muil* mouth (of a large, ferocious animal)

51 *wijzen naar* to point to
poezel = poezelig chubby
vingeren: the plural in *-en* is high-flown style; the everyday plural is *vingers*

52 *terechtkomen* to end up

54 *een dergelijk meubilair* furniture like that

57 *Sint-Niklaas* manufacturing city in Belgium (*Oost-Vlaanderen*)
het viertal group of four
de fauteuil (French loan word) easy chair

58 *de legkast* linen chest (a large piece of furniture with shelves)

60 *het gezin* family
aardig fairly large

62 *die toch geld wil uitgeven* who is intent on spending money

63 *onweerstaanbaar* unrestrainable, unopposable

64 *aanleggen* to contrive

65 *zich bekeren tot* to become a convert to

67 *aldus* in this way

72 *stond op het punt te verdwijnen* was on the verge of disappearing

73 *er haperde iets aan* there was something wrong with

74 *midden op* in the middle of
nakijken to look over

75 *iets beledigends* something insulting

76 *najagen* to be in quest of
trouwens actually, as a matter of fact
77 *hoogst zelden* extremely seldom
79 *het aanrecht* kitchen counter (this
can refer either to the counter itself, or
to the counter and sink together)
de vaat doen to do the dishes
80 *de kreet van verwondering* outcry of
surprise
85 *bijna toonloos* in a flat voice
87 *iemand de huid vol schelden* to call
someone every name in the book
91 *met nadruk* emphatically
92 *een dergelijk schepsel* such a
creature
93 *licht* easily
van de kook brengen to confuse
95 *prutsen aan* to tinker with
tot het haar te machtig werd until it
got to be too much for her
99 *in elkaar zetten* to put together (*uit
elkaar halen* to take apart)
100 *er mankeert niets aan* there is
nothing wrong with it
102 *erin slagen te* to succeed in
103 *fraai* splendid; *al dat fraais* all those
fine things
104 *uit de grond stampen* to bring into
being
maar wel but she did tell me
105 *om vergiffenis vragen* to ask forgiveness

106 *iemand gelukwensen met* to congratulate someone on
108 *aan huis komen bij iemand* to visit
someone
112 *groente-gerechten* vegetable dishes
113 *mekaar*: colloquial for *elkaar* each
other
iemand zand in de ogen strooien
to pull the wool over someone's eyes
118 *het bovenblad* top (of a table)
119 *vervangen door* to replace by
van die vormloze zitmeubelen those
formless chairs (this colloquial use of
van die in the sense of 'that kind of' is
very common)
120 *waar + in* into which; *waar + uit*
from which
123 *het gevogelte* poultry
124 *Alexander Calder* (1898-1976): American artist and schulptor especially well-
known as the designer of mobiles
126 *binnen afzienbare tijd* in the near
future
128 *de vorst* sovereign
Jozef II: Emperor Joseph II of Austria
(1741-1790); the reference to 'our'
sovereign refers to the long period in
which the part of the Low Countries we
now call Belgium was under Austrian
domination
128 *was het* if it should be
131 *dergelijke dingen meer* other such
things

De woonwagen

Gerrit Krol

Hanneke van Schooten

GERRIT KROL

Krol was born in 1934 in Groningen. He studied mathematics and computer science and worked for a time for Shell Oil in Venezuela. He has spent years as a computer programmer for the *NAM* (*Nederlandse Aardolie Maatschappij*) in Drenthe. Though he began publishing stories in 1962, national attention came only with the appearance in 1967 of *Het gemillimeterde hoofd* (The Crewcut Head) and in 1969 of *De ziekte van Middleton* (Middleton's Disease), which attempted to introduce a revolutionary new narrative style into Dutch writing. Krol attempts to unite his interests in mathematics and physics with the fictional world, following a closely reasoned set of

steps through his fictional narrative. He has published numerous other novels and collections of stories, for instance *De man van het lateraal denken* (The Man of Lateral Thought, 1971), *Halte opgeheven en andere verhalen* (This Stop Suspended and Other Stories, 1976), where the story *De woonwagen* first appeared. He has also written volumes of poetry.

In *De woonwagen*, Krol juxtaposes the predictable bourgeois world of the suburbs and a wild and crazy threesome who live in an old bus modified to make a gypsy-like dwelling. The inhabitants of the 'trailer' are romantic stereotypes: they sing, dance, drink, keep nighttime hours, create, speak in an unintelligible tongue, and who knows what else. They disturb the self-satisfied routine of the growing suburban development. Krol characterizes this routine elegantly, nearly ritualistically, by taking the stance of a distant, omniscient narrator who watches as streets are built, trees planted, and inhabitants move in and go about their daily habits of living. A degree of neighborliness seems to be achieved when the magic of the airplane attracts the neighborhood children and all want to have their pictures taken, but the story develops differently. At about this point the reader realizes that Krol is playing a trick in giving no hint at what level of reality to place the three free spirits who disappear into the clouds. With the playground at the end we have the suburb's total success in taming the wild spirit, the imagination.

Daar waar de stad het snelst aangroeide, de zuidkant , stond nog een woonwagen. In de schaduw van twee bomen stond hij. Deze bomen werden weggehaald, de sloten ernaast werden door kiepauto's achterwaarts volgegooid met zand en ook de andere sloten. Men zette
5 vierkanten uit, heide palen, legde funderingen, er kwamen huizen in het gelid waar in het voorjaar nog koeien graasden. Het werd herfst; de nieuwe bewoners, in hun grote voorkamer, ontstaken de oliehaard, stonden met de armen over elkaar naar buiten te kijken, naar 'die oude keet', zoals ze zeiden. Ze stonden in hun tuintje met de laarzen aan, ze
10 strooiden graszaad en stopten bloembollen in de grond; er kwam orde. Repen balatum, die nog gedurende de eerste weken over de straat lagen, werden door de gemeentereiniging weggehaald; er kwam een melkboer en bij elke put werd een boom geplant. De mannen vertrokken 's morgens met de aktentas naar hun werk en kwamen 's avonds in het
15 donker weer thuis. De vrouwen intussen, met een kindje op de arm, met een kindje in hun lichaam of met helemaal nog geen kindje, stonden voor de ramen te kijken en in de weekends stonden de mannen ernaast. Het werd een stadswijk, er kwam een voetbalveld met twee doelmonden. De woonwagen bleef staan.
20 Het was een soort autobus, met een klapdeur en een treeplank ervoor. De wielen waren weggenomen. Daarvoor in de plaats waren schragen aangebracht die de carrosserie van de grond hielden. De ruiten waren geblindeerd door zwart karton, slechts de voorruit bestond uit werkelijk glas terwijl daarboven – misschien verband houdend met de lege
25 bierkratten die aan de zijkant en aan de achterkant in stapels stonden – met rode letters stond geschilderd: WALHALLA. Aan de laatste A van dit woord was een touw bevestigd dat schuin over het erf naar de dichtstbijzijnde lichtpaal liep, nadat de vroegere steun, een vlierstruik, door de gemeentewerklieden was verwijderd. De bewoners van de
30 wagen waren zelden te zien; het duurde zelfs enige maanden voordat de nieuwe wijkbewoners, hoe veelvuldig zij ook naar buiten stonden te kijken, aan 's zondags overkomende ouders konden vertellen dat 'daar in die wagen' een vrouw woonde met twee mannen, twee broers leken het, voor zover men dat bij lantaarnlicht kon bekijken, maar slechts één vrouw
35 dus. En waar waren ze overdag? Soms zag men ze, tegen middernachtelijk uur bezig op het erf, onverstaanbare woorden schreeuwend terwijl ze hun wagen leeg haalden; de vrouw tilde op haar buik alles weer naar binnen en vaak hoorde men hamerslagen, gezang als het regende. Er werd aan de harmonika getrokken dat de buurt dreunde.
40 In de krant verscheen een artikel: *Wij willen slapen*, met daaronder de woorden: *klacht uit onze nieuwe woonwijk*. Daarop, in de volgende edities, verschenen ingezonden stukken, alle onder de kop *Woonwagen*. De nummering dezer stukken, in romeinse cijfers, liep snel op totdat de redactie er, zoals zij schreef, een streep onder zette. Er werd, in het prille
45 voorjaar, een vereniging opgericht: Belangenvereniging Gruttostraat en Omstreken, uit wier statuten, huis aan huis verspreid, de ingehouden verontwaardiging sprak jegens de woonwagen Walhalla en zijn drie

bewoners. Besloten werd de zomer af te wachten.

De stad groeide om Walhalla heen; drie straten met vogelnamen
50 grensden nu aan het verderf. De vierde zijde was een rijtje rozestruiken,
waarachter het voetbalveld begon. Ook dit was een der grieven: het
doeltrappen der drie woonwagenbewoners, hun onbeheerst geschiet en
vaak, steeds vaker nu het mooi weer begon te worden, zag een
huisvrouw, stofzuigend in haar woonkamer, een der schavuiten zijn
55 benen slingeren over het tuinhekje om de bal terug te halen. Dit vertelde
zij 's avonds aan haar echtgenoot. 'Wij wachten de zomer af,' zei hij dan.

Intussen waren de krokussen uitgekomen en de narcissen, maar in
sommige tuinen kon men weer helemaal opnieuw beginnen: daar waren
de gemeentewerklieden bezig geweest met de riolering, daar lagen de
60 bollen, door de spa gesplitst, weer aan de oppervlakte, maar de bomen
aan de straatrand begonnen blaadjes te krijgen, het voetbalveld was
opeens groen en op zekere dag lieten ook de woonwagenbewoners zien
wat ze gemaakt hadden. Ze schroefden een wand los van hun wagen, die
sloeg naar beneden als de klep van een pont en daar trokken ze het naar
65 buiten: een voertuigje, de vrouw zat erin met vlaggetjes te zwaaien. De
beide broers liepen meteen terug naar binnen, kwamen weer naar buiten
met grote driehoekige borden, die ze horizontaal aan het voertuig be-
vestigden, met een hamer, met spijkers, het werd een vliegtuigje. De
vrouw sprong eruit, haar witte lange haren spreidden zich als een
70 parachute, ze lachte. De beide mannen, die naar het bouwsel stonden te
kijken met de handen in de zak, gaf ze stompen en ze rende de klep op
naar binnen. De broers volgden haar, ze trokken de klep op en lieten zich
die dag niet meer zien.

De buurt bleef niet lang in het onzekere. Het was op een zondag dat de
75 oudste der beide broers met een paar kinderen van de straat, hoe
onhandig hij er ook bij stond, een praatje maakte. Het was ook de eerste
keer dat zij hem van dichtbij zagen en hij liet ze het vliegtuigje bestijgen.
'Een voor een,' zei hij en ondertussen nam hij foto's. Met een boxmodel
stond hij daar van de zon af foto's te maken en hij wees telkens de
80 volgende aan. De ouders, het was zondag, stonden paarsgewijs achter de
ramen en zeiden 'aha!' alsof ze iets door hadden. Menigeen schreef 's
avonds zijn ingezonden stuk. Maar toen na enkele dagen de vrouw met
haar foto's langs kwam en de moeders de lachende snuitjes voorlegde
van hun kinderen, toen raakten die moeders bewogen, toen holden ze
85 naar de keuken, naar de kamer om geld te halen. Het vliegtuigje van
Walhalla werd de attractie van de buurt en op de zondagen, op de
woensdagmiddagen ook, was het een komen en gaan van kinderen die
met of zonder vliegerhelm gefotografeerd werden, naam en adres
opgaven aan de vrouw die met een bloknoot op haar knie in het gras zat.
90 De jongste der broers leek de eigenlijke maker te zijn, die kwam elke dag
met wat nieuws op de bakfiets: met een propeller, met halfgevulde
meccanobouwdozen en een keer zelfs met een raket. Voor onder de
vleugels; was het een echte? En ook de ouderen kregen nu belangstelling. Men wees elkaar de technische bijzonderheden, de eenvoud der

95 constructies of de ingewikkeldheid ervan; een verslaggever van de stadskrant had de oudste der beide mannen willen onderwerpen aan een vraaggesprek, maar die... 'Weut ik veul,' zei hij en de omstanders barstten in lachen uit. De jongste zei helemaal niets, die prutste aan de staart met draadjes en de vrouw hing de was aan de lijn. De omstanders lachten,

100 maar 's avonds was dat andersom, dan lachte de woonwagen. Zij die het geluk hadden precies tegenover de wagen te wonen, konden door de voorruit naar binnen kijken en zien hoe daar gedronken werd en gelachen en gestoeid, gevochten, wat was het. Een vrouw met twee mannen, wat er gebeurde zagen ze niet. 'Maar we hoeven ons niet te

105 ontveinzen,' zo sprak op een keer de voorzitter van de Belangenver- eniging, 'we hoeven ons niet te ontveinzen wat daar wel niet gebeurt.'

Toen kwam het najaar. Het vliegtuigje was bijna afgebouwd. De inzittenden konden door een druk op de knop de propellers laten draaien, stilzetten, de staartroeren bewegen enzovoort maar de zomer

110 was voorbij, de zondagen werden regenachtig en het aantal kinderen dat gefotografeerd wilde worden was zo klein dat ook die vrouw met haar beide mannen liever binnen bleef. De regen striemde de straten en op een nacht, tijdens een zware storm, gebeurde het. De woonwagen Walhalla sloeg in elkaar. Het stond de volgende dag met foto's en vette

115 tekst in de krant. De vrouw, in borstrok, zocht de stukjes bij elkaar; gordijnen en lakens hingen in de bomen en de buurtbewoners, achter de ruiten, dachten dit is het einde.

Het was het einde. De vrouw, met wat ze nog had kunnen redden, een paar flesjes pils, wat brood, stapte op een morgen in het vliegtuigje; de

120 beide broers zaten al achter elkaar en zij kwam daar tussenin. De propellers begonnen te draaien, het vliegtuigje ging rollen, het keerde, brak door de rozestruiken en daar, op het voetbalveld, kon het met een knetterende motor de aanloop nemen, dansen, springen was het. Het kwam van de grond, reeds zeilde het over de landerijen, als een tor in de

125 bocht, zo gleed het de wolken in.

De buurtbewoners verlieten hun post bij het raam, het was gebeurd, het was voorbij. In de keuken stond een grote afwas, de kinderen moesten naar bed en 's avonds om zeven uur, om acht uur, werd de radio aangezet, maar zij hoorden niet wat zij hoopten, om elf uur niet en ook de

130 volgende dagen niet. Geen krant, geen radio- of televisiejournaal dat melding maakte van hun landing. Nooit heeft iemand nog iets van ze gehoord.

De brokken van hun woonwagen werden weggehaald. Het erf werd omgespit. Er kwam een hek omheen. Het was in het daaropvolgende

135 voorjaar dat er een vrachtauto stopte; er sprongen mannen uit met gereedschap, met hout en ijzer en op de plaats waar eens de woonwagen Walhalla had gestaan kwam een speeltuin tot stand met wipplanken, een klimkooi, een zandbak en schommels. Een glijbaan en een vliegtuigje dat op en neer moest gaan als een hobbelpaard maar dat heeft het nooit

140 gedaan, misschien uit angst dat het nog 's de lucht in zou gaan. Het hek werd zilver geverfd en er kwam een poortje in, waarboven in een boog de

letters: WALHALLA. In zijn openingsrede memoreerde de voorzitter van de Belangenvereniging de geschiedenis van het zo merkwaardige drietal, voor zover hij dat memoreren kon want hij wist er eigenlijk niets van.
145 Daarna kreeg hij van opzij een schaar in handen en hij had nog niet het lint doorgeknipt of de kinderen sprongen, elkaar duwend en struikelend, de nieuwe speeltuin in.

5 *palen heien* to drive piles (which is necessary in the soft earth of the Netherlands before building)
in het gelid in formation (military terminology)
11 *repen balatum* strips of floor-covering material
12 *de gemeentereiniging*: short for *gemeentereinigingsdienst* municipal sanitation department
18 *het voetbalveld* soccer field
20 *de klapdeur*: a door that automatically closes because of a rope and weight, or a spring
21 *de wielen waren weggenomen* the wheels had been removed (notice that this is the past perfect of a passive)
daarvoor in de plaats in their place
21 *de schraag* wooden support (such as carpenter's horses)
23 *door karton geblindeerd* covered with cardboard
24 *misschien verband houdend met* possibly related to
26 *Walhalla* Valhalla (in Germanic mythology, paradise for deceased war heroes)
27 *over het erf* across the yard
28 *de vroegere steun* the previous support
30 *zelden te zien* seldom to be seen
het duurde zelfs enige maanden it actually took some months
31 *hoe...kijken* no matter how often they were looking out of the windows (for another *hoe* + *ook* construction, see line 75)
32 *'s zondags overkomende ouders* parents on their Sunday visit
39 *de harmonika* accordion
dat de buurt dreunde so that the neighborhood hummed
42 *ingezonden stukken* letters to the editor
43 *de nummering dezer stukken* the numbering of these letters (i.e., the editor gave each contribution to the

Woonwagen discussion its own Roman numeral)
44 *zette er een streep onder* called a halt
45 *Belangenvereniging Gruttostraat en Omstreken* Committee to represent the interests of the Gruttostraat and Environs (the *grutto* is a bird, the 'godwit')
46 *uit wier statuten sprak* whose articles testified to
ingehouden verontwaardiging pent-up indignation
49 *straten met vogelnamen*: the Dutch have a custom of naming streets within a neighborhood around a single theme, such as flowers, birds, composers, scientists, etc.
51 *een der grieven; het doeltrappen der drie; een der schavuiten*: formal-language genitives used for ironic effect (throughout the story)
52 *het geschiet*, from *schieten* 'to shoot', but in soccer 'to kick'
60 *door de spa gesplitst* split by the spade
64 *sloeg naar beneden* dropped down
de klep van een pont the ramp of a ferry boat
65 *het voertuigje* little vehicle
75 *hoe onhandig hij er ook bij stond* however awkwardly he stood there
77 *zagen van dichtbij* saw him close-up
79 *van de zon af* with his back to the sun (opposite of *tegen de zon in*)
81 *alsof ze iets door hadden* as if they'd caught on to something
83 *de lachende snuitjes* the laughing faces (usually 'snouts')
84 *raakten bewogen* were touched
87 *de woensdagmiddag*: school children have Wednesday afternoon off
90 *leek de eigenlijke maker te zijn* seemed to be the real creator
92 *meccanobouwdozen* boxes of Meccano sets (of various-shaped metal components to bolt and screw together)

94 *men wees elkaar* they pointed out to each other
de technische bijzonderheden the technical details

96 *onderwerpen aan* to subject to

97 *'weut ik veul' = weet ik veel* what do I know? (spoken with pursed lips, or perhaps intended to suggest a dialect)

104 *zich ontveinzen* to pretend one doesn't know

106 *wat wel niet gebeurt* all the many things that are going on (note that *niet* in exclamations beginning with *wat* and *hoe* is often not translated into English; other examples: *wat hij al niet zegt!* the things he says! *hoe vaak heb ik dat niet gezegd!* how often I've said that!)

107 *afgebouwd* finished

109 *enzovoort*: normally stressed *enzovoort*, occasionally *enzovoort*

114 *sloeg in elkaar* collapsed
vette tekst text in bold-face type

115 *zocht de stukjes bij elkaar* tried to collect the pieces

120 *zij kwam daar tussenin* she sat between them

124 *als een tor in de bocht* like a beetle taking a turn

127 *een grote afwas* a lot of dirty dishes

131 *melding maken* to report

137 *een speeltuin kwam tot stand* a playground came into being
de wipplank seesaw; *de klimkooi* jungle Jim; *de schommel* swing; *de glijbaan* slide

139 *het hobbelpaard* rocking horse

141 *in een boog* in an arch

142 *memoreren* to recall

145 *hij had nog niet ... of ...* he had hardly ... when ...

Dit is het verhaal van Oji

Maria Dermoût

Edith Visser

MARIA DERMOÛT

Maria Dermoût (1888-1962) was born in Java, descended from a family that had resided in the East Indies colonies for generations. She came to the Netherlands in the 1930's and spent the rest of her adult life in The Hague. The Indonesian archipelago was first explored by the Dutch in the 17th century, and it ultimately became a colony. It is a land which over the centuries exerted a powerful influence on the Dutch literary imagination, but the fascination with the Indies did not die with the loss of the colonies in 1948: stories with this setting have in recent years enjoyed a renewed popularity. For the Dutch it is a world of mystery, strangeness, cruelty and tenderness, in a setting of extravagant natural beauty. Each of the many Dutch writers who have used the Indies as theme has approached it from his or her own point of view; Maria Dermoût is one of the most highly regarded writers on the East, and she most often attempts to evoke the flavor and atmosphere of its life and culture independent of the colonists' alien influence.

Our story comes from the collection *De kist* (The Chest, 1958), a series of tales which are in loose thematic connection but can easily be read individually. The story of Oji, as the quotation at the beginning states, is an episode in the *Babad Tanah Djawi*, a traditional Javanese chronicle blending political and cultural history with folklore and mythology into a lengthy epic. Oji is a maiden being raised by the parents of the Prince and reserved for his harem; the Prince's mother is heiress to another, rival realm in her own right, this political instability being the real source of the dramatic tension. When the Prince's son falls in love with the maiden instead of the girl his father has chosen for him, the grandparents decide to give him Oji to prevent his perishing of longing, knowing that this is an offense punishable by death. At length the Prince discovers the loss, and he not only orders the killing of his parents along with some forty others and the destruction of his mother's kingdom, but also orders his son to kill Oji — which he does, holding her on his lap. In the Javanese epic this is a poignant but minor episode seen against the much larger background of the unfolding of fate (or the will of Allah) in the ongoing rivalry and warfare between kingdoms.

Maria Dermoût has permitted herself considerable liberty in adapting this story. She turns an incidental episode into an independant personal tale of love and sacrifice, with the eye of the westerner subtly heightening the role of free will and personal choice. But in the powerful evocation of the personalities, including that of the *kris* which the culture virtually endows with personality, she shows a deep understanding of and sympathy for the land and people.

> *...maar ze is nog niet volwassen, ze is op den leeftijd*
> *dat ze verzot is op bloemen, en ze heet Oji.*
> BABAD TANAH DJAWI (Geschiedenis van de vorsten op Java)

Een sultan had onder zijn hoge beamten ook een 'minister voor het
5 vermaak der zinnen'.

Die moest zorgen voor altijd weer nieuwe dansers, zangers, toneel-spelers, wajangpoppen-vertoners, gamelanbespelers, vertellers (man-nelijke, vrouwelijke), hij moest vooral ook zorgen voor altijd weer nieuwe vrouwen voor de harem van zijn heer. Hij moest daarvoor overal
10 rondreizen met dat ene houvast: waar het putwater lekker ruikt, daar zijn schone vrouwen.

In die tijd zag de 'minister voor het vermaak der zinnen' van de sultan van Mataram ergens ver weg, helemaal achter in het rijk Soera-Baja – het putwater rook er zo lekker – een kind, een meisje zoals hij nog niet eerder
15 gezien had, en hij vroeg haar aan haar vader voor de sultan. De vader was gevleid, het is ook niet onvoordelig een dochter in de harem van de sultan! 'Jazeker! Zij is mooi, maar nog niet volwassen, zij is nog op de leeftijd dat zij verzot is op bloemen, en zij heet Oji,' zei hij, en hij gaf haar mee naar Mataram.
20 De sultan bekeek haar, knikte.

Zij werd zolang totdat zij volwassen zijn zou toevertrouwd aan een familielid van de sultan en diens vrouw, beiden van hoge geboorte, die een groot gezin hadden van vele jonge zoons en dochters.

Oji groeide tussen hen op alsof zij een dochtertje erbij was, een zusje
25 erbij voor de anderen; zij was een vrolijk kind en verzot op bloemen.

Nu had de sultan ook nog een oude 'oom' en 'tante', dat waren pangeran Pekik en zijn vrouw, een prinses van Soera-Baja; 'oom' en 'tante' Soera-Baja zoals zij genoemd werden, waren tegelijkertijd de schoonouders van de sultan: hun ene dochter was zijn 'eerste' vrouw,
30 een van de vele vrouwen; er was een zoon uit dat huwelijk, de oudste, de kroonprins van Mataram: pangeran dipati Anom.

Anom woonde, zoals dat wel meer gebeurde, in het huis van zijn grootouders van moederskant, van oom en tante Soera-Baja, met andere familieleden en alle bedienden. Hij was een jonge man, de grootouders
35 hielden veel van hem en hij hield van de grootouders, om en om.

Op een dag moest hij wat brengen aan de pleegouders van Oji, zij kenden elkaar allen goed en waren elkaar allen verwant, en daar zag hij Oji tussen de anderen. Hij had haar wel meer gezien: jong en vrolijk en verzot op bloemen; zij zat altijd kransjes van bloemen te vlechten voor
40 iedereen en had een slinger van witte melatibloemen om haar kleine haarwrong – een kind!

Toen Oji Anom dit keer zag, liep zij gauw weg, keek nog een keer stilletjes om, verschikte wat aan het witte kransje om haar haarwrong. Zij was niet een kind! En Anom voelde zijn hart als met krissen doorstoken.

45 Thuisgekomen zei hij niets, hij ging ergens liggen, een donkere doek over zijn hoofd getrokken, en hij wilde niet opstaan want hij was gaan liggen om te sterven.

Toen de grootvader hem zo vond, schudde hij zijn hoofd, riep de grootmoeder erbij en zei: 'Dit gaat zo niet! Hij is verliefd op dat meisje Oji

50 en verlangt naar haar; als hij ouder was, zou het niet erg zijn, maar nu hij zo jong is, zou hij er aan kunnen sterven. Ik wil niet dat mijn lieve kleinzoon zo jong sterft, ik zal dat meisje Oji voor hem moeten gaan halen.'

De grootmoeder wrong haar handen. 'Oji is voor de sultan bestemd, je

55 neef, onze schoonzoon, onze heer, dat weet je, je weet ook wat de sultan doen zal als jij dit doet.'

'Ja,' zei de grootvader, 'natuurlijk weet ik dat, ik vraag jou ook om vergeving! Maar wij zijn oud, toe nu! Wij kunnen toch niet onze lieve kleinzoon aan het verlangen laten sterven?'

60 'Nee,' zei de grootmoeder, 'nee', neen dat kon niet.

En zo gingen de grootouders, oom en tante Soera-Baja, naar de pleegouders van Oji en vroegen haar voor hun kleinzoon Anom.

Eerst wilden de pleegouders daar niet van horen, zij waren bang, zeiden zij; maar toen oom en tante zeiden dat zij alle schuld op zich

65 zouden nemen – als het ooit uitkwam, de sultan had immers nooit meer naar haar laten vragen – en toen tante, die het hart nogal hoog droeg, ook nog zei: 'Zij komt trouwens uit Soera-Baja, dus is zij mijn onderdaan en niet van onze heer hier,' toen zeiden de pleegouders dat het dan wel goed was en zij gaven Oji mee voor Anom.

70 Er waren veertig mensen die er van wisten: Oji's pleegouders, broers, zusters, hun familie, hun bedienden, en de grootouders van Anom en hun familie en bedienden. Zij zwegen allen, dodelijk beangst voor wat er kon komen.

Anom en Oji waren te zamen: hij had haar lief en zij had hem lief, om en

75 om – een groot geluk, want dat is niet altijd zo.

Een tijdlang waren zij te zamen. Het leek alsof de sultan werkelijk Oji vergeten had – er waren zovele vrouwen in de harem! – maar op een dag herinnerde hij zich haar en liet de 'minister voor het vermaak der zinnen' zeggen dat zij nu toch wel volwassen zijn zou en dat hij haar wel eens

80 weer bekijken wilde.

En toen was Oji er niet.

De sultan liet allen die er van wisten, ja zelfs zijn schoonouders, de oude oom en tante Soera-Baja, alle veertig doden; hij liet zijn zoon Anom gevangen nemen en voor zich brengen en hij zei dat Oji gekrist moest

85 worden: zij was een overspelige vrouw; daarna zou hij nog wel zien hoe hij hem zou straffen.

'Wil jij Oji krissen,' vroeg hij, 'of zal mijn beul het doen?'

'Ik,' zei Anom.

En de sultan liet hem gaan.

90   Thuisgekomen riep Anom Oji en hij zei het haar. Oji wist wel hoe een overspelige vrouw in de kraton gekrist wordt: aan een paal gebonden, met haar gezicht naar de paal toe, een oude sarong om, dan maakt de beul een teken op haar blote rug, misschien wel met zijn vuile rode sirihspuug waar hij denkt dat haar hart zal zitten, en krist haar van achter, 95 in haar rug, zeker met een oude roestige kris, dat zij veel pijn zal hebben, dat het lang zal duren!

Maar zij niet, zij niet, zij ging zich baden met bloemenwater en zalfde en poederde zich; zij rook zo lekker! Zij trok haar mooiste kleren aan en alle juwelen die Anom en tante Soera-Baja haar gegeven hadden, het witte 100 melatibloemenkransje om haar haarwrong.

Zij deed haar borstdoek weer open en maakte met geurige gele sandelhoutzalf een teken vlak onder haar linkerborst waar zij haar hart voelde kloppen, zo hard voelde kloppen, dóek, dóek, dóek.

Anom had intussen zijn kris geslepen, hij hield het scherp plat omhoog, 105 legde er een propje uitgeplozen katoen op, blies en het propje werd recht en schoon middendoor gesneden zonder de kleinste oneffenheid, zo scherp was de kris.

Toen kwam Oji bij Anom, zij glimlachte hem toe, zij leek op vroeger toen zij een kind was en verzot op bloemen.

110   Anom glimlachte niet, hij ging zitten en hij nam haar op zijn schoot en hield haar in zijn ene arm: Oji liet hem het gele teken zien dat zij gemaakt had onder haar linkerborst en Anom liet haar zijn vlijmscherpe kris zien, die zou haar geen pijn doen. Oji knikte, 'ja goed' zei zij en keek hem aldoor aan, en toen kriste hij haar, van voor, op die gele plek en smeet de kris daarna op de grond.

115   De kris bleef daar liggen, huilende.

Anom bleef Oji vasthouden op zijn schoot in zijn beide armen tot het einde, hij huilde niet.

De sultan, zijn vader, strafte Anom niet met de dood; o neen, hij liet hem 120 leven!

Een lang, lang, verdord leven: woede en verdriet om oom en tante Soera-Baja, en de anderen alle veertig, en om Oji, in het hart.

Hij zou weliswaar zijn vader opvolgen als sultan (soesoehoenan, dat was nog hoger!), het zou niets dan strijd en verraad worden, nederlaag, 125 en het rijk Mataram in stukken verdeeld.

Hij zou na Oji nog vele vrouwen hebben en die vrouwen niet beminnen.

Zijn oudste zoon, de kroonprins die heette zoals hij, een 'getekende', een mankepoot en een wreed man, zou hem haten en hij zou die zoon haten, om en om.

130   Zelfs zijn bedevaart naar Mekka om de vertroosting te zoeken van het geloof zou niet doorgaan. Tot hij zou sterven, eindelijk, oud en nergens één bloem. Oji!

Deze kris is genoemd de Weleerwaarde Heer... ik weet niet hoe deze kris is genoemd.

1 *op den leeftijd* at the age (*den* is *de* with an old case ending no longer in use in colloquial Dutch; the modern version of this phrase occurs in line 17)

2 *verzot op* crazy about
ze heet her name is

3 *Babad tanah Djawi* (Indonesian) History of the land of Java (the chronicle containing the tale that is being narrated here)

4 *minister voor het vermaak der zinnen* minister for the diversion of the senses (*der* is a genitive form of *de* still in active use in written Dutch)

6 *zorgen voor* to provide
altijd weer again and again

7 *wajangpoppen*: richly decorated and incised leather marionette figures used in the Indonesian traditional shadow plays
gamelan: Javanese traditional orchestra

10 *het houvast* guiding principle

13 *Mataram*: on the island of Lombok, east of Java (see map)
helemaal achter in het rijk way off at the far end of the realm
het rijk Soera-Baja: another of the petty states on Java at the time of the story; the modern city of Surabaja is on the northern coast of Java (see map)

15 *hij vroeg haar aan haar vader* he asked her father for her

18 *hij gaf haar mee naar Mataram* he sent her along to Mataram

21 *zolang totdat* until such time as
iemand (iets) toevertrouwen aan to entrust someone (something) to

22 *diens* his (refers to *familielid*)
beiden: the *-n* ending on an adjective used as a noun shows that it refers to persons; compare *anderen*, lines 25, 38 and 122; *allen*, lines 37 and 82

24 *een dochtertje erbij* an additional daughter

26 *ook nog* in addition

27 *pangéran* (Indonesian) approximately 'prince' or 'lord'

28 *tegelijkertijd* at the same time

29 *schoonouders* mother- and father-in-law

31 *pangéran dipati* (Indonesian) approximately 'his excellency the regent'

32 *wel meer* often

35 *om en om* mutually, the one just as much as the other

37 *verwant* related; *elkaar* to each other

38 *tussen de anderen* among the others

39 *zij zat altijd kransjes te vlechten* she was continually braiding wreaths

40 *melatibloem* (*melati* is Indonesian) jasmine flower

43 *verschikte wat aan* rearranged a bit

44 *kris* Javanese dagger

48 *erbij roepen* to summon

50 *verlangen naar* to long for

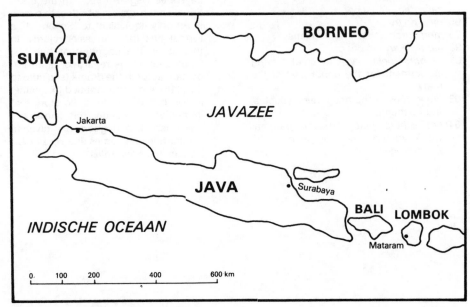

A portion of present-day Indonesia

51 *sterven aan* to die for

54 *bestemd voor* intended for

58 *toe nu!* (usually *toe nou!*) come on!

62 *vroegen haar voor* requested her for (note that 'asked her for' would be *vroegen haar om*; see line 57)

65 *als het ooit uitkwam, de sultan had immers nooit meer naar haar laten vragen* if it ever came out at all; after all, the sultan had made no further inquiries about her

66 *het hart hoog dragen* to be proud (more commonly *hooghartig zijn*)

72 *dodelijk beangst voor* deathly afraid of

74 *te zamen* (now usually written *tezamen*): a written-language equivalent of the everyday *samen*

78 *hij herinnerde zich haar* he remembered her
laten zeggen to send word to, to have (someone) told (compare line 82 *iemand laten doden* to have someone killed; line 83 *iemand laten gevangen nemen* to have someone imprisoned)

84 *krissen* to stab to death with a *kris*

85 *overspelig* adulterous

90 *thuisgekomen* when he arrived home

91 *kraton* (the Indonesian word is *keraton*) royal palace

92 *sarong* skirt worn by both men and women

94 *sirih* (Indonesian) betel-nut (a mild intoxicant)
zal zitten must be

95 *dat* so that

96 *lang duren* to take a long time

98 *aantrekken* to put on

101 *de borstdoek*: large kerchief serving as garment for the upper part of the body

103 *dóek dóek* (onomatopoeic syllables) thump thump

104 *het scherp plat* (usual grammar would require *het scherpe plat*) the sharp blade

105 *een propje uitgeplozen katoen* a tuft of fluffed-up cotton

108 *zij glimlachte hem toe* she smiled at him (formed on the model of *toelachen*, though no such compound with *glimlachen* is recognized)
zij leek op vroeger she looked like she used to

113 *zij keek hem aldoor aan* she gazed steadily at him

114 *van voor* from the front (i.e., rather than the barbaric *van achter*, line 94)

116 *de kris bleef daar liggen* the dagger just lay there
huilende: in Javanese tales, important weapons sometimes become actors along with humans and have life and emotions ascribed to them; see also the note to line 133

117 *bleef vasthouden* kept hold on

121 *woede en verdriet om . . . in het hart* rage and grief for . . . in his heart

123 *soesoehoenan* (Javanese): title of Javanese princes

127 *die heette zoals hij* whose name was the same as his
een getekende a marked man (noun formed from *tekenen*)

130 *de bedevaart* pilgrimage (the Indonesian archipelago became Islamic in the fourteenth century)

131 *doorgaan* to come about (as planned)

133 *de Weleerwaarde Heer*: in the traditional Dutch system of titles, this term is roughly equivalent to 'Reverend', a formal title for addressing clergy. In this story, the dagger that has just dispatched Oji is regarded as an important actor in the drama (see note to line 116) and hence entitled to a name. In 'De broederkrissen', the story that immediately precedes this one in the collection, two daggers are given a similar title and names that recall their personalities and roles

De schim

Adriaan Venema

Eddy Posthuma de Boer

ADRIAAN VENEMA

Venema was born in 1941 in Heiloo (Noord-Holland), and works as a writer and journalist. His literary output has been exceptionally varied. In 1971 he published a volume of poetry *Fietsen voor de Volkskrant* (On the Bicycle for the *Volkskrant*). A few examples of his prose writing are *Een sterfgeval in Duitsland* (A Death in Germany, 1971), *De zaak Krupp* (The Krupp Affair, 1972), *De ballingen* (The Exiles, 1979). These titles might give some hint of the close connection between his fiction and his journalistic activity. For his novel *Het leven een bries* (Life a Breeze, 1975) he was awarded the Louis Couperus Prize for literature in the same year. He has also published plays for both stage and TV, and written essays on art history.

In *De schim* Venema uses the present tense to tell a fictional anecdote in a terse, un-emotional style that heightens its immediacy and endows it with an unremitting tension. The main character begins nameless and with no indication of what he looks like, in a scene properly dismal for the deed being contemplated. He is a loner and a loser, someone who in his own crude way is attempting to make an impression as an individual on people who previously have treated him only as a source of gain. It is only when he appears at his intended victims' door that he becomes an individual with a name, at the very moment he discovers the family has forgotten who he is. When the act is committed he feels neither joy nor remorse, only satisfaction that he has finally made his point. During all this exploration of his inner turmoil we are made strongly aware of the ironic contrast to the warm, *gezellig* domestic life in the neighborhood around him. The slow, relentless rhythm of the developing plot is heightened by the almost contrapuntal repetition of little motifs: Hans' 'violent start' (208) prefigures the reaction of the man in the café (266, 282), the husband's 'nose against the window' (90) anticipates the way the ghost appears (209, 246), there is an interwoven 'turning around' of three of the characters, and the reader will find other such motifs. The question of the 'ghost' of the title is never resolved, leaving the reader free to speculate about whether to situate it in the world of the thriller, the tense world of the true psychological novel (do those footsteps beginning in line 62 first arise out of his own rhythmic words?), or in the coldly real world of crime and discovery. Then there is the identity and function of the man sitting in the café. If he is not *de schim*, what does he see when he stares at Hans van Dongen?

Hij is de enige die uit de trein stapt op het kleine perron van het dorpsstation. Wie zoekt op een avond in de winter dit godverlaten oord uit om er heen te reizen? Het is acht uur, maar al donker en een zware regen verduistert het zicht op de kleine huizen, die aan de spoordijk
5 liggen. Hij blijft huiverend onder de overkapping staan. Het is niet alleen kou, die de rillingen veroorzaakt, ook de angst voor wat hij moet gaan doen. En nog meer. Het gevoel, dat hij in de val gaat lopen, dat hij slachtoffer wordt van zijn eigen plan. Moet een mens niet altijd zijn intuïtie volgen? De kramp in zijn maag, die hij 's ochtends bij het opstaan
10 voelde, had een waarschuwing moeten zijn. Maar hij besloot, dat het louter zenuwen waren, geen voorspellende verschijnselen.

Nu staat hij op het perron en kijkt over de huizenrij heen naar het dorp, dat hij van vroeger kent. Het is hooguit vijf minuten lopen naar het huis waar hij zijn moet, maar het komt hem als een lange gang voor, zoals de
15 afstand in zijn herinnering ook veel groter is dan in werkelijkheid. Maar toen was hij nog een kind. Hoe vaak had hij niet bij de mensen gelogeerd, waar hij nu naar toe gaat? Vijf, zes maal. Op de fiets vanuit Amsterdam, met een zakje om zijn nek, waarin het kostgeld voor de twee weken. De kleine logeerkamer, waar zijn bed klaar stond, de boterhammen, dun
20 gesmeerd, het glas afgeroomde melk. Het kostgeld moest winst op-leveren, 's avonds na negen uur het licht uit, in bed lezen kon alleen met een zaklantaarn. Hoe blij was hij niet, als hij weer terug mocht naar Amsterdam, waar hij zijn ouders niet durfde vertellen over de martelende weken die hij achter de rug had.
25 Eén beeld was hem in het geheugen gegrift. De kist, waarin het echtpaar het geld deed, dat hij mee van huis nam en die weggeborgen stond in de meterkast.

Hoeveel geld zouden ze in de loop der jaren hebben vergaard? Op een nacht werd hij wakker door een nachtmerrie, waarin het dorp, het huis,
30 het echtpaar een centrale plaats innam en in een flits zag hij de kleine ijzeren kist voor zich. Wat zou hij zich nog zorgen maken over de toenemende geld-perikelen waarin hij zich bevond? Het geld moest hij halen, een wraak daarbij op de gruwelijke weken, die hij als kind in het dorp had doorgebracht.
35 Twintig jaar lang is hij niet in het dorp geweest, maar hij kan met zijn ogen dicht de weg vinden naar het donkere huis, dat verscholen achter hoge bomen op hem wacht. Over de spoorwegovergang, dan een lange laan door, aan het einde rechtsaf, een kleine straat linksaf en aan het einde staat het huis.
40 Hij hoort achter zich in het kleine stationshuis geluid van stemmen. Hij loopt van het perron af, bevreesd, dat de stationschef naar buiten zal komen om hem te vragen waarom hij blijft staan wachten. Geen mens mag hem herkennen en opvallend gedrag op een dorpsstation zal de stationschef alleen maar wantrouwend maken.
45 Hij loopt door de lange laan. In de meeste huizen ziet hij licht, gezelligheid stroomt over het plaveisel. Hij voelt zich buitengesloten, een eenzame. Een wolf, denkt hij, een wolf, door de kudde weggedreven,

maar daardoor grimmig en gevaarlijk. Hij recht zijn rug, gesteund door het denkbeeld, dat hij op weg is naar zijn prooi, de verstotene, maar
50 uiteindelijk de overwinnaar. Hij begint waarachtig te neuriën, zo opgewekt begint hij zich te voelen. De maagkrampen verdwijnen, hij spert zijn ogen wijd open, heft zijn hoofd, zodat de regen op zijn gloeiende gelaat uiteenspat en zet er een stevige pas in.

Wat drommel. Hij kon zich nog een zin herinneren uit een favoriet
55 jongensboek. Wat drommel, zei onze held. Wat let me of ik werp de gehele wereld aan mijn voeten en hij voegde de daad bij het woord door de eerste wakkere schreden te zetten op weg naar dat grote doel.

Wat drommel. Wat drommel. Hij onderbreekt zijn neuriën en zegt de woorden hardop. Hij beleeft er een merkwaardig genoegen aan. Wat
60 drommel. Ze brengen hem door ze snel achter elkaar te zeggen in een euforische toestand, wat een zwaardere vloek nooit zou bereiken. Hij komt aan het einde van de laan. Hij blijft staan, het is alsof hij achter zich voetstappen hoort. Hij wacht even voordat hij zich omdraait, maar in het duister ziet hij niemand. Hij hoort nu ook geen voetstappen meer, alleen
65 het ruisen van de regen, die de bladeren van de bomen doet ritselen.

Hij doet een paar stappen, houdt dan de pas weer in. Weer hoorde hij duidelijk de voetstappen van een ander. Houdt hij zich schuil tussen de bomen? Beeldt hij het zich in? Of is het een hond, een egel, een kat, die door de dorre bladeren loopt en blijft staan zodra de mens, die voor hem
70 uitloopt de pas inhoudt? Hij houdt het op het laatste en vervolgt zijn weg.

Hij slaat een hoek om van de straat, waar aan het einde het huis wacht. Tot zijn vreugde ziet hij dat er licht brandt. Was dat niet het geval geweest, dan had hij rechtsomkeert kunnen maken. Inbreken wil hij niet, dat komt hem te vreugdeloos voor. Bovendien zou de wraak op de mensen, die
75 hem vroeger het leven zuur hebben gemaakt, teloor gaan.

Als hij dichterbij komt ziet hij dat het huis kleiner is dan in zijn herinnering. Het stelt hem teleur. Daarbij denkt hij, dat de mogelijkheid bestaat dat ook de geldkist kleiner zal zijn en zeker het bedrag dat beiden in de loop der jaren hebben weten over te houden. Maar die sombere
80 gedachten zet hij snel van zich af. Hij opent het tuinhek en loopt naar de voordeur. Door het raam ziet hij beiden aan tafel zitten. De vrouw leest, de man kijkt voor zich uit. Hij peutert in zijn neus, kijkt daarna aandachtig naar zijn vinger. Als de vrouw opkijkt legt hij zijn hand haastig op het tafelblad. Ze zijn nauwelijks veranderd, alleen de trekken van de man zijn
85 slapper geworden en het haar van de vrouw grijzer. Haar lippen zijn even dun als voorheen en de oogleden van de man hangen nog even zwaar naar beneden als twintig jaar daarvoor.

Hij belt aan. Hij ziet de twee mensen naar elkaar kijken, dan staat de man op en loopt naar het raam. Daar het buiten donker is, kan de man
90 niets zien. Hij drukt zijn neus tegen het raam en schermt zijn ogen af met gebogen hand. Dan loopt de man terug. Even later gaat het ganglicht aan en wordt de deur geopend.

'Ja?'

Nog dezelfde nasale onvriendelijke stem. Achter in de gang ziet hij de

95 vrouw nieuwsgierig kijken.

'Ik ben Hans. Hans van Dongen.'

'Zo?'

Het klinkt niet bepaald uitnodigend. Het is zelfs de vraag of de man in de deuropening zich de naam herinnert.

100 'U kent me niet meer?'

'Nee.'

'Ik logeerde vroeger bij u.'

De vrouw draait zich om en loopt de kamer weer in. Haar nieuws-gierigheid is bevredigd. Een betalende logé van vroeger. Ze kent hem

105 misschien nog wel, maar het zal haar niets interesseren. Het geld is binnen, een jongen is volwassen geworden. Wat moet hij opeens aan de deur in de stromende regen? Om geld zeker? Hoe dicht is ze dan bij de waarheid.

'O,' zegt de man. Hij blijft onwrikbaar staan.

110 'En ik dacht. Ik loop eens aan. Zomaar.'

De man kijkt nog stugger. 'Dan had u misschien beter even kunnen bellen. We hebben nu visite.'

De doorzichtige leugen. Hij voelt een diepe woede in zich groeien. Zoveel geld aan hem verdienen en dan, jaren later, zo'n doorzichtige

115 leugen. Denkt de man werkelijk dat hij niet door een raam kan kijken? Hij doet een stap naar voren en geeft de man een stomp op de borst, zodat deze een paar stappen terugwankelt.

'Wat?' zegt hij verbaasd. 'Wat moet dat?'

Hij doet de deur achter zich dicht. Nu heeft de buitenwereld niets meer

120 te maken met hen drieën.

'Naar de kamer,' zegt hij met harde stem.

'Bent u nu helemaal?'

'Naar de kamer.' Hij geeft de man weer een stomp. De vrouw verschijnt in de deuropening. Haar ogen zijn groot en ontsteld; ze lijkt op een

125 konijn.

'Wat is er?' brengt ze met moeite uit.

De man wijst naar de kamer.

'We moeten naar de kamer,' zegt hij.

Ze draait zich om en loopt de kamer weer in. De man volgt haar op een

130 drafje.

Ze blijven bij de tafel staan, als hij binnenkomt.

'Ga maar zitten,' zegt hij. Hij probeert zijn stem een metalen klank te geven. Het heeft sukses, want de twee gaan sidderend zitten.

'Waar komt u voor?' vraagt dan de man.

135 Hij lacht.

'Mijn logeergeld terughalen,' zegt hij dan, maar hij ziet dat de anderen hem niet begrijpen. 'De geldkist,' zegt hij dan.

Ze kijken elkaar aan.

'De geldkist,' zegt de vrouw dan. 'Die hebben we niet meer.'

140 Hij lacht vreugdeloos.

'Dat had ik wel verwacht,' zegt hij dan. 'Kom, geen verhaaltjes. In de meterkast.'

De man staat op. 'Ik zal u voorgaan,' zegt hij. 'Dan kunt u het zelf zien.'
Ze lopen de kamer uit. Bij de deuropening draait hij zich om en zegt
145 dreigend tegen de vrouw: 'Eén stap en ik sla je man neer.' Ze knikt dat ze
het begrijpt.
In de gang trekt hij en passant de telefoondraad kapot. 'Moet dat nou,'
zegt de man zeurend. Hij geeft hem een duw in de rug als antwoord.
De man opent de meterkast. 'Kijkt u zelf maar.'
150 Verdomd, hij had gelijk. Geen geldkist.
'Waar staat hij dan?'
'We hebben ons geld op de bank staan. De rente, weet u. Dat deed je
vroeger niet, maar mijn dochter zei...'
Hij onderbreekt hem ruw. 'Laat je bankafschriften dan zien.'
155 De man draait zich om.
'Waar ga je heen?'
De man strekt zijn arm uit en wijst met bevende vinger naar de kamer.
'Mijn bureau,' brengt hij uit.
Ze gaan terug naar de kamer, waar de vrouw vragend opkijkt. De man
160 loopt terug naar zijn bureau, trekt een la open en haalt er een bankboekje
uit. 'Hier,' zegt hij.
Hij kijkt het in. Het klopt. Er staat een behoorlijk bedrag op de bank en
verdomme, dat bedrag had juist in de meterkast moeten liggen.
Verdomme. Hij vloekt hardop.
165 De man spreidt verontschuldigend zijn armen. Het ontbreekt er nog
maar aan, dat hij zegt: 'Als we geweten hadden dat u zou komen.'
'Mag ik weer gaan zitten?'
Bijna smekend vraagt de man het. Zijn knieën begeven het blijkbaar.
Zonder antwoord af te wachten gaat hij tegenover de vrouw aan tafel
170 zitten. Er valt een diepe stilte.
'We hebben misschien nog wat geld in de keukenla,' probeert de vrouw
dan, maar de man legt zijn hand op haar arm ten teken dat ze haar mond
moet houden.
Hij voelt zich opeens een schooier, een bedelaar, die blij mag zijn dat
175 hij nog wat geld uit de keukenla mag krijgen, een kruimeldief. Niet meer
de held, de overwinnaar, de koelbloedige piraat, ver verheven boven het
leven van alledag, de minnaar van het gevaarlijke leven. Niet alleen
hadden ze hem als kind vernederd door hem te verbannen naar zijn
kleine kamer, terwijl ze zelf beneden bij het gezellige lamplicht naar de
180 radio luisterden. Niet alleen hadden ze met een minachtende grijns zijn
logeergeld in ontvangst genomen, zodat hij het idee kreeg slechts als
gunst bij hen te komen blijven, maar nu, zoveel jaren later zetten ze hem
weer meedogenloos op zijn plaats. Niets ben je waard, een ellendige
mislukkeling, een schooier, die net als vroeger de kruimels van de tafel
185 mag vegen.
We hebben misschien nog wat geld in de keukenla.
Hij draait zich om, een witte grimmigheid heeft bezit genomen van zijn
gedachten. Hij grijpt een staande asbak, zwaar eikenhout, keurig gesneden balpoot en heft die boven zijn hoofd.

190 Met een brede zwaai laat hij het uiteinde neerkomen op het hoofd van de man, die voorover op de tafel slaat, en daarna langzaam, met een elegante beweging uit zijn stoel zakt.

De vrouw gaat staan, ze kijkt verbijsterd naar haar man, die verkreukeld op de grond ligt, zijn hoofd met de bebloede kant naar boven, zijn ogen 195 wijd open, zijn mond in een verstarde schreeuw. Daarna kijkt ze haar beul aan. Ze opent haar lippen, maar ze komt niet verder want een tweede, geweldige zwaai met de staande asbak brengt haar tot zwijgen. Door de geweldige klap slaat ze over de stoel heen en komt tegen de plint terecht. Nog even bewegen haar vingers, dan is ze ook stil. Alleen ligt ze er 200 decenter bij dan haar man, haar hoofd weggeborgen onder de gebogen arm. Hij blijft zwaar hijgend staan, de asbak nog in de hand.

Buiten hoort hij de regen steeds harder vallen, verder is er geen geluid, geen buren die te hulp snellen. Hij kijkt naar de twee mensen op de grond. Hij voelt geen vreugde over hun dood, maar ook geen berouw. Hij heeft 205 zijn plicht gedaan en de woede heeft plaats gemaakt voor een zekere matheid. Dan kijkt hij naar het raam, dat uitkijkt over de straat, die tot aan het huis loopt.

Dan ziet hij, terwijl een hevige kramp door zijn lichaam vaart, een wit gezicht voor het raam. Een man, ergens in de veertig, zijn neus tegen het 210 raam gedrukt, zijn beide handen gespreid naast het hoofd, de gelaatstrekken vervaagd door de wasem van zijn adem. Enkele sekonden kijken ze elkaar roerloos aan, dan verdwijnt het gezicht in het duister.

Hij blijft nog even verstard staan, dan rent hij de kamer uit, de gang door, hij opent de buitendeur en doet een paar stappen de tuin in. Er is 215 niemand meer te zien. In het licht van een straatlantaarn ziet hij de regen dicht naar beneden vallen. Hij hoort geen voetstappen, ziet geen schim. Dan keert hij om en loopt snel het huis binnen.

In de kamer pakt hij de staande asbak. Met zijn zakdoek verwijdert hij alle vingerafdrukken. Hij kijkt nog eenmaal om zich heen. Er is niets van 220 enige waarde en voor wat het geld in de keukenla betreft, daar wil hij zeker niet aankomen.

Met zijn zakdoek nog in de hand sluit hij de buitendeur achter zich en veegt ook de koperen knop af. Dan loopt hij langzaam richting station, zijn hoofd vol sombere gedachten. 225 Hij had alles zo goed voorbereid en nu is alles mislukt. Geen geld, maar wel een getuige. Natuurlijk: hij heeft wraak genomen op zijn kwelgeesten, maar zouden zij niet op hun beurt wraak nemen op hem door hem op te laten sluiten via de geheimzinnige, die om de een of andere onverklaarbare reden de tuin in was gelopen om door het raam naar binnen te 230 kijken. Een vriend? Een buurman? Of zo maar een voorbijganger, wiens nieuwsgierigheid was gewekt door het geluid van de vallende lichamen?

Nog steeds is het dorp stil, zitten de mensen in hun kamers en kijken televisie. Geen van hen kijkt op om naar de voorbijganger te kijken. Maar waarom zal hij daar bang voor zijn? Het is de ene onbekende, vluchtend 235 in de nacht, die hem zorgen baart. Die heeft hem herkend en zal wellicht nu al alarm slaan. Hij vraagt zich af of het raadzaam is naar het station te gaan en daar de trein te nemen. Hoe lang zal hij op de trein moeten wachten? Een kwartier, een uur? En zal in die tussentijd de gewaarschuwde politie niet het allereerst naar het station gaan om te zien of de

240 dader niet via het spoor probeert te ontkomen? Het is waarschijnlijk het beste naar het volgende dorp te lopen, misschien wel de volle twintig kilometer naar Amsterdam door de stromende regen te gaan, zodat hij zo min mogelijk sporen achterlaat. Het stemt hem droevig dat hij op zo'n smadelijke wijze het dorp, waar hij zijn grote triomf wilde behalen, moet

245 verlaten. Is hij dan toch voorbestemd de grote mislukking te worden, de ellendige nietsnut, zoals hij al zo vaak door anderen is bestempeld?

Dan ziet hij aan de rechterkant van de straat een café. Het is niet het licht, dat naar buiten straalt, wat hem frappeert. Ook niet de aanblik van de kroegbaas, die landerig over de tap hangt. Wel de man die bij het raam

250 aan een tafeltje zit. De man met het witte gezicht, die door het raam naar binnen keek. Dus hij was niet naar de politie gegaan. Hij zit daar nu, waarschijnlijk nog nahijgend van de schrik, in vertwijfeling over wat hem nu te doen staat. Hij besluit naar binnen te gaan. Het is geen roekeloosheid van hem, maar een weloverwogen besluit. De man heeft hem

255 herkend, daarover hoeft geen enkele twijfel te bestaan. Als hij nu het café binnengaat, kan hij de man op de voet in zijn gedragingen volgen. Als hij naar de telefoon gaat, zal hij vluchten. Als de man het café verlaat, kan hij hem volgen en, indien nodig, onschadelijk maken. Hij opent de deur en treedt het café binnen. De houding van de cafébaas is onveranderlijk.

260 Maar dat interesseert hem weinig. De man bij het raam ziet hem niet binnen komen. Hij kijkt naar buiten, voor hem staat een kop koffie.

'En?'

De cafébaas kijkt hem vragend aan.

'Een pils.'

265 De man draait zich om en schenkt een glas in. De man bij het raam, uit zijn gedachten gehaald door de stemmen, kijkt naar de tap. Dan vaart een hevige schok door zijn lichaam. Hij klemt met zijn handen het tafelblad vast en kijkt de ander met grote angstige ogen aan.

'Uw pils.'

270 Hij neemt het glas op en blijft bij de tap staan. De cafébaas gaat nu zitten en pakt een krant. Alleen het tikken van een klok is hoorbaar. Hij drinkt zijn glas leeg, zonder zijn ogen van de man bij het raam af te wenden. Deze kijkt terug. Zo blijven hun ogen op elkaar gericht, minutenlang.

275 Waartoe zal deze situatie leiden? Hij weet het niet. Het wachten is in feite op de man bij het raam. Hij zal degene zijn, die het initiatief moet nemen, maar voorlopig lijkt het daar niet op. Verlamd door angst zit hij aan zijn tafel, hij durft niet eens zijn koffiekop te pakken. Het valt zelfs de cafébaas op.

280 'Is de koffie niet lekker?' vraagt hij routinematig met een ondertoon van irritatie.

De man schrikt op. 'Nee, nee,' zegt hij haastig. Hij neemt een slok en probeert dan naar buiten te kijken.

285 Het zal hem niet lang gelukken om deze onverschilligheid te blijven veinzen. Even later draait hij zijn hoofd weer om en kijkt naar zijn kwelgeest, die zijn ogen ononderbroken op hem gericht blijft houden.

De cafébaas is dit alles onverschillig. Hij blijft in zijn krant lezen, terwijl het ogenduel van de twee dramatische vormen aanneemt. De man bij het raam wordt steeds bleker, zweet stroomt van zijn voorhoofd, zijn vingers
290 schuiven ongedurig over het tafelblad. Wat weerhoudt hem ervan de cafébaas te roepen en hem van zijn grote geheim te vertellen? Waarom gaat hij niet naar de telefoon om de politie te bellen? Waarom zit hij als vastgenageld op zijn stoel, verlamd door angst zoals een vlieg in de ban van een spin onmachtig is weg te komen van zijn belager?

295 De stilte wordt abrupt verbroken door de klok, die de eerste van tien schelle slagen door de ruimte jaagt.

Het dak van het café had net zo goed in elkaar kunnen storten, of een auto voor de deur kunnen ontploffen. Zelden is een stilte wreder verstoord als deze avond. In ieder geval heeft het op de man aan het raam
300 een verpletterende uitwerking. Zijn te gespannen zenuwen begeven het. Hij sluit de ogen, strekt zijn handen uit en opent zijn mond. Alleen een diepe zucht ontsnapt zijn lippen. Dan stort hij van zijn stoel en ligt languit op de grond.

De cafébaas legt zijn krant neer en kijkt verbaasd naar zijn klant, die
305 geen enkel teken van leven meer geeft.

Ze lopen nu beiden naar de man toe. De cafébaas knielt bij het lichaam en voelt de pols.

'Dat is niet fraai,' zegt hij dan.

'Hoezo?'
310 'Zo dood als een pier. Zeker een hartaanval.' Hij staat moeizaam op. 'Ik zal de dokter maar bellen,' zegt hij, 'en de politie.'

Als hij naar de telefoon loopt, kijkt de ander op zijn horloge.

'Ik mis straks mijn trein nog,' zegt hij. 'Ik neem niet aan, dat het nodig is dat ik hier blijf?'
315 De cafébaas haalt zijn schouders op. 'U heeft hem met geen vinger aangeraakt,' zegt hij. 'Dus wat moeten ze aan u vragen? Nee, ga maar. Ik kan me voorstellen, al die sores aan je hoofd.' Hij neemt de hoorn van de haak.

Hij legt geld op de tap en loopt het café uit, terwijl zijn hart zwelt van een
320 oneindige vreugde en opluchting. Wat is het leven toch goed voor hem. Zomaar zijn enige getuige weggemaaid. Op het perron maakt hij on-willekeurig enkele danspassen. Grote god, wat heeft het er om ge-spannen. Dat gevaarlijke leven, hij geniet er toch maar van. En wat een sterke persoonlijkheid heeft hij, dat hij in staat is met blikken te doden.
325 Als de trein voorrijdt stapt hij in de eerste klas wagon. Hij verdient wel een extraatje, dat regelt hij straks wel met de conducteur. Hij gaat behaaglijk achterover zitten in de diepe bank. Door het raam heen kijkt hij naar het perron. En dan, van de ene sekonde op de ander, ziet hij, terwijl een hevige kramp door zijn lichaam vaart, het bekende witte gezicht voor
330 het raam. De man, ergens in de veertig, zijn neus nu tegen het raam

gedrukt, zijn beide handen gespreid naast zijn hoofd, de gelaatstrekken vervaagd door de wasem van zijn adem. Dan zet de trein zich in beweging en verdwijnt het gezicht in de duisternis. Het laatste wat hij ziet is de vage glimlach om de mond van de onbekende.

5 *de overkapping* the roof (over the railroad-station platform)

7 *in de val lopen* to fall into a trap

16 *hoe vaak had hij niet gelogeerd* how often he had stayed (*hoe + niet* how; see also line 22 for another illustration of this construction)

18 *het kostgeld* room-and-board money

24 *achter de rug* over with; finished

27 *de meterkast* (gas, water or electricity) meter box

32 *het perikel* (here) problem

33 *daarbij* along with that

37 *een lange laan door* down a long avenue (the preposition following the noun indicates the direction of motion; see further examples in lines 103, 129, 144, 213-4)

42 *hij blijft staan wachten* he's (still) standing there waiting

49 *de verstotene* the rejected one (refers to 'hij')

51 *zet er een stevige pas in* sets off at a good stiff pace

54 *wat drommel* what the deuce

55 *wat let me of ik* what's preventing me from

56 *de daad bij het woord voegen* to suit the action to the deed

59 *een genoegen beleven aan* to feel pleasure in

60 *ze*: refers to *de woorden*
door + te zeggen by saying (see also line 178 *door + te verbannen* by banishing and line 227 *door hem op te laten sluiten* by having him locked up)

66 *de pas inhouden* to slow down one's pace

67 *zich schuilhouden* to hide out

70 *houden op* to favor, bet on

73 *rechtsomkeert maken* to do an about face

75 *teloorgaan* to be lost

77 *teleurstellen* to disappoint

79 *hebben weten over te houden* have managed to save up (*weten te* to manage to; *overhouden* to save up, to have left)

82 *voor zich uit* in front of him; *voor zich*

uit kijken to stare straight ahead

84 *het tafelblad* table top

105 *niets* not one bit

106 *wat moet hij [hebben]* what does he want

118 *wat moet dat?* what's going on? what does this mean?

120 *met hen drieën* with the three of them

122 *helemaal* completely crazy

128 *wij moeten naar de kamer* [gaan]: a verb of motion is sometimes omitted after a model auxiliary

129 *op een drafje* at a trot

147 *en passant* (French) in passing

165 *het ontbreekt er nog maar aan* it would be the crowning blow

168 *het begeven* to give out

171 *probeert = probeert te zeggen*

172 *ten teken* as a sign

175 *de kruimeldief* petty thief (*de kruimel* crumb)

177 *van alledag* everyday, commonplace

181 *als gunst* as a favor

189 *de balpoot* heavy ornamental base

199 *er + bij* there

216 *dicht* heavy

220 *voor wat + betreft* as for

223 *richting station* in the direction of the station

227 *op hun beurt* in turn
wraak nemen op take revenge on

233 *opkijken*: Dutch houses usually border on the street or sidewalk, and it is not uncommon for people to leave their blinds or curtains open at night. A passer-by can easily look into the living room, those inside can also see who is walking past their house. In Belgium, on the other hand, heavy metal or wooden roll-down curtains are lowered over the windows at nightfall

235 *zorgen baren* to give cause for concern

242 *zo min mogelijk* to the least possible extent

243 *het stemt hem droevig* it makes him sad

248 *de aanblik* sight

249 *de tap* spigot (here it is short for *de tapkast* bar)

252 *nahijgen* to keep on panting (the prefix *na-* indicates that an action continues)
wat hem nu te doen staat what he must do

256 *op de voet* step by step
de gedragingen behavior

275 *het wachten is op de man bij het raam* it's up to the man by the window (to make the next move)

290 *wat weerhoudt hem ervan te roepen* what prevents him from calling

293 *in de ban van* under the spell of

296 *jagen* to send (here: to ring out)

308 *dat is niet fraai* that's not so nice

310 *dood als een pier* dead as a doornail

317 *sores* (slang) worries

322 *het heeft er om gespannen* it was a close call

325 *eerste klas wagon* first-class car (Dutch trains have first- and second-class accommodations)

326 *een extraatje* a treat
dat regelt hij he'll take care of that (since he has bought a second-class ticket, he will have to pay the conductor extra to have his ticket upgraded to first class)

327 *diepe bank* roomy seat (first-class seats are more spacious than those in second-class)

Gast aan tafel

Hannes Meinkema

Steye Raviez

HANNES MEINKEMA

This male name ironically conceals the fervently feminist Hannemieke Stamperius, born in Tiel (Gelderland) in 1943. She studied Dutch literature and literary theory in Utrecht, and in 1979 published, under her real name, a scholarly book *Vrouwen en literatuur* (Women and Literature). She became a best-selling author suddenly in 1976 with *En dan is er koffie* (And Then There's Coffee), an engagingly written but bitingly realistic account of family relationships and how they poison the inner life of the main character, a young woman struggling to find and hold her personal identity. Shortly after this, and on the same basic theme, she wrote *Het binnenste ei* (The Innermost Egg, 1978). Though her narratives are for the most part in the third person and her characters plainly fictional, they contain a strongly autobiographical strain. Meinkema has also written many critical eassays and published a volume of poetry.

In *Gast aan tafel* she presents to the reader a sharply-drawn character portrait in the narrator, and the friction between her and the guest is captured in compelling detail. The story has considerable inner tension but it is of a purely psychological nature – there is little action. The narrator is a convincing study in irritation as she finds herself caught in a repetitive pattern of behavior over which she feels she has no control. The character of the guest is less well drawn, more a caricature or stereotype and functioning more to draw attention to the narrator's prejudices and problems than to any inherent qualities of her own – in fact, Meinkema's temptation to use the guest as a vehicle for her own irritations is so strong that she ascribes to the guest a judgement about Dutch TV commercials that she, as a foreigner, could hardly have had (lines 276 to 278). The opening paragraph of the story gives a brief accounting of the narrator's emotional state after the guest has left.

Leiden, een dag dat er van die glanzende maar ondoorzichtige plekken in het water tussen de bruggen zijn en de lucht van onder grijze wolken met zilverig licht naar beneden stroomt: ik draai me af van het raam waarachter de stad voorzichtig weer een beetje van mij begint te worden,
5 voorzichtig; ik loop de trap af om te kijken of er post is en er is een brief voor haar, die ik door zou moeten sturen, die ik zonder aarzelen verscheur.

Mijn schoolvriendin Agnes had me gevraagd of ik voor een paar weken een logée kon herbergen, een vriendin van haar die een Nederlandse
10 universiteitsbibliotheek nodig had voor een wetenschappelijk onderzoek. Het had iets te maken met de emigratie van Nederlanders naar Amerika, en die vriendin was zelf oorspronkelijk van Nederlandse origine (het zoeken naar de eigen wortels is tegenwoordig in Amerika populair, heb ik begrepen), vandaar. En omdat ik sinds Goverts vertrek toch een
15 kamer over had? Ik hoefde niet bang te zijn, echt niet. Helen was alleraardigst en soepel in de omgang – en ik was ook niet bang, waarom zou ik, Agnes en ik hadden altijd dezelfde smaak in mensen gehad en die paar jaar Amerika zouden daar heus niet zoveel verandering in hebben gebracht.
20   Ik maakte de logeerkamer (die ik in gedachten nog steeds de Govert-kamer noemde) in orde, hetgeen inhield dat ik de matras opmaakte, wat platen aan de kale muren plakte, en een oud schemerlampje repareerde omdat Agnes' vriendin in bed zou kunnen lezen. Ik vroeg me nog af of het verstandig zou zijn er een werktafel neer te zetten (mijn buurvrouw had
25 aangeboden me er zolang één te lenen), maar besloot dat aan Helen zelf over te laten.
   De dag van haar aankomst had ik helemaal vrijgehouden. Ik haalde haar met de auto af van Schiphol – want hoewel ik haar meer zag als een huurster van mijn lege kamer dan als een logee, wilde ik er wel toe
30 bijdragen dat ze zich in Nederland welkom voelde. En om nou meteen als Amerikaanse, zelfs als iemand die Hollands zegt te spreken, te moeten uitvinden hoe je met de bus van Schiphol naar Leiden en van de bushalte naar mijn huis komt – dat leek me wat veel gevraagd. Agnes had haar een foto van mij laten zien opdat ze mij zou kunnen herkennen.
35   De vrouw die naar mij toeliep leek echter niet op een mogelijke vriendin van Agnes. Ze had een lichtblauwe tricot broek aan met wijde pijpen, en een babyroze trui. Terwijl ik de auto de grote weg opdraaide was dat het wat me steeds maar door het hoofd ging: haar kleren zijn niet goed, wat moet ik met haar doen? Ik had tot op dat ogenblik gedacht dat kleren
40 voor mij niet belangrijk waren, maar nu moest ik mijn zelfbeeld haastig nuanceren: mode kon me niet schelen, smaak daarentegen wel. Daar in de auto realiseerde ik me eigenlijk voor het eerst wat ik op me had genomen, in paniek begreep ik dat ik een paar weken met deze vrouw zou zitten opgescheept, wat moest ik doen? Ik had van te voren bedacht dat
45 ik haar de telefoonnummers van een paar van mijn vriendinnen zou geven – ik wist van Agnes dat dit in Amerika gebruikelijk was – maar nu ik

haar gezien had was zulks onmogelijk: ze zouden me zien aankomen.

Ik dronk thee met haar en wees haar de keuken (sprak af dat ze voorraden die ze opmaakte aan zou vullen); ik maakte na de thee een
50 wandeling door Leiden langs het vrouwenhuis, de openbare leeszaal, een goede boekhandel, Vroom en Dreesmann, het postkantoor, de hortus (de dichtstbijzijnde rustige tuin) de UB (waar ik haar uitlegde hoe ze een boek moest aanvragen), en tot slot wees ik haar waar welke levensmiddelenwinkels waren. Hoewel we min of meer een rondje door de
55 stad hadden gelopen bleek Helen verstoken van enig richtingsgevoel, dus eenmaal weer thuis nam ik een kaart van Leiden waarop ik deze voor haar belangrijke plaatsen aantekende, opdat ze niet van mij afhankelijk zou zijn.

Terwijl ik kookte zat ze naast me in de keuken (ik wees naar het
60 gastoestel en de grill en de oven en de wasmachine). Ze leek een beetje lusteloos, wat ik aan de jet-lag weet en aan de veelheid van indrukken, zodat ik voorstelde om maar vroeg naar bed te gaan. Niks daarvan: na het eten veerde ze op en in mijn woonkamer, de ene sigaret na de andere rokend, hield ze me tot diep in de nacht bezig met verhalen over haar man
65 en kinderen (gelukkige verhalen, want ze had het geluk dat ze heel gelukkig was) – terwijl ik langzaam maar onherroepelijk bekropen werd door een zo verlammende vermoeidheid, dat ik alleen nog maar wachten kon tot zij het initiatief zou nemen om naar bed te gaan, maar ze ging niet – en toen ik om half één suggereerde dat ik bekaf was en dat het gezien
70 ook haar vele vermoeienissen misschien zo'n gek idee niet zou zijn om... toen zei ze nee blijf nog even, ik vind het zo gezellig. Tot twee uur toe vond ze het zo gezellig.

Natuurlijk kon ik die nacht niet slapen. Wakker gehouden door de ambivalentie van ergernis en schuldgevoel vanwege die ergernis, be-
75 sloot ik de volgende dag helemaal overnieuw te beginnen. 's Morgens voor ik naar mijn werk ging legde ik een briefje neer waarop stond hoe laat ik thuis zou zijn: het was toch niet niks om op je eentje in een vreemd land te moeten wakker worden in een leeg huis als gast van iemand bij wie je niet welkom was, en het minste dat ik daartegenover kon stellen
80 was wel dat zij niets van mijn gevoelens zou bemerken.

Toen ik aan het einde van de middag terugkwam vond ik haar in de woonkamer languit op de grond naar één van mijn lievelingsplaten liggen luisteren. Mozarts kwintet in b-majeur voor klarinet en strijkers. Nou goed, dan hadden we dezelfde muzikale smaak, dat was tenminste
85 iets.

In het kader van mijn goede voornemens dronk ik mijn borrel met haar – van plan straks als ze even niet oplette de jenever mee naar boven te nemen, naar mijn studeerkamer, wilde ik de rust van mijn slaapmutsje straks niet ontberen.
90 De tafel in de woonkamer lag vol studieboeken, en ik begon er spijt van te hebben dat ik de buurtafel niet zonder meer in haar kamer had gezet. Te bedenken dat ik geaarzeld had verplichtingen aan te gaan jegens mijn

buurvrouw die me sinds Goverts vertrek zielig vond – een sentiment dat mijn behoefte aan privacy nu eenmaal rechtstreeks placht te beïn-
95 vloeden.

'Heb je de UB gevonden?' vroeg ik overbodig.

'Ja,' zei ze, 'eerst niet, maar toen heb ik het iemand gevraagd.'

'Je had de kaart toch?'

'Die had ik niet meegenomen. Trouwens, vragen is veel eenvoudiger. Ik
100 vraag altijd alles.'

Mij benieuwen of je vaak wat krijgt, dacht ik gemeen – en meteen had ik daar spijt van. Ik begon Helen een beetje te begrijpen. Natuurlijk kreeg ze niet vaak wat ze vroeg, anders zou ze immers niet zoveel vragen.

Was dat reden om haar niet aardig te vinden? Verder kon ze toch geen
105 kwaad? Een magere vrouw van een jaar of vijfenveertig, fel onder de lippenstift, en met vandaag een lichtblauw twinsetje op de tricotbroek. Ze had me verteld dat ze was gepromoveerd, dus zo dom kon ze niet zijn, ook al had ik tot op heden weinig van het tegendeel gemerkt. Wat was er met me? Ik gaf haar geen kans. Het leek wel of ik bang voor haar was.
110 Waarom?

Toen ik naar beneden ging om een paar boterhammen voor mezelf te smeren kwam ze me achterna.

'Kook je niet?'

'Niet elke dag.'
115 'Maar dat is ongezond!'

'Ik heb er nog niet zoveel zin in. Na het jarenlang gedaan te hebben.'

'O, maar ik wil best voor je koken! Wat vind je daarvan? Als ik 's avonds nou eens kookte voor ons tweetjes?'

'Misschien ben ik er af en toe 's avonds niet,' bracht ik zwakjes tegen dit
120 voorstel in. 'Ik eet vaak met vrienden,' loog ik vervolgens schaamteloos, haastig in mijn hoofd een lijstje makend van mensen bij wie ik de komende weken rond etenstijd kon binnenvallen, en tegelijk mezelf verwensend omdat ik me alweer door de ene moeilijkheid te willen vermijden in een andere begaf.
125 Waarom kon ik nog steeds niet gewoon nee zeggen?

'Dat geeft toch niks, je legt alleen 's morgens voor je naar je werk gaat een briefje neer, dan weet ik of ik voor één of twee personen moet inkopen.'

'Okee,' zei ik, en verdween met mijn bordje boterhammen naar mijn
130 kamer, 'ik heb het nogal druk,' mompelend – en me een idioot voelend: wie eet er nou op haar studeerkamer.

Ik werd meteen gestraft. De blik waarmee ze me nakeek was niet te verdragen. Weten dat iemand iets nodig heeft en omdat je geen zin hebt 't te geven keihard doen of je de behoefte niet ziet, geeft een afschuwelijk
135 gevoel. Voor ik wist wat ik deed probeerde ik mijn onvriendelijkheid alweer ongedaan te maken: 'Als ik een beetje bijtijds klaar ben praten we nog even, goed?' Boven kon ik niet tot rust komen. Ik hoorde haar lopen onder me, ik hoorde haar platen draaien, ik hoorde haar stoel schuiven tegen de tafel: maar ook al hoorde ik niks, dan nog had ik geweten dat ze

er was, omdat ze onder me zat, dat ze zich in mijn huis bevond. Waarom bleef ze niet in haar eigen kamer? Waarom stond ik zomaar toe dat ze in mijn woonkamer werkte? En waarom vroeg ik niet alsnog die tafel te leen?

Omdat ik niet durfde. Helen had gezegd dat het niet hoefde. Als ik nu nog met die tafel kwam zou ze het als een regelrechte afwijzing beschouwen.

In arren moede raffelde ik mijn werk af, en daalde daarna tot mijn eigen verbazing naar beneden. Het leek wel alsof de onrust in haar directe aanwezigheid beter te verdragen was: alsof ik me minder slachtoffer voelde zolang ik haar in de gaten kon houden.

Ze glimlachte blij toen ze me zag. Hongerig naar gezelschap, als iemand die de hele dag nog met niemand had gepraat. 'Heb je op de UB nog mensen gesproken?' vroeg ik. 'Niemand,' zei ze. Dus pakte ik toch de Almanak maar en schreef de telefoonnummers van alle historici en anglisten die ik een beetje kende en wier vriendschap niet levensnoodzakelijk voor mij was, op een papiertje.

De rest van de avond zaten we te praten, en ik deed mijn uiterste best om haar aardig te vinden. Mijn pogingen leverden althans dit matige succes op, dat ik nog steeds geen echte reden kon bedenken waarom ze niet aardig zou zijn. Behalve die kleren was er niks mis met haar. Wat ze over haar onderzoek vertelde klonk interessant. Ze was niet ongevoelig – en al dat geprat over haar geluk nam ik met een korrel zout: dat kende ik bij mezelf zo goed, die opdracht om gelukkig te zijn ondanks gevoelens van het tegendeel. Sinds ik Govert had weggestuurd kostte het me de grootste moeite om af en toe toch heel normale reacties van eenzaamheid en somberheid tot me door te laten dringen: alsof ik tegenover mezelf alleen kon verantwoorden dat ik hem zoveel pijn had gedaan als zijn vertrek aan al het ongeluk een definitief einde zou hebben gemaakt.

Ik maakte met haar de afspraak die tussen Govert en mij ook altijd had gegolden: dat wie in de woonkamer was daarmee te kennen gaf tegen gezelschap geen bezwaar te hebben, en dat wie alleen wilde zijn of onder vier ogen met iemand wilde spreken, daarvoor naar haar eigen kamer kon gaan. Op die manier hoefden we over onze behoefte aan privacy niet expliciet te zijn – zo maakte ik het mezelf wat minder noodzakelijk haar recht in haar gezicht af te moeten wijzen.

Ik feliciteerde mezelf al met een achteraf nog niet zo slechte avond, en wilde naar bed gaan – toen ze me vroeg of ik een bandrecorder had. Ze wilde mijn klarinettenconcert opnemen. Kon het morgen niet? Nee, liever nu.

Ik haalde mijn tapedeck en een cassette (zou ze me er eentje teruggeven?). Toen ik haar wilde uitleggen hoe het ding werkte, zei ze: 'Ik heb liever dat jij het doet.' 'Het is niet ingewikkeld,' zei ik. 'Ja,' zei ze, 'maar ik ben altijd zo bang dat er niks op komt. Doe jij het maar.'

Dus deed ik wat ze vroeg. En ging naar de badkamer, kleedde me uit, wachtte tot de plaat moest worden omgedraaid, deed zulks, ging naar boven, wachtte tot de plaat was afgelopen, ging naar beneden, zette de boel af, spoelde de cassette terug en overhandigde die haar.

Daarna kon ik alweer niet in slaap komen, en toen ik eenmaal sliep droomde ik dromen vol woede en machteloosheid die me ergens aan 190 deden denken, maar aan wat? Het ontglipte me, zoals dromen je ontglippen kunnen.

De dag daarna hoefde ik pas later naar mijn werk. Ik had lekker vroeg op willen staan om van die extra uren in de morgen te genieten – maar ik kon mezelf er niet toe brengen naar beneden te gaan waar ik haar aan zou 195 treffen. Het begon er verdorie op te lijken dat ik bang voor haar was! Dus bleef ik zo lang in bed hangen (iets waar ik altijd hoofdpijn van krijg) dat ik me nog moest haasten om op tijd op school te zijn. Terwijl ik naar beneden liep stuurde ik alvast mijn opgewekte stem voor me uit: 'Helen, ben je al wakker? Hallo?' Goddank, ze was weg. Even was mijn huis van 200 mij.

Maar ze had haar sporen achtergelaten. In de keuken hing een gaslucht: ze had de knop niet uitgedraaid. In de ijskast lagen twee losse gekookte aardappels een een halve besmeerde boterham met jam.

In mijn auto onderweg naar mijn werk huilde ik een beetje. Of ik er nou 205 reden toe had of niet' het was een feit dat ik me niet meer veilig voelde in mijn huis sinds Helen er was. De rust die ik me na Goverts vertrek zo moeizaam had weten te verwerven, was door Helen weer vernietigd. Ik kon niet beslissen of dit nu voornamelijk aan haar lag of aan mij, maar of ik me nou aanstelde of niet deed er eigenlijk niet zoveel toe: het ging 210 erom dàt ik het zo beleefde en dus moest ik proberen er iets aan te doen – want dit hield ik nooit veertien dagen vol.

Eerst moest ik 's avonds iets van het gas zeggen. Dan moest ik over de ijskast maar zwijgen, ik kon toch moeilijk met een hele waslijst komen, straks ging ze nog huilen. Ik zag het gebeuren: met die doortastende 215 vriendelijkheid die voortkwam uit mijn schuldgevoel zou ik haar toe-spreken, en zij zou me aankijken met ogen die vochtig werden achter haar bril – dat was het! Ze straalde iets uit waardoor het bijna onmogelijk was boos op haar te worden, nu zag ik het, iets pathetisch, nee, meer iets van in zieligheid verdronken rancune, alsof ze er op zat te wachten dat ik 220 kwaad werd om triomfantelijk in huilen te kunnen uitbarsten en te roepen dat iedereen altijd zo rot tegen haar deed en dat ze maar niet begreep waarom. En als ze huilde zou ik haar moeten troosten – niets is zo oncomfortabel om aan te zien als het verdriet van iemand om wie je geen donder geeft. Maar als ik haar geen rotgevoel wilde bezorgen was ik wel 225 gedwongen continu toneel te spelen – geen wonder dat ik me niet meer ontspannen kon in mijn huis!

Ik besloot het weekend weg te gaan.

Tijdens het weekend belde ze me op. Zonder reden, gewoon, om te vragen hoe het met me ging. Ik denk dat ze zich eenzaam voelde.
230 Maar toen ik zondagavond thuis kwam was ze uit. Op het aanrecht lag een dikke brief in een vrijwel onleesbaar handschrift. Aan mij gericht.

Ik had geen zin die brief te lezen. Eerst liep ik het huis door als een dier dat overal de geur van de vijand ruikt. Op de bovengang lagen kranten in een hoek geworpen. Vuile papieren zakdoekjes propten in alle stoelen van de woonkamer (ik kokhalsde toen ik ze in de prullemand gooide). Op de tafel stond een vlezige stekelige fallieke plant – ik haat planten heb er expres geen. Het lichtje van de pickup brandde – god weet hoe lang het ding al aanstond. Op mijn bed lag een stapeltje gewassen kleren – ik legde ze meteen op één van Goverts lege planken, om ze zodra Helen weg was nog een keer te wassen: de gedachte dat mijn kleren met haar spullen in één machine waren samengeweest wekte een te diepe weerzin dan dat ik ze zo weer had kunnen aantrekken.

Ik nam haar brief en ging ermee op de wc zitten. Terwijl ik plaste probeerde ik haar handschrift te ontcijferen, en hoewel ik niet ieder woord kon lezen begreep ik in grote lijnen wel wat er stond.

Dat ze me miste. Dat het telefoongesprek nogal onbevredigend was geweest, dat het niet meeviel om hier alleen een paar dagen te zijn zonder iemand om mee te praten. Dat ze een paar mensen van mijn lijstje had opgebeld maar dat daar toch weinig veelbelovends bijzat. Dat Agnes altijd zo hoog van mij opgaf, en dat ze nu begreep waarom, want dat ik zo aardig voor haar was. Alleen één ding wilde ze me nog vragen: waarom was ik lichamelijk zo afstandelijk? Zou ik haar een groot plezier willen doen en haar af en toe eens knuffelen?

Met een van schrik hevig bonzend hart greep ik naar het wc-papier. Op. Ik trok mijn broek omhoog zonder af te vegen en keek in de kelderkast om een nieuwe rol te pakken.

Ze had het wc-papier opgemaakt zonder er nieuw voor in de plaats te kopen.

Wat moest ik beginnen?

Ik at die avond bij een vriendin, en naam haar na het eten mee naar mijn huis om Helen niet alleen onder ogen te hoeven komen.

Zodra ze ons hoorde stond ze al in de gang met uitgestrekte hand: 'Ik ben Helen.' Er zat niets anders op, als we niet verschrikkelijk onbeleefd wilden lijken moesten we even bij haar in de woonkamer komen praten. Ik bedacht dat ik haar behalve 's nachts nog nooit in de logeerkamer had gezien, dat ze dus kennelijk continu behoefte aan gezelschap had – en dat de woonkamer sinds haar aanwezigheid veranderd was, mij niet meer toebehoorde. Ik had een verschrikkelijke hoofdpijn: straks zou ik Helen moeten zeggen dat ik het verdomde om haar aan te raken.

'Anneke komt hier eigenlijk televisie kijken,' zei ik zodra het gesprek daar de opening toe bood. 'Wat leuk, welk programma?' vroeg Helen. 'Een praatprogramma over echtscheiding.' 'Dat klinkt interessant, dat wil ik ook wel zien.' 'Maar het is in het Nederlands,' probeerde ik wanhopig. 'Des te beter, dat is goed voor mijn Hollands.'

Zo zaten we met ons drieën op mijn bed in de slaapkamer, waar de televisie staat. We zagen nog iets van het nieuws. Daarna oefende ze kritiek uit op Loekie de Leeuw: typisch Hollands vond ze het om reclameboodschappen hypocriet te verdoezelen tussen grapjes. En tijdens het programma over echtscheiding moesten Anneke (die het ook had

280 meegemaakt) en ik verdragen, dat ze keer op keer de partij van de mannen koos. 'Een goede oefening in genuanceerd denken, die logee van jou,' zei Anneke toen ik haar uitliet – maar genuanceerd denken kon ik allang niet meer, de weerzin tegen wat ik haar zeggen moest, de angst die ik voelde bij de gedachte dat ik gedwongen was haar rechtstreeks
285 pijn te moeten doen, maakte me wanhopig.

Ik geloof niet dat ik er veel van terecht bracht. We zaten tegenover elkaar op stoelen in de woonkamer en ik zei dat ik haar brief gelezen had en dat we daar toch over moesten praten. Ik zei dat ik haar niet kon geven wat ze wilde hebben.
290 'Waarom niet,' vroeg ze.

Op het laatste moment krabbelde ik terug. 'Omdat ik niet de gewoonte heb mensen aan te raken,' loog ik.

Wat had ik anders moeten doen? Haar in het gezicht schreeuwen dat ze teveel eiste, dat ze te dichtbij me kwam, dat ze mijn woonkamer en
295 mijn slaapkamer en mijn privacy al had – had ik haar moeten zeggen dat ik haar verwenste en dat ze moest oprotten en maar een ander adres vinden om haar buitensporige verlangens te bevredigen? Zoals ik het tegen Govert had gedaan?

Ze had me aangekeken of ik zielig was, en meteen daarna gevraagd of
300 ik de volgende dag thuis at. En omdat ik onmogelijk twee afwijzingen pal na elkaar over m'n lippen kon krijgen, had ik ja gezegd.

Haar eten stonk. Een muffe geur steeg op van mijn bord, terwijl zij babbelde en redderde alsof mijn keuken de hare was.

Kokhalzend werkte ik de ene hap na de andere naar binnen. Maar ik at
305 mijn bord leeg – en wist dat ik zo de komende tien dagen elke avond mijn bord leeg zou eten.

Voor straf.

1 *van die* those (kinds of)
3 *ik draai me af van* I turn away from
4 *weer een beetje van mij begint te worden* begins to become a little bit my own again
6 *die ik door zou moeten sturen* that I should forward
9 *de logée* female guest (*de logé* male guest)
herbergen to accommodate
10 *een wetenschappelijk onderzoek* a scholarly research project
11 *het had iets te maken met* it had something to do with
14 *vandaar* that's why
sinds Goverts vertrek since Govert's departure (Govert is a man's name)
15 *ik hoefde niet bang te zijn* I didn't need to fear
16 *soepel in de omgang* easy to geι

along with
21 *hetgeen inhield* which meant
23 *omdat* normally 'because'; one would expect here *opdat* or *zodat* 'so that' (*opdat* occurs in lines 34 and 57)
25 *zolang* _ for the occasion
dat aan Helen zelf over te laten to leave that up to Helen herself
28 *Schiphol* the Amsterdam airport
29 *ik wilde er wel toe bijdragen dat* I did want to do my part to see that (this is an example of a common construction the appears again in lines 194, 195, 210 and 219.
33 *dat leek me wat veel gevraagd* that seemed a bit much to ask
35 *leek echter niet op* did not however look like
40 *mijn zelfbeeld haastig nuanceren* hastily modify my self-image

41 *mode kon me niet schelen* fashion didn't matter to me

42 *wat ik op me had genomen* what I had taken on

43 *opgescheept zitten met* to be saddled with

47 *ze zouden me zien aankomen* they would see me coming

50 *het vrouwenhuis* the women's center
de openbare leeszaal public library

51 *Vroom en Dreesmann* a large chain department store

52 *hortus [botanicus]* university botanical garden
UB = Universiteitsbibliotheek university library

54 *wij hadden een rondje door de stad gelopen* we had made a circular tour through the city

55 *Helen bleek verstoken van* Helen appeared devoid of

61 *wijten aan* to attribute to

62 *niks daarvan* nothing doing

64 *ze hield me bezig* she kept me occupied

66 *ik werd bekropen* I was overcome

69 *bekaf (bek + af)* dead-tired
gezien haar vele vermoeienissen considering her many tiring activities

75 *overnieuw = opnieuw* again

77 *het was toch niet niks* after all it wouldn't be an easy matter
op je eentje all alone

79 *het minste dat ik daartegenover kon stellen* the least I could match that with

86 *in het kader van mijn goede voornemens* in line with my good intentions

87 *van plan mee te nemen* intending to take along
straks als ze even niet oplette by and by, when she wasn't paying attention

90 *ik begon er spijt van te hebben* I began to be sorry

91 *de buurtafel* the neighbor's table
zonder meer without further ado

92 *te bedenken* the very thought
verplichtingen aangaan to enter into obligations

93 *die me zielig vond* who felt sorry for me

94 *placht:* past tense of *plegen* to tend to, be in the habit of

99 *trouwens* for that matter

101 *[het zal] mij benieuwen of* I wonder if
dacnt ik gemeen I thought, meanly

104 *ze kon geen kwaad* she couldn't do any harm

105 *fel onder de lippenstift* with a ferocious quantity of lipstick

106 *twinsetje:* combination of sweater and cardigan

107 *ze was gepromoveerd* she had a Ph.D.

108 *tot op heden* up until today
wat was er met me? what was wrong with me?

111 *een paar boterhammen voor mezelf te smeren* to fix myself a couple of sandwiches

116 *ik heb er nog niet zoveel zin in* I don't feel much like it yet
na het gedaan te hebben after having done it

117 *ik wil best* I'd be happy to
wat vind je daarvan what do you think?
als ik nou eens kookte just suppose I were to cook

118 *voor ons tweetjes* for the two of us

119 *ik bracht zwakjes tegen dit voorstel in* I feebly offered objection to this suggestion

123 *mezelf verwensend* cursing myself
zich begeven to go (a formal expression)

126 *dat geeft toch niks* that doesn't matter

131 *wie eet er nou* who in the world ever eats

132 *niet te verdragen* intolerable

134 *keihard doen of* mercilessly act as if

136 *een beetje bijtijds klaar* finished soon enough

137 *tot rust komen* to relax

139 *ook al hoorde ik niks, dan nog had ik geweten* even if I didn't hear anything, I could still tell

145 *regelrechte afwijzing* outright refusal

147 *in arren moede* angrily
raffelde ik mijn werk af I gave my work a lick and a promise

150 *in de gaten houden* keep an eye on

154 *Almanak* university catalog

155 *anglist* anglicist (one who specializes in the study of English)
wier whose (formal; the spoken language would use *van wie*)

157 *deed mijn uiterste best* did my utmost

158 *aardig vinden* to like

160 *er was niks mis met haar* there was nothing wrong with her

164 *het kostte me de grootste moeite* it was extremely hard for me

166 *door te laten dringen* to let through, allow myself to feel
167 *verantwoorden* to justify
169 *ik maakte met haar de afspraak* we made the agreement
170 *gelden* to be in effect
te kennen geven to let it be known
171 *bezwaar hebben* to object
onder vier ogen in private (i.e., with the other person only)
175 *af te moeten wijzen* to have to reject
176 *met een achteraf nog niet zo slechte avond* on, retrospectively, not such a bad evening
183 *doe jij het maar* why don't you just do it
186 *zette de boel af* turned the thing off
189 *deden ergens aan denken* made me think of something
192 *ik hoefde pas later* I didn't need to go until later (*niet hoeven* not to need to, *pas* not until; note that the 'not' of *niet hoeven* is supplied by the 'not' of *pas*)
lekker vroeg nice and early
195 *het begon er verdorie op te lijken* it was beginning to darn well look like
196 *ik bleef in bed hangen* I sacked in
197 *school*: this word refers only to a non-university educational institution
205 *ik voelde me niet meer veilig* I no longer felt safe
207 *weten te + inf* to manage to
208 *lag aan haar of aan mij* was her fault or mine
209 *zich aanstellen* to carry on
deed er eigenlijk niet zoveel toe really didn't matter so much
het ging erom the point was
210 *dat ik het zo beleefde* that this was the way I experienced it
211 *dit hield ik nooit vol* I wouldn't last
213 *ik kon toch moeilijk met een hele waslijst komen* I could hardly present her with a whole detailed list of things
214 *doortastend* persistent
217 *ze straalde iets uit* she exuded something
218 *een in zieligheid verdronken rancune* a resentment submerged in pitifulness
219 *alsof ze er op zat te wachten* as if she couldn't wait
221 *deed rot tegen haar* treated her meanly
223 *om wie je geen donder geeft* about whom you don't give a damn

225 *toneel spelen* to put on a performance
231 *aan mij gericht* addressed to me
236 *een vlezige stekelige fallieke plant* a fleshy, prickly phallic plant
237 *pickup* record player
238 *aanstaan* to be on
241 *wekte een te diepe weerzin* aroused too great a repugnance
242 *dan...aantrekken* for me to be able to put them on again in their present condition
247 *dat het niet meeviel* that it wasn't easy
248 *iemand om mee te praten* someone to talk to (stress on *praten*)
249 *dat daar toch weinig veelbelovends bijzat* that there was little of promise there
250 *hoog opgeven van* to speak highly of
want dat because of the fact that
254 *van...bonzend*: modifies *een hart*
op all gone
257 *er nieuw voor in de plaats* a new one to replace it
261 *iemand onder ogen komen* to appear before someone
263 *er zat niets anders op* there was no way out
266 *had kennelijk continu behoefte aan* clearly had a continual need for
268 *toebehoren* to belong to
269 *ik verdomde het om haar aan te raken* I'd be damned if I'd touch her
271 *daar + toe* for that
274 *des te beter* so much the better
276 *ze oefende kritiek uit op* she criticized
277 *Loekie de Leeuw* animated lion shown between commercials on television
279 *die het ook had meegemaakt* who had also been through it (divorce)
280 *keer op keer* time after time
de partij kiezen van to take the side of
281 *genuanceerd denken* subtle thinking (Anneke's words are intended sarcastically)
286 *ik bracht er veel van terecht* I made a success of it
291 *de gewoonte hebben* to be in the habit of
299 *of ik zielig was* as if I were somebody to be pitied
300 *pal na elkaar* right after each other
302 *een muffe geur* a stale odor
304 *ik werkte naar binnen* I forced down
ik at mijn bord leeg I cleaned my plate (i.e., ate everything)

Herinnering aan Holland

Denkend aan Holland
zie ik brede rivieren
traag door oneindig
laagland gaan,
rijen ondenkbaar
ijle populieren[1]
als hoge pluimen[2]
aan de einder[3] staan;
en in de geweldige[4]
ruimte verzonken[5]
de boerderijen[6]
verspreid door het land,
boomgroepen, dorpen,
geknotte[7] torens,
kerken en olmen[8]
in een groots verband.[9]
de lucht hangt er laag
en de zon wordt er langzaam
in grijze veelkleurige
dampen gesmoord,[10]
en in alle gewesten[11]
wordt de stem van het water
met zijn eeuwige rampen
gevreesd en gehoord.

--*Hendrik Marsman (1899-1940)*

1	wispy poplars	7	truncated
2	plumes	8	elms
3	horizon	9	grandiose setting
4	tremendous	10	smothered
5	immersed	11	regions
6	farms		

Socotoro

Jules de Palm

Frits Gerritsen

JULES DE PALM

Julius Philip de Palm was born in Willem-stad, Curaçao, in 1922. He spent some years in the Netherlands where he studied Dutch language and literature in Leiden and in 1969 published his dissertation *Het Neder-lands op de Curaçaose school* (Dutch in the Curaçao Schools). But most of his life has been spent on his native island, where he began his career as a schoolteacher. In 1979 he published *Julio Perrenal, dichters van het Papiamentse lied* (Julio Perrenal, Poets of the Papiamento Song) about popular songs in the native language of the island. The short-story collection *Antiya* (1981), from which the story Socotoro was taken, offers brief, freshly-told vignettes of life in De Palm's world of the Antilles, with its culture that shows many sharp contrasts to that of The Netherlands.

Dutch merchants established trading posts in both the East and West Indies early in the 17th century, and Curaçao, the largest of the present six islands of the Dutch Antilles (see map), was captured from the Spanish in 1634. Of the former Dutch colonies in the Caribbean, Suriname is now independent, and the six Antillean islands form a fed-eration which will eventually be detached from the Kingdom of the Netherlands. The population of the islands is mainly African in origin, with some mixture of Indian and European, the source of the racial prejudice referred to in the story. The West Indies has unfortunately never had the mystique of the East for the Dutch public, and its few writers publishing in Dutch have had to struggle for attention.

In the stories in *Antiya*, the author is an observer of small dramas and striking personalities in everyday life, and he de-scribes with the sympathy of the insider. *Socotoro* is a first-person narrative. The narrator is presumably the author, a Cu-raçaoan who shares his island's unthinking condescension toward the 'less-civilized' Indians on Aruba. This mild cultural gap is the source of the dramatic tension in his encounters with natives on Aruba, but much of the ugliness of racial prejudice is defused in his description of the tropical island with its snow-white beach gleaming in the tur-quoise sea, and he soon discovers how much is familiar. Particularly memorable is his description of the wedding scene, with people of a carefree and uninhibited nature who, however, make their own stern de-mands on behavior. Even though the reader has only a second-hand report of the singer, the power of his personality can be felt. The reader will notice that the narrator is a full participant in the episode and yet retains the observer's detached stance even through confusion and partial drunkenness (lines 121-130). By claiming to be re-counting the story years later, he achieves the necessary distance for self-analysis and evaluation of the incident. What was that 'illusion' that he lost?

Als je alle verhalen zou geloven, die in de jaren veertig op Curaçao de ronde deden over Aruba, moest je wel tot de conclusie komen, dat het een onherbergzaam eiland was, bewoond door stugge, weinig toegan-kelijke Indianen, die hun tijd verdeden met het drinken van slechte rum,
5 die zij meestal zelf brouwden.

Het huilen stond mij dan ook nader dan het lachen toen ik hoorde, dat ik naar Aruba was overgeplaatst om een zieke onderwijzeres voor een maand of vier te vervangen. 'Je wordt verbannen', zeiden mijn vrienden schamper. 'U bent gedetacheerd,' verzekerde de Inspecteur van On-
10 derwijs mij, terwijl hij – als gewoonlijk – de duim van zijn rechterhand in zijn grijze wollige baard begroef.
Hoe dan ook, op het moment, dat ik vanuit de 'Snip' het vriendelijke, zonnige eiland zag liggen in een turquoise zee, aan één zijde omzoomd door een hagelwit strand, werd ik al een stuk milder gestemd.

15 De ontvangst door het Hoofd van de Prins Bernhardschool was bo-vendien zo hartelijk, dat ik mezelf voornam mij ogenblikkelijk te ontdoen van de bagage vooroordelen, die ik had meegenomen en mij open te stellen voor, wat hij met enige pathos noemde, 'de onovertroffen Arubaanse gastvrijheid'.
20 Hijzelf had niets Arubaans, niets Indiaans over zich, vond ik; hij had zo uit een boek van Dickens kunnen zijn gestapt. Hij was grijzend, kort van stuk en had opvallend kleine voeten waardoor hij bij het lopen telkens de indruk wekte voorover te tuimelen. In een blozend gezicht had hij een paar kraaloogjes, die je aankeken alsof hij voortdurend een binnenpretje
25 had. Hij droeg een wit kostuum met een zwart strikje onder een va-dermoorder, dat op en neer wipte als hij, druk gesticulerend en met overgave, over de geschiedenis van zijn vaderland sprak.
Ik voelde mij door zijn vaderlijk optreden zo op mijn gemak, dat ik het niet kon nalaten een paar van de Curaçaose grieven tegen de Arubanen
30 te spuien.
Hij toonde mij de andere kant van de medaille: mijn landgenoten, die met een hautaine houding de Arubanen kleineerden, isoleerden zich van de gemeenschap en beklaagden zich er dan over, dat de Arubaan stug was. Geen wonder! Ja, de Indiaanse afkomst kun je op sommige
35 gezichten duidelijk onderkennen, maar ik moest mij niet voorstellen, dat zij om een vuurtje een vredespijp zaten te roken. De Arubaan hield, evenals de Curaçaoënaar trouwens, van een stevige borrel maar om nu te beweren, dat het een volk van drinkebroers was, ging hem toch te ver.
Toen ik heel voorzichtig opmerkte, dat de Arubanen mijn landgenoten
40 discrimineerden, legde hij kameraadschappelijk zijn hand op mijn

schouder, hief een vermanend vingertje op en zei, dat ik dat woord nooit mocht gebruiken. De Arubaan discrimineerde niet maar het kon na-tuurlijk wel gebeuren. dat sommige Curaçaoënaars zich door bepaalde uitingen, uitdrukkingen of geoaren van de Arubaan gediscrimineerd
45 *voelden*.

Ik herinner mij nog als de dag van gisteren, dat ik, in mijn jeugdige onbezonnenheid, na het college 'Arubanistiek', ervan overtuigd was, geroepen te zijn om een nobele taak te vervullen: ik zou mijn landgenoten moeten mobiliseren om een integratie tot stand te brengen.

50 Een paar weken later werd ik op straat aangeklampt door een zekere Basilio, die mij vertelde, dat hij van zijn oom de opdracht had gekregen om ervoor te zorgen, dat ik met Arubanen in aanraking kwam. Ik moest de volgende zaterdag maar naar Socotoro komen: op een trouwfeest was iedereen welkom!
55 Afgaande op de muziek, die door heel de wijk schalde, was het huis op de bewuste zaterdag gemakkelijk genoeg te vinden. Ik weet nog goed, dat mijn eerste gedachte was: hier is nou niets specifiek Arubaans aan. De kamer was te klein voor de talrijke gasten; de dames, uitgedost in rose en lichtblauwe robes, zaten in carré opgesteld elkaar kritisch te bekijken
60 terwijl de heren, gestoken in tropical smokings, luidruchtig aan een geïmproviseerde bar hingen.
Tot mijn geruststelling merkte ik, dat ik zonder smoking niet deto-neerde: er waren nog enkele heren in een donker kostuum. Basilio merkte mij direct op. Hij kwam op me af en duwde me een glas lauwe
65 champagne in de hand. Ik maakte, onder luid gekir van de dames, een hoofse buiging in de richting van het bruidspaar, dat – net als op Curaçao – op een soort podium op versierde stoelen zat. Af en toe wierp de bruid een trotse blik op de piramidale geglaceerde taart, die op een tafel naast het podium bijna tot aan het plafond reikte.
70 Ik wist, dat het bruidspaar door de ethiek 'veroordeeld' was om te blijven zitten totdat een ander stel de wacht over kwam nemen. Daar was voorlopig weinig kans op omdat de meeste heren het flirten als een levensbehoefte beschouwen en zich terdege realiseerden, dat deze bezigheid onder schijnwerpers beperkt moest worden tot een stomp-
75 zinnig glimlachen, wilde men niet het gevaar lopen door de gastvrouw tot de orde te worden geroepen.
Ik verveelde mij zoals ik mij altijd op sfeerloze trouwpartijen verveel. Ik wist, dat Terpsichore pas haar intrede mocht doen als bruid en bruidegom vertrokken zouden zijn.
80 Net stond ik mij af te vragen of – evenals op Curaçao – enkele renegaten, tegen het ijzeren protocol in, de moed konden opbrengen om voortijdig weg te gaan toen Basilio mij grinnikend en knipogend be-duidde hem te volgen. Met de armen om elkaars schouders liepen we met z'n vieren, af en toe struikelend, door de donkere nacht. De voorschriften
85 voor de verduistering werden in Oranjestad stipt uitgevoerd: nergens zag

je een streepje licht. Mijn begeleiders hadden desondanks geen enkele moeite om hun bestemming te bereiken.

Op het gefluit van Basilio ging een deur open en voor ik het wist zat ik in een kale ruimte met zwarte schotten voor de ramen. Op een tafeltje stond een fles rum. De gastheer – in onderhemd – haalde glazen, die hij zwijgend volschonk. Het viel mij op, dat ik niet werd voorgesteld, maar zonder plichtplegingen werd geaccepteerd. Van lieverlee kwamen de tongen los. Ik moet bekennen, dat ik het gesprek, of liever de monologen nauwelijks kon volgen. Wel kreeg ik de indruk, dat ik in een gezelschap van Don Juans was verzeild geraakt maar ook dit verschijnsel was mij niet vreemd. Als het niet was, dat hun Papiamentu in mijn oren wat zangerig klonk, zou ik mij, met de ogen dicht, op Curaçao wanen.

Ik moet wat weggedoezeld zijn want ik schrok wakker door een ferme klap op mijn schouder, die Basilio mij toediende met de woorden: 'Amigo, zeg eens wat!' Ik zie het tafereel nog voor me: zwarte ogen in bezwete gezichten, die mij hoopvol doordringend aankeken.

Het was duidelijk, dat ik niet kon volstaan met een bon mot, een dooddoener of een royale grijns, waarmee men op zulke pijnlijke momenten meestal wel kan volstaan, neen, hier werd op zijn minst een filosofische gedachte van mij verwacht.

Ik pijnigde mijn hersens vergeefs; ik opende mijn mond, schraapte mijn keel een paar maal zeer luidruchtig om tijd te winnen en hoorde mezelf de stompzinnigste opmerking maken, die men zich maar kon voorstellen. 'Ik wil water van Tanki Leendert en brood, dat jullie pan bati noemen.' Dit sloeg werkelijk nergens op. Ik had er ook geen verklaring voor, dat op dat moment de waarschuwing van mijn grootmoeder mij te binnen was geschoten, en dat ik plotseling de drang voelde om zo plechtig te verklaren dat ik deze in de wind wilde slaan. Op Curaçao werd namelijk met grote stelligheid beweerd, dat wie dat water zou drinken en dat brood zou eten zichzelf zou veroordelen om de rest van zijn leven op Aruba te slijten.

Men kon voorbeelden opnoemen van ambtenaren, die voor een paar maanden waren uitgezonden en al vijftien jaar of langer op Aruba zaten, knarsetandend van verlangen naar huis terwijl zij hun heimwee met alcohol bestreden.

Ik was dan ook stomverbaasd, dat er op mijn woorden een daverend applaus losbarstte. Door dit succes overmoedig geworden – ik voelde mij als voor een toelatingsexamen geslaagd – stond ik op en begon een betoog over verbroedering en over de taal, die de Arubanen, Bonairianen en Curaçaoënaars bindt. Basilio maande mij met de vinger op de lippen tot stilte maar ik was niet te stuiten. Ik pleitte voor integratie, ik brak een lans voor de oprichting van een debating-club als instrument om een eenheid te smeden tussen de bewoners van de A.B.C.-eilanden. Ik merkte niet eens, dat niemand naar me luisterde totdat Basilio mij min of meer in mijn stoel duwde. De gastheer had een gitaar te voorschijn getoverd waarop hij zeer geconcentreerd begon te tokkelen.

Junto al mar
dame el último adios
Porque pronto yo me voy
135   lejos de aqui

(Bij de zee
zeg mij voor het laatst vaarwel
Omdat ik spoedig wegga
ver hier vandaan)

140   Aanvankelijk was ik boos omdat mij de mond was gesnoerd maar de
vertolking van het lied was zo aangrijpend, dat ik met open mond begon
te luisteren. Het gitaarspel was zonder meer weergaloos.

De gastheer, in wie ik nu wel een Winnetou zonder veren meende te
herkennen, zong met een warme gevoelige stem zo larmoyant, dat ik het
145   helemaal niet gek vond, dat Basilio een traan wegduimde.

Alle aanwezigen waren trouwens zichtbaar aangedaan.

Toen de laatste akkoorden wegstierven, sprong ik op en begon
waanzinnig hard te klappen en 'bravo' te roepen. Wat er toen gebeurde
zal ik ook nooit meer kunnen vergeten. Basilio greep me ruw bij de arm en
150   loodste mij zonder pardon naar de deur. Voor ik me realiseerde wat mij
overkwam stond ik buiten in een nacht waar ik geen hand voor ogen kon
zien. Basilio ondersteunde mij en begon heel voorzichtig te lopen.
Zwijgend bracht hij mij tot aan de deur van mijn huis. Hij klopte mij op de
schouder, mompelde iets van 'holó swa', wat ongeveer gelijkstond met
155   'heb je het ooit zo zout gegeten', draaide zich om en wilde weggaan. Op
dat moment voelde ik een hevige boosheid in mij opkomen. De euforie,
die zich na het gebruik van alcohol doorgaans van mij meester maakt,
was op slag verdwenen. Ik greep hem stevig bij de arm en terwijl ik hem
heen en weer schudde gaf ik hem op luide toon te verstaan, dat ik mij
160   zwaar beledigd voelde en dat ik van hem genoegdoening eiste. Hij pakte
mijn gezicht tussen zijn handen en fluisterde: 'Curaçaoënaar, je begrijpt
niets en je voelt niets aan, anders zou je mij bedanken in plaats van je zo
aan te stellen. Je durft het woord "beledigen" in de mond te nemen terwijl
je vanavond onze gastheer op het hart hebt getrapt. Op het moment, dat
165   hij zijn emotie, zijn verlangen, zijn diepste wezen blootlegde, heb je hem
gedegradeerd tot een "performer", die met applaus wordt beloond. Hij
speelde niet voor ons, hij trad niet op, neen, hij accepteerde onze tegenwoordigheid, een onderscheiding, die maar weinigen te beurt valt ...'

170   Lang nadat zijn voetstappen waren weggestorven stond ik verdwaasd en
vernederd voor me uit te staren, een ervaring rijker, een illusie armer...

1 *de jaren veertig* the forties
Curaçao: the largest island in the Netherlands Antilles; the latter consist of the *ABC-eilanden* (Aruba, Bonaire, and Curaçao), just off the coast of Venezuela, and Saba, St. Eustatius, and the southern part of St. Maarten, located to the east of Puerto Rico
de ronde doen make the rounds

6 *het huilen stond mij nader dan het lachen* I felt more like crying than laughing

9 *U bent gedetacheerd* you've been temporarily reassigned

12 *de Snip:* name of a boat

13 *omzomen* to fringe (from *de zoom* hem)

14 *hagelwit* snow white (*hagel* hail)

16 *zich voornemen* to resolve
zich ontdoen van to rid oneself of

17 *de bagage vooroordelen* the collection of prejudices

20 *hij had niets Arubaans, niets Indiaans over zich* there was nothing Aruban, nothing Indian about him

21 *kort van stuk* short (in stature)

24 *het binnenpretje* secret amusement

25 *de vadermoorder* high starched collar (fashionable in the 19th century)

26 *met overgave* with dedication

31 *de andere kant van de medaille* the other side of the coin (*medaille* medal)

mijn landgenoten: inhabitants of Curaçao

35 *ik moest mij niet voorstellen* [the headmaster said that] I was not to imagine

36 *om een vuurtje een vredespijp zitten te roken*: well-known stereotype of American Indian culture

37 *een stevige borrel* a stiff drink

38 *ging hem toch te ver* was too much for him (i.e., the headmaster)

47 *het college 'Arubanistiek'* the course in 'Arubanistics' (an intentionally pompous name for the lesson on Aruba he has just received)

49 *integratie* integration (of the three islands)
tot stand brengen to bring about

53 *Socotoro*: a district in Oranjestad, the capital of Aruba

55 *afgaan op* to head toward

56 *de bewuste zaterdag* the Saturday in question

59 *in carré opgesteld* arranged in a square

60 *gestoken* fitted out
tropical smokings tropical tuxedos

62 *detoneren* to be out of place

66 *hoofs* courtly (from *het hof* court)

71 *het stel* couple

73 *terdege* quite well

75 *wilde men niet* if one didn't want to

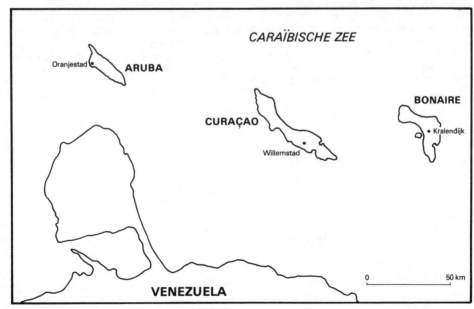

The 'ABC' Islands

78 *Terpsichore:* Greek muse of the dance

83 *met z'n vieren* the four of us

85 *verduistering* blackout (i.e., the wartime concealing of all lights; Aruba is the site of an oil refinery)

89 *het schot* panel (notice that the homonym *het schot* 'shot' has the irregular plural *schoten*)

92 *van lieverle(d)e* little by little

95 *verzeild raken in* to end up in

96 *als het niet was, dat* if it hadn't been for the fact that
Papiamentu Papiamento (a Spanish- and Portuguese-based creole language containing a number of Dutch words, the everyday language of Curaçao, Aruba and Bonaire)

102 *volstaan met* to get by with

103 *dooddoener* conversation-stopper
royale grijns broad grin

106 *de keel schrapen* to clear one's throat

108 *zich voorstellen* to imagine

110 *dit sloeg nergens op* this didn't have any connection to anything (*nergens op = op niets*)

111 *het schiet mij te binnen* it occurs to me

113 *deze:* refers to *de waarschuwing van mijn grootmoeder*
in de wind slaan to fling to the winds

116 *slijten* to pass (one's life)

119 *verlangen naar* to long for

124 *de taal, die ... bindt:* i.e., Papiamento

126 *niet te stuiten* not to be stopped

127 *een lans breken voor* to speak out strongly for

130 *te voorschijn toveren* to produce by magic

140 *iemand de mond snoeren* to muzzle someone

141 *vertolken* to render (*de tolk* interpreter)

142 *zonder meer* nothing short of

143 *een Winnetou zonder veren* a 'Winnetou' without feathers (Winnetou is the name of an American Indian in a series of books of the same name by Karl May [1842-1912] which were extremely popular among older generations of European youth)

144 *larmoyant* (French) tearful

145 *wegduimen* to wipe away with the thumb (a word apparently invented by the author and probably intended to suggest a coarser gesture for 'brushing away a tear' than the usual *wegpinken*)

148 *waanzinnig* furiously (in this context; usually 'crazy')

150 *loodsen* to steer (implying guiding through a difficult passage; derived from *loods* 'ship's pilot')
zonder pardon without a by-your-leave

154 *'holó swa':* Papiamento expression

155 *heb je het ooit zo zout gegeten* did you ever see such a thing!

160 *genoegdoening eisen* to demand satisfaction

162 *zich aanstellen* to carry on

163 *je durft in de mond te nemen* you have the nerve to say

164 *iemand op het hart trappen* to trample on someone's feelings

167 *optreden* to put on a performance

168 *iemand te beurt vallen* to be accorded someone

170 *verdwaasd en vernederd* dazed and humiliated

Afsluitdijk[1]

De bus rijdt als een kamer door de nacht
de weg is recht, de dijk is eindeloos,
links ligt de zee,[2] getemd[3] maar rusteloos,
wij kijken uit, een kleine maan[4] schijnt zacht.

Vóór mij de jonge pas-geschoren[5] nekken
van twee matrozen,[6] die bedwongen gapen[7]
en later, na een kort en lenig[8] rekken[9]
onschuldig op elkanders schouder slapen.

Dan zie ik plots, als waar 't[10] een droom, in 't glas
ijl en doorzichtig aan de onze vastgeklonken,[11]
soms duidelijk als wij, dan weer in zee verdronken
de geest[12] van deze bus; het gras
snijdt dwars door de matrozen heen.
Daar zie ik ook mezelf. Alleen
mijn hoofd deint[13] boven het watervlak,[14]
beweegt de mond als sprak
het,[15] een verbaasde zeemeermin.[16]
Er is geen einde en geen begin
aan deze tocht,[17] geen toekomst,[18] geen verleden,
alleen dit wonderlijk gespleten[19] lange heden.

-- M. Vasalis (1909)

1 the 30-mile long dike separating the
   IJsselmeer (formerly Zuiderzee)
   from the sea
2 i.e., the Zuiderzee
3 tamed
4 moon
5 freshly shaved
6 sailors
7 give a suppressed yawn
8 supple
9 stretch
10 as if it were
11 riveted fast
12 spirit, ghost
13 sways
14 water surface
15 as if it were speaking
16 mermaid
17 journey
18 future
19 wondrously split

Spijtig voor het kind

Roger van de Velde

Van den Abeele (Manteau BV)

ROGER VAN DE VELDE

Van de Velde (1925-1970) was born in Boom, near Antwerp. Like many other authors in this collection, he lived by the pen as both journalist and literary writer, beginning the latter career with radio plays. A painkilling drug administered after an operation led to a drug addiction and ultimately to a prison term, experiences he wrote about in *Galgenaas* (Gallows Bird, 1966). Other work is *Tabula rasa* (Clean Slate, 1970), *De dorpsveroveraar* (The Village Conqueror, 1973). The story selected here is from *De slaapkamer* (The Bedroom, 1967), and it is worth noting in passing that an ambitious 3-volume survey of Flemish short-story writing (*54 Vlaamse verhalen*, 1971) chose this story to represent Van de Velde. With his keen eye for the small

dramas of suffering and struggle in every-day existence, he has made a unique contribution to literature in Dutch.

The story *Spijtig voor het kind* is first of all a memorable evocation of the grinding life of labor in an industrial town in Flanders. In simple language without involved syntax or plot complications, the wife recounts the events matter-of-factly in the first person – though the sophisticated hand of the author can be detected in her alternation of present and past tense to achieve vividness. The elementary strong emotions, such as the arousal of the mother animal's protective instincts, have a special power. She may be uneducated but she observes with a re-markably keen eye: she had once noticed that a foreman was bringing her bad news because his cap was on 'tragically straight' (line 281), when her husband fails to look her in the eye she promptly draws the correct conclusion, and she even observes what it means when she uses his name and when she doesn't. In an increasing variety of almost imperceptible ways husband and wife begin altering the dull but comfortable routine of domestic life, and thereby mutely but effectively communicate the developing crisis. No words need be spoken when the husband's razor clatters to the floor with a 'flat sound' and he grabs it 'much too quickly' with his eyes averted. With this emotional buildup, the husband's laconic words near the end of the story that provide its title have an overwhelming impact that the reader cannot escape. The story ends with the questions of guilt and guilt-by-wish that the reader will want to ponder.

Hij heeft mij niet aangekeken, en ook mijn naam niet genoemd. Gewoonlijk noemt hij mijn naam als hij 's morgens naar het werk in de automobielfabriek gaat. En ook 's avonds, als hij weer thuiskomt. Hij kijkt mij rustig aan en zegt kortaf: Maria. Het is een eenvoudige, eerlijke groet.

5 Een erkenning van mijn aanwezigheid in het huis. Hij werkt bijna veertien jaar in die fabriek, en zolang ik mij kan herinneren, heeft hij mij elke keer aangekeken en mijn naam genoemd. 's Morgens en 's avonds.

Vanmorgen was het anders. Hij heeft zwijgend en met een schuwe blik de kamer verlaten. Het leek op een vlucht.

10 Ik noem hem zeer zelden bij zijn naam. Hij heet Christoffel. Ik vraag mij af hoe en waarom zijn ouders op die buitenissige gedachte zijn gekomen. Het is een naam voor heiligen en ontdekkingsreizigers. Maar niet voor een man, die in een fabriek werkt. Het klinkt niet in de mond van een vrouw zoals ik. Hij is zèlf een beetje verlegen om zijn mooie,

15 zonderlinge naam. Alsof hij er schuld aan heeft, dat zijn vader hem niet Jan of Willem heeft gedoopt. Wij zijn zestien jaar getrouwd, en ik geloof niet dat ik hem al die tijd drie maal Christoffel heb genoemd.

Ik ben vanmorgen in de deuropening blijven staan en ook dàt is mijn gewoonte niet. Ik heb hem nagekeken terwijl hij door de smalle, verlaten

20 straat stapte. Er loeide een sirene langs de havenkant, en toen het geluid wegstierf, begon een vogel in een dakgoot te fluiten. Hij liep, zoals altijd, een beetje schuin langs de rand van het voetpad. Zijn zwartleren vest glom op zijn rug en een naad was op de schouder gescheurd. Er was een plukje grijze voering hinderlijk zichtbaar. Toen hij om de hoek verdween,

25 voelde ik een doffe pijn in mijn borst. De straat vóór mij en het huis achter mij waren leeg. Ik wilde iets roepen maar ik kon niet, en ik geloof ook niet dat ik het werkelijk wilde, want er bestaat een angst zonder geluid. Ik weet niet wanneer hij zal terugkeren en óf hij zal terugkeren.

Dat hij mij niets heeft gezegd, is het ergste. Als ik het met zekerheid

30 wist, als ik het nù met zekerheid wist, zou de beklemming zich oplossen in een gelijkmatig verdriet, en het verdriet zou draaglijk zijn. De pijn in mijn borst is twijfel en onzekerheid en geluidloze angst, die ik vroeger nooit heb gekend.

Vanmorgen, bij het opstaan, heeft hij enkele dingen, die voor hem

35 onmisbaar zijn, verstolen in zijn zak gestoken. Zijn scheermes, zijn bril, die hij alleen bij het lezen gebruikt, en de lidmaatschapskaart van de schuttersgilde.

Hij heeft haastiger gegeten dan gewoonlijk, en stond dan een tijdlang te treuzelen tussen de tafel en de keukenkast. Alsof hij nog iets be-

40 langrijks was vergeten en zich stond af te vragen wat het kon zijn. Toen is hij weer naar boven gegaan. Om naar de kinderen te kijken. Wij hebben twee kinderen. Een meisje van vijftien en een jongen van zes jaar. Zij slapen nog wanneer hij naar het werk gaat, want de school begint twee uur later. Het is voordien nooit gebeurd, dat hij 's morgens naar de

45 kinderen ging kijken. Zelfs niet toen Hilda pas was geboren. Hij is slechts enkele minuten boven gebleven. Toen hij terug van de trap kwam, viel het scheermes uit zijn zak. Het maakte een plat geluid op de stenen vloer. Hij

heeft het haastig opgeraapt. Veel te haastig. En zijn hand uitgestoken naar de eetzak op tafel. Zijn hoofd bleef afgewend toen ik zijn arm raakte. Het was tijd voor het werk. Het was ook tijd voor mijn werk. Ik heb koffie geschonken en de tafel gedekt voor drie. De geur van de koffie en de klank van mijn eigen stem, toen ik de kinderen onder aan de trap wakker riep, maakten het huis minder leeg. Maar die pijn in mijn borst bleef. Die is er nu nog. Hilda kwam naar beneden met ongekamde haren en wreef zich de slaap uit de ogen. Zij moet die vlechten toch maar laten knippen, want het zal nu niet lang meer duren voor zij werken gaat. Zij ziet er de laatste dagen nogal bleek uit en eet met lome gebaren. Loom, loom. Er is een mismoedige loomheid, een hangerige tegenzin in alles wat zij doet. En soms verschanst zij zich in een nukkig stilzwijgen. Hoe was het ook weer met mij gesteld toen ik vijftien jaar was? Eergisteren was er een donkerbruine bloedvlek op haar laken. Ik zal er met hem over spreken. Als hij terugkomt.

Simon is niet loom. Hij roffelt de trappen af, en duikt met zijn harde, ronde jongenskop in het koude water, dat ik gereed heb gezet in de waskom. De zeep bijt hem in de ogen, maar hij lacht en wrijft met de geribbelde handdoek zijn wangen gloeiend rood. En lacht opnieuw. Ik kijk naar hem en de pijn in mijn borst is milder. Simon lijkt op zijn vader, zoals ik hem zestien jaar geleden heb leren kennen. Hij lachte dezelfde lach toen hij stenen pijpen in de schiettent aan scherven schoot en toen ik bang was van een waterrat in de beemd. Zestien jaar is een lange tijd, maar als ik naar Simon kijk en luister, heb ik soms het gevoel dat er om mijn oren stenen kermispijpen met een blijde knal in gruizelementen rondvliegen.

De kinderen hebben gegeten, en toen zij naar school waren, heb ik mij voorgenomen te beginnen met het werk van elke dag. Het is altijd hetzelfde. De tafel afruimen en de vaat spoelen. De stenen vloer schuren, de bedden doen en de kamers luchten. Ik houd van mijn werk. De tegels van de vloer en het hout van de meubels glimmen als op de eerste dag. Ik ben tevreden als ik vermoeid kan neerkijken op iets dat volbracht is.

Vandaag echter is het anders. Het is elf uur en ik zit roerloos op een stoel en ik kijk naar de handen in mijn schoot. Dat is mij vroeger nooit gebeurd op dit uur van de dag.

Ik denk aan hem. Hij staat nu in de automobielfabriek te lassen. Ik zie hem lichtjes voorovergebogen in zijn geruit hemd. Ik zie hem zo duidelijk dat ik het beeld bijna kan aanraken. De spieren kronkelen als koorden op zijn arm, zijn voorhoofd is nat van het zweet, en er ligt een grimmige, vastberaden trek om zijn mond.

Hij spreekt nooit over zijn werk; zoals hij nooit spreekt over zijn hoop, zijn verlangens en zijn teleurstellingen. Men heeft mij echter verteld, dat hij een goed vakman is. Ik ben er zeker van, dat hij één der besten is in de fabriek. Hij verdient een goed loon, en als hij thuis iets onder handen neemt, doet hij het altijd met behendigheid en toewijding. Hij heeft zèlf de keukenkast gemaakt, en het boekenrek, en de fiets met drie wielen voor Simon, en... en...

95 Waarom denk ik aan deze dingen om elf uur in de ochtend? Waarom zit ik hier als iemand, die met zichzelf geen raad weet en tijd zat heeft? De straat moet nog geschrobd worden. Ik moet vlees en vet kopen voor het avondeten, en in het achterhuis staat een volle mand vuil linnen. Als ik zeker wist, dat hij vanavond van zijn werk terugkeert, zou ik hier niet

100 zitten met mijn handen in de schoot en in mijn borst die geluidloze angst, die niet wil wijken.

Maar, god, ik weet het niet. Ik weet het niet.

Toen Clotilde het mij vertelde, heb ik haar niet geloofd. Ik wist dat zij de waarheid sprak en ik wilde haar niet geloven. Het vermoeden alleen

105 was niet zo erg, zolang ik de kleine maar rustige zekerheid had, dat hij elke avond weer naar huis kwam en mijn naam noemde.

Maar de bevestiging van dat vermoeden in lompe, naakte woorden heeft ruw de laatste draad hoop in mijn weifelend hart gebroken. Het maakte een afschuwelijk geluid, zoals het scheermes vanmorgen op de

110 stenen vloer.

Clotilde bedoelde het zeker niet kwaad. Zij is een goede vriendin uit mijn meisjestijd en een bereidwillige buurvrouw. Ik ben ervan overtuigd, dat zij mij wilde helpen. Iedereen wil altijd iedereen helpen. Maar zij heeft mij tot in het ruggemerg gekwetst toen zij mij vorige week, woord na

115 woord, de waarheid vertelde, zoals men een spijker in het hout drijft.

Hij bedriegt mij. Mijn man bedriegt mij. Och, het was geen overrompelende slag, die de keel dichtsnoert en het bloed in de aderen doet stollen. Tienduizenden, honderdduizenden en misschien wel miljoenen vrouwen op de wereld worden in hun liefde bedrogen en slechts zeer

120 weinigen eisen vergelding voor het verraad. Echtelijke ontrouw is de keerzijde van de sacramentele medaille. Het stille vermoeden was langzaam in mij gegroeid. De keerzijde schuurde zachtjes over mijn huid. Het begon al twee maanden geleden. Of is het drie?

Hij was na zestien jaar plotseling een andere man. Bijna een vreemde

125 man. Hij kwam thuis van het werk en hij at zonder eetlust. Hij legde de krant opzij, sprak nors tegen de kinderen, en liet het vuur in zijn pijp uitdoven terwijl hij somber en zwijgend voor zich uit zat te staren. Soms voelde ik een onverklaarbare, bijna panische angst. En dan weer medelijden, zoals voor iemand die met een raadselachtige, kwijnende

130 kwaal in het ziekbed ligt. Hij zag er vermoeid en wrokkig uit, als een oude man. Maar in zijn ogen, zijn fosforescerende ogen, gloeide een fel en onrustig vuur.

Toen hij zich ook in het bed koppig bleef afwenden en niet verroerde wanneer ik mijn knie tussen zijn benen schoof, besefte ik dat er een

135 andere vrouw was. Ik voelde die andere vrouw tussen zijn benen als een brandmerk op mijn knieschijf. Maar ik heb niets gezegd. Ik heb niets gevraagd.

Misschien was het laf, maar ik wilde geen bevestiging van mijn vermoeden. Zolang hij elke avond van het werk naar huis kwam, voelde ik

140 mij opgelucht. Het was telkens een overwinning op de andere, die ik niet kende en niet wilde kennen. Natuurlijk was het laf, maar was lafheid niet

beter dan de brutale vernietiging van mijn bescheiden geluk? Al at hij dan zonder eetlust en al lag hij als een koude steen in het bed, hij zat toch aan mijn tafel en hij sliep in mijn bed. Mij bleef de hoop, dat het een
145 kortstondige gril zou zijn. De koorts zou wel uit zijn lichaam wijken, en na verloop van tijd zou alles weer goed zijn. Ik hoopte het voor mij. En vooral voor de kinderen. Daarom wilde ik het niet met zekerheid weten. Laat het laf zijn. Alles is beter dan het troosteloze vooruitzicht met Hilda en Simon achter te blijven in een leeg huis.
150 Toen kwam Clotilde, en zij wist alles.

Het is ongeveer een half jaar geleden begonnen. Zij heet Clara Maes. Clara Maes. Ik kan die naam uitspreken zonder weerklank. Het is een gewone naam, maar zij is jonger dan ik, en zij zal ook wel mooier zijn. Haar man is bij een verkeersongeval om het leven gekomen en zij heeft
155 een kind. Zij werkt als stikster in de automobielfabriek en woont aan de linkeroever.

Ik haat haar niet want ik ken haar niet. God, god, zorg dat ik haar nooit moet leren kennen.

Misschien is die vreemde pijn in mijn borst niet alleen angst, maar ook
160 afgunst en machteloosheid en nieuwsgierigheid. Ik zeg wel dat ik haar nooit wil leren kennen, maar ik zou haar wel op afstand willen zien. In een warenhuis bijvoorbeeld. Of aan een halte van de tram.

Clotilde heeft mij verteld, dat de andere drieëndertig jaar oud is. Zij heeft blonde haren en donkere ogen, die een man gek maken. Zij verft
165 haar lippen en draagt, na het werk, schoenen met hoge hakken. Is het mijn schuld, dat ik niet jong en mooi meer ben? Is het mijn schuld, dat twee kinderen en een miskraam en het werk van elke dag mijn lichaam hebben afgetakeld? Hij heeft er toch zijn deel van gehad. Ik ben eenenveertig jaar, en als ik in de slaapkamer soms in de spiegel van de
170 kleerkast kijk, dan besef ik dat ik niet mooi meer ben. Mijn gelaat is gerimpeld. In mijn weerbarstige haren slingeren grijze draden en er is achter mijn linkeroor een kale plek, die ik altijd weer tevergeefs tracht bij te kammen. Mijn borsten zijn gezakt en mijn heupen uitgezet van het vele bukken. Het gebeurt al dat mijn menstruaties onregelmatig komen, maar
175 voor een kind hoeven wij niet meer te vrezen, zegt de dokter. De ene vrouw wordt vlugger oud dan de andere, en een vrouw wordt bijna altijd vlugger oud dan een man. Maar hij heeft toch van alles zijn deel gehad gedurende zestien lange jaren. Hij kan mij niet als een versleten schoen wegwerpen, nu ik ouder wordt. Er zijn ook nog de kinderen.
180 Ik wil mijn best doen als hij het verlangt, maar ik vrees dat alle verlangen naar mij in hem gedoofd is. De vrijdag voor de kermis ben ik naar de kapper geweest, en hij heeft het niet gemerkt. Hij heeft niets gezegd. Ik heb mijn blauwe japon veranderd met een nieuwe witte kraag en een platstuk, maar toen ik die voor de eerste maal droeg keek hij door
185 mij heen alsof ik van glas was. Onder de zakdoeken, in de schuif van de linnenkast, ligt een buisje lippenrood. Ik heb het drie weken geleden gekocht in een warenhuis, maar het is nog ongebruikt. Ik durf niet voor Simon en Hilda.

Hilda en Simon. Ik moet aan Hilda en Simon denken. Als zij straks
190 thuiskomen van school, verwachten zij dat het eten gereed op tafel staat.
Zij mogen niets merken van mijn angst. Zij zijn nog zo jong.

Het is drie uur in de namiddag.

Ik heb de boodschappen gedaan voor het avondeten. Als hij niet naar
huis komt, is zeshonderd gram karbonade te veel. Maar het is koud in het
195 achterhuis, en het vlees zal wel houdbaar zijn tot morgen.

Ik heb de straat geschrobd en het vuile linnen afgekookt. Er gloeit altijd
iets in mijn rug als ik een tijdlang over de waskuip gebogen heb gestaan.
Misschien is het de damp van het water, want de dokter zegt dat mijn
longen niet sterk zijn. Maar ook onder mijn keel gloeit een beklemmende
200 damp. Een zuil van damp tussen mijn borsten. Dat heeft niets met mijn
longen te maken.

Clotilde heeft mij verteld dat zij, na het werk in de fabriek, soms een half
uur, of nog langer, met elkaar op straat blijven praten! Hij en die andere.
Het heeft mij nooit bevreemd wanneer hij later thuiskwam, want hij moet
205 dikwijls overwerken. Toen ik dat zei, heeft Clotilde eerst gelachen en dan
meewarig het hoofd geschud. 'Maria,' zei ze. 'Maria.'

Nee, het vermoeden alleen was niet zo erg. Maar de zekerheid is een
zuil van damp, die door de keel sissend omhoog dringt en de adem
verstikt. Nu weet ik waarom hij dikwijls moest overwerken. Nu weet ik
210 waarom Simon de laatste tijd niet mee mocht als hij 's zaterdagsna-
middags ging vissen. En waarom hij 's zondags, na de schieting, laat in de
avond naar huis kwam.

Iedereen In de automobielfabriek weet het. De man van Clotilde werkt
er ook. Hij heeft met eigen ogen gezien, dat Christoffel op een za-
215 terdagmiddag bij die vrouw thuis is geweest.

Het is zonderling. Nu ik aan hem denk in het gezelschap van die andere,
noem ik hem Christoffel. Alsof hij een vreemde is. Ik vraag mij af of zij hem
Christoffel noemt. Misschien klinkt die naam helemaal anders; misschien klinkt het gewoon in de mond van een vrouw die lippenrood
220 gebruikt.

Zij is jong en levenslustig, heeft Clotilde verteld. Wat heeft zij in hem
gevonden, dat haar boeit? Hij is nog een flinke, sterke man; maar toch elf
jaar ouder dan zij. En zij moet weten dat hij een vrouw heeft en twee
kinderen. Er werken in de fabriek ongetwijfeld andere en jongere
225 mannen, die vrij zijn, en ogen in hun kop hebben voor een aantrekkelijke
weduwe. En hij? Wàt is het dat hem naar haar drijft, behalve haar jeugd,
die vergankelijk is? Behalve haar jeugd? Een man kan verlangen naar
jeugd, maar kan hij zo maar het verleden in brand steken om dat
verlangen werkelijkheid te maken?

230 Ben ik geen goede vrouw voor hem geweest? Stond zijn eten niet altijd
gereed, 's morgens en 's avonds? Heb ik mij de eerste jaren van ons
huwelijk, toen hij nog ongeschoold werkte, niet tevreden gesteld met
stroop en bruine suiker om hem elke morgen vlees en eieren te kunnen
meegeven in zijn eetzak? Heb ik het huis en de meubels niet dag na dag

235 schoon gehouden? Heb ik zijn kleren niet regelmatig gewassen en
versteld? Heeft hij niet van mijn lichaam genoten telkens wanneer de lust
hem bekroop, en heb ik hem geen twee goede kinderen gegeven, Hilda
en Simon? Jeugd? Hij heeft mijn jeugd gegeten en gedronken en
verteerd.

240 Ik vraag voor dit alles geen beloning, want dat zal voor èlke vrouw wel
de prijs van het huwelijk zijn. Maar hij mag de kinderen niet verloochenen. Hij kan mij bedriegen en verlaten, als dat zijn wil is. Hij kan 's
zaterdagsmiddags en 's zondagsavonds met die andere in bed gaan
liggen. Maar ik weiger te geloven, dat hij de kinderen zal verstoten. Niet
245 voor een andere vrouw. Ik zal lippenrood gebruiken en schoenen met
hoge hakken dragen; ik zal alles doen wat hij verlangt, maar hij mag de
kinderen niet verraden. Als hij de kinderen verlaat, ben ik in staat die
andere te vermoorden. Clara Maes.

Clotilde zegt dat hij enkele dagen geleden, op het bureau van de
250 fabriek, verandering van woonst heeft gemeld. Op dat adres aan de
linkeroever. Het heeft iets te maken met pensioenkas en ziekenbond. Zij
weet het van haar man. Ik wilde haar niet geloven. Maar toen hij
vanmorgen het scheermes, zijn bril en de lidmaatschapskaart meenam,
wist ik dat Clotilde de waarheid heeft gesproken. Ik wist het met
255 zekerheid toen hij naar de kinderen ging kijken.

Hilda en Simon. Zij zullen niet lang meer wegblijven van school, en zij
mogen niet merken dat ik overstuur ben. Zij hebben mij nooit zien huilen.
Zelfs niet na de miskraam.

Het is acht uur. Hij is nooit zo lang weggebleven. Wanneer hij moest
260 overwerken, kwam hij gewoonlijk om half zeven thuis. Ten laatste om
zeven uur. Het is al donker en er hangt een broze stilte in de kamer. De
kinderen hebben gegeten en hun schoolwerk gemaakt. Het gekras van
hun pennen op het strakke papier van hun schriften maakte de stilte nog
brozer en dreigender.

265 Ik heb Simon vroeger naar bed gestuurd. Hij hoest erg en hij heeft een
beetje koorts. Hilda leest een boek. Telkens als zij een blad omslaat, kijkt
zij mij aan. Maar zij vraagt niets. Ik weet niet wat zij denkt. Misschien
begrijpt zij stilzwijgend. Hilda is geen kind meer, ondanks haar vlechten.
Ik kan haar op dit uur niet naar bed zenden, zoals Simon. Maar ik kan haar
270 ook geen verklaring geven. Nu nog niet. De klok op de schoorsteen tikt
luider dan anders en de stopnaald zoekt als vanzelf haar weg in de wol
van de kousen. Het is alsof mijn rechterhand onafhankelijk als een
vreemd, wit orgaan haar werk verricht en niet bij mijn lichaam hoort.

Ik stop de kousen en ik ben niet ongerust. Als hem iets overkomen was
275 in de fabriek, zou men mij onmiddellijk waarschuwen. Karel Luns, de
meesterknecht, of iemand van de werkploeg.

Zoals die keer, toen hij de maagscheur heeft gekregen. Hoe lang is dat
geleden? Er moeten al bijna zes jaren overheen zijn. Het was ook een kille
novemberdag, zoals vandaag.
280 Karel Luns kwam, op een avond na het werk, onverwacht binnen. Hij
zag bleek, en het viel mij onmiddellijk op dat zijn pet recht op zijn hoofd

stond. Tragisch recht. Gewoonlijk draagt hij zijn pet schuin en losjes over het rechteroor. Hij vertelde dat Christoffel in de fabriek plotseling ineen was gezakt en met de auto van de onderdirecteur naar het hospitaal vervoerd. Hij moest nog dezelfde avond geopereerd worden voor een maagscheur. Het was niet zo erg. Een operatie op zichzelf is nooit zo erg.

Ook toen heb ik een pijn in mijn borst gevoeld. Maar anders dan nu. Het was een rauwe, korte pijn, die wèl de adem afsneed en de spieren verlamde. Ik vreesde één ogenblik dat hij dood was.

Alles is nog goed verlopen met die maagscheur. Hij heeft drie weken in het hospitaal en nadien nog twee maanden thuis in bed gelegen. Maar de ziekenkas heeft alles terugbetaald en de jongens van de werkploeg in de fabriek hebben een inzameling gehouden. Er zat meer dan zeventienhonderd frank in de omslag, die Karel Luns kwam brengen. Toen alles voorbij was, hebben wij er de pendule van gekocht. Nee, ik ben niet ongerust. Er is hem niets overkomen in de fabriek, en hij zit zich niet ergens te bedrinken.

De eerste jaren van ons huwelijk kwam hij wel eens aangeschoten thuis na het werk. Maar hij was nooit erg dronken. Alleen uitbundig. Het gebeurde zelfs dat hij mij kuste en kneep in het bijzijn van Hilda. Sinds de maagscheur kan hij echter geen bier meer verdragen.

Het is tien over acht. Ik hoor Simon vechten tegen een hoestbui en Hilda zucht over haar boek. Mijn hand ligt onbeweeglijk tussen de kousen in mijn schoot.

Soms hoor ik voetstappen op straat, maar zij gaan voorbij. Ik zou zijn stap onmiddellijk herkennen. Hij sleept een beetje met de linkervoet, zodat de zool van zijn linkerschoen altijd vlugger afgesleten is. Ik moet eraan denken, dat ik zijn zondagse schoenen een dezer dagen naar Ernest breng voor nieuwe hakken. Hij heeft zijn zondagse schoenen nodig als hij naar de schieting gaat. Als hij terugkomt.

En als hij niet terugkomt?

Ik mag er niet aan denken. Ik mag er niet aan denken, maar ik vraag mij af hoe mijn leven geweest zou zijn indien ik niet met Christoffel getrouwd was, maar met een ander. Ik was veertien jaar toen ik in de biscuiterie ging werken, en twee jaar later begon ik te vrijen met een jongen, die Leo heette. Ik kan mij zijn familienaam niet meer herinneren. Hij had zwart krulhaar en rode pukkels naast zijn neus. Toen hij mij voor de eerste maal kuste, zag ik alleen maar die pukkels. Ja, ik weet zeker dat hij Leo heette.

Het is vreemd hoe een mens zich soms onbelangrijke dingen blijft herinneren en belangrijke dingen vergeet. Maar deze avond zal ik nooit vergeten. Ik weet niet wat ik doen zal als hij niet terugkomt. Ik heb nooit iemand een haar gekrenkt, maar ik geloof dat ik tot alles in staat zou zijn. Mijn god, ik gebruik uw naam en ik huiver bij de gedachte, dat ik in staat zou zijn haar eigenhandig te vermoorden als zij hem van de kinderen zou weglokken.

Zijn stap in de straat en een ogenblik is het doodstil voor het huis. Het is alsof mijn hart dat ogenblik opgehouden heeft met kloppen. Hilda heeft

330 langzaam haar hoofd opgericht van het boek. Het enige geluid in de kamer is het geluid van de pendule.

De deur draait open en zijn zware gestalte maakt zich los uit de donkere achtergrond van de straat. Hij kijkt mij aan en noemt mijn naam: Maria. Maar zijn ogen vluchten weg van Hilda.

335 Ik beef over heel mijn lichaam terwijl ik werktuigelijk naar de keuken ga om het eten klaar te maken. De zuil van gloeiende damp is weg. Er vlijmt een felle pijn van vreugde in mijn borst en mijn hart jubelt, jubelt. Ik dank u omdat hij teruggekomen is, god. Alles is weer goed. Ik moet eraan denken die scheur in zijn vest te herstellen en zijn zondagse schoenen naar Ernest te brengen. Ik moet hem over Hilda spreken en morgen...

340 morgen zal ik voor de eerste maal lippenrood gebruiken.

Ik heb de aardappelen en de karbonade voor hem neergezet en hij begint zwijgend te eten. Ik kijk naar hem en ik voel mij rustig. Hij prikt de aardappelen traag en maalt het vlees met sterke, bruine tanden. Hij slikt, en dan houdt hij plotseling op met eten. Zijn stem klinkt schor.

345 'Er is vandaag een vrouw verongelukt in de fabriek,' zegt hij. 'In de liftkoker gevallen. Schedelbreuk. Wij hebben haar naar de dokter gedragen, maar zij was op slag dood. Ze heette Clara Maes. Een jonge weduwe met een kind. Spijtig voor het kind.'

Ik wil iets zeggen, maar de adem stokt in mijn keel.

350 Er zit een vreemde man aan de tafel. Zijn grote handen liggen machteloos naast het bord met aardappelen, en zijn ogen staren als glazen bollen tussen Hilda en mij weg in een nevelige verte, waar het donkere gat van een liftkoker gaapt als de schaterlach van een zwarte, versteende mond.

---

0 *spijtig voor het kind* too bad for the child

4 *kortaf* simply (usually this word means 'curt', 'abrupt', but there is no such negative meaning here)

5 *hij werkt bijna veertien jaar* he has been working for fourteen years (note also in line 16: *wij zijn zestien jaar getrouwd* we've been married for sixteen years)

9 *het leek op* it looked like

13 *het klinkt niet* it doesn't sound right

15 *hij heeft er schuld aan* it's his fault

18 *ik ben ... blijven staan* I kept on standing ...

20 *loeien* to wail (but the same word is used for the 'lowing' of cattle)
langs de havenkant over in the direction of the harbor

21 *fluiten*: the word here refers to the singing of a bird; the most common meaning is 'to whistle'

22 *schuin* leaning to one side (see line 307)

23 *er was een plukje grijze voering hinderlijk zichtbaar* an annoying little patch of gray lining poked through

30 *de beklemming zou zich oplossen in een gelijkmatig verdriet* the anxiety would dissolve into a uniform sorrow

34 *bij het opstaan* when he got up; note also in line 36: *bij het lezen* when he read

36 *de schuttersgilde*: an organization which practices marksmanship and holds competitions with colorful ceremony; the modern descendent of the local militias immortalized by Frans Hals and others

38 *hij stond te treuzelen* he fussed around

40 *hij stond zich af te vragen* he was wondering

45 *slechts* only (like a number of other

words that are somewhat formal written-language words in the North, this word is part of ordinary speech among Flemish speakers; cf. *gereed*, line 64; *echter*, line 80; *trachten*, line 172)

52 *toen ik de kinderen onder aan de trap wakker riep* when I called from the bottom of the stairs to awaken the children

55 *zij moet die vlechten toch maar laten knippen* she really must get those braids trimmed

57 *een mismoedige loomheid, een hangerige tegenzin* a discouraged lethargy, a listless grouchiness

59 *zich verschansen in* to take refuge in *hoe was het ook weer met mij gesteld* now what was I like (*ook weer* indicates the speaker is trying to recollect)

63 *hij roffelt de trappen af* he comes pell-heb down the stairs

68 *ik heb leren kennen* I first got to know

69 *stenen pijp* clay pipe (with a long stem, as target) *schiettent* shooting-gallery (at the fair)

70 *de beemd* the meadow (particularly a low, watery one)

72 *vliegen met een blijde knal in gruizelementen rond* fly about in fragments with a joyous bang

74 *zich voornemen* to resolve

76 *de vaat spoelen* to rinse the dirty dishes

83 *lassen* to weld

86 *er ligt een grimmige, vastberaden trek om zijn mond* his mouth has a stubborn, determined expression

96 *geen raad weten met* not to know what to do with *tijd zat* lots of time (*noun* + *zat* is a common colloquial expression for 'plenty of' + noun) *de straat*: the meaning here is that part of the street immediately in front of the doorstep

98 *het achterhuis*: the back section of the house, in some instances separated from the main house by a courtyard

113 *zij heeft mij tot in het ruggemerg gekwetst* she cut me to the quick (*ruggemerg* is the spinal marrow or spinal cord)

120 *echtelijke ontrouw* marital infidelity *de keerzijde van de medaille* the other side of the coin

129 *een raadselachtige, kwijnende kwaal* a puzzling, lingering illness

133 *hij bleef zich koppig afwenden* he stubbornly kept turning away

142 *al at hij dan* even though he ate

144 *mij bleef de hoop* I kept hoping

145 *een kortstondige gril* a short-lived whimsy

152 *ik kan die naam uitspreken zonder weerklank* I can say that name without it echoing in my mind

154 *om het leven komen* to die

155 *de stikster* stitcher (of upholstery)

156 *de linkeroever* left bank (of the river)

172 *een kale plek, die ik altijd weer tevergeefs tracht bij te kammen* a bald spot that I try again and again in vain to comb the hair over

173 *uitgezet* broadened *het vele bukken* all the bending over

185 *de schuif van de linnenkast* the sliding shelf of the linen closet

187 *ik durf niet voor S* I don't have the nerve to, in front of S

194 *karbonade*: similar to a 'chop' or 'cutlet' of lamb or pork

195 *houdbaar zijn* to keep (said of perishable foods)

196 *afkoken* to boil (fabrics for washing)

199 *onder mijn keel gloeit een beklemmende damp* down below my throat an oppressive vapor burns

205 *overwerken* to work overtime ('to overwork' is *zich overwerken*)

206 *meewarig* consoling (slightly milder form of concern than *medelijden*, line 129)

207 *een zuil van damp, die door de keel sissend omhoog dringt en de adem verstikt* a column of vapor that forces its way hissing up through the throat and chokes off the breath

211 *de schieting*: target practice by the *schutters* (see note to line 137)

222 *boeien* to captivate (also used in the literal sense of 'to handcuff')

231 *zich tevreden stellen* to be satisfied

232 *ongeschoold werken* to be an unskilled laborer

236 *telkens wanneer de lust hem bekroop* whenever the desire seized him

237 *heb ik hem geen twee goede kinderen gegeven* didn't I give him two good children

241 *verloochenen* to renounce (near synonyms are *verstoten* 'to reject', line

244, and *verraden* 'to betray', line 247)

250 *woonst* residence (a Flemish word, equivalent to standard *woning* or *woonplaats*)

251 *pensioenkas en ziekenbond* retirement and sick-leave funds

256 *zij zullen niet lang meer wegblijven van school* they'll be home from school pretty soon

260 *ten laatste* at the latest

261 *een broze stilte* a brittle silence

262 *het gekras op het strakke papier* the scratching on the stiff paper

266 *telkens als zij een blad omslaat* every time she turns a page

271 *de stopnaald zoekt als vanzelf haar weg* the darning needle finds its own way

275 *iemand waarschuwen* to let someone know (*waarschuwen* also means 'to warn')

278 *er moeten al bijna zes jaren overheen zijn* nearly six years must have gone by since then

282 *schuin en losjes* at a casual angle

287 *toen* then

294 *een inzameling houden* to take up a collection

295 *frank* Belgian franc

296 *de pendule* mantelpiece clock

297 *hij zit zich te bedrinken* he's getting drunk

299 *aangeschoten* tipsy

307 *slepen met* to drag

308 *ik moet eraan denken, dat ik breng* must remember to take

313 *mag niet* mustn't

315 *de biscuiterie* biscuit bakery (the popularity of *"biscuit"*, pronounced as in French, with tea and coffee explains the specialization of bakeries)
vrijen met to go out with (note, however, that in contemporary usage in the Netherlands this expression means anything from 'to pet' to 'go to bed with')

322 *ik heb nooit iemand een haar gekrenkt* I have never harmed a hair on anyone's head

323 *in staat zijn tot* to be capable of

343 *hij maalt het vlees* he chews the meat

347 *op slag* instantly

Mammoet op zondag

Maarten 't Hart

Steye Raviez

MAARTEN 't HART

Maarten 't Hart was born in 1944 in Maassluis. At present he is a research associate specializing in animal behavior at the University of Leiden. His career as a biologist has strongly influenced his writing, much of his fiction having to do with some aspect of the biological world. His published work is extraordinarily many-sided and not infrequently controversial; he has written essays on, among other topics, literature, music and feminism. The other major strand that interweaves with the biological one in his work is the cultural milieu of the *Gereformeerd* (Orthodox Reformed) religious community, with its strong emphasis on the stern Calvinist principles of predestination and the burden of sin. The tightly-controlled, at times almost isolated quality of life in these conservative communities has been much explored in Dutch literature, but seldom with the skeptical sympathy and grace that 't Hart brings to it. An ironic look at the heavy hand of the church establishment is perhaps nowhere more successfully managed than in the story *Ouderlingenbezoek* (Visit from the Elders) in the collection *Mammoet op zondag* (Mammoth on Sunday, 1977) from which the story presented here was taken. The pervasive influence of religion on Dutch cultural and social life is still a major problem for many writers; Maarten 't Hart has been treating this aspect of his own background with increasingly mellow irony. Some of his best-known works are *Stenen voor een ransuil* (Stones for an Owl, 1971), *Het vrome volk* (The Pious People, 1974), *Een vlucht regenwulpen* (A Flight of Whimbrels, 1978).

Mammoet op zondag is first of all a vivid evocation of life in the communities such as Vlaardingen and Maassluis along the *Nieuwe Waterweg* between the coast and the port of Rotterdam (see map). Life here is oriented almost exclusively toward the world of shipping, and idlers with time to pass sociably can always go down to the jetty and watch the ships go by (*een Hoofdje pikken*, line 27). The arrival of a 'mammoth', a huge drydock in tow, is a major social event that supersedes all other conversation topics. But the title announces the source of the dramatic tension. The narrator, a boy telling in the first person, has so thoroughly based his life on the strict observance of the Sabbath that when his parents unexpectedly relax the rules he undergoes a crisis. Many years later this crisis still stands out vividly.

Reeds maanden voordat het gebeurde gonsde de stad van een gerucht dat nooit in een krant of in het plaatselijke blad *De Schakel* bevestigd werd. Maar iedereen wist het omdat elke inwoner van Maassluis wel een vriend, kennis of al dan niet ver familielid had die bij Smit & Co's

5 internationale sleepdienst werkte. Het gerucht was eerst nog vaag, er was sprake van een mammoet, van zes sleepboten die de mammoet trokken en van veel trossen en mensenlevens die daarbij al verspeeld waren. Later heette het dat de mammoet gezonken was bij de Azoren; slechts de torens staken nog boven het water uit en tijdens het zinken

10 had hij bovendien twee sleepboten omlaag getrokken. Het was allemaal onduidelijk en vreemd en in het begin was het vooral het woord 'mammoet' dat mij voor raadsels plaatste. Niemand verklaarde mij wat dat woord inhield en ik durfde het ook aan geen mens te vragen. Iedereen was zo goed op de hoogte en sprak zo achteloos en alsof het volkomen

15 normaal was over de mammoet dat het wel ongelofelijk dom moest zijn als men niet wist wat de mammoet was. Maar ik wist het inderdaad niet.

Naarmate hij naderbij kwam werd gaandeweg duidelijker wat het was. Eerst vermeldde de radio nieuwsdienst dat bij een storm in de Golf van Biscaye een drijvend dok in moeilijkheden was geraakt en later werd in

20 de krant medegedeeld dat het grootste droogdok ter wereld vertraging had opgelopen. Toen werd het langzaam duidelijk voor me dat het grootste droogdok ter wereld niets anders kon zijn dan de veelbesproken mammoet. Een mammoet-droogdok zou over pakweg enkele weken de Waterweg binnenvaren. Maar zou het wel binnen kunnen komen? Op het

25 Havenhoofd werd reeds wekenlang druk gediscussieerd over deze vraag.

'Hij heit teveel diepgang,' zeiden de oude mannetjes die dagelijks een Hoofdje pikten, 'hij blijft steken tussen de pieren bij de Hoek, geen schip kan meer in of uit.'

Volgens andere zegslieden zou hij pas ter hoogte van Maassluis blijven

30 steken zodat wij hem wekenlang zouden kunnen zien liggen, en niet alleen wij maar ook de duizenden toeristen die zouden toestromen en de plaatselijke middenstand boven de welstandsgrens zouden tillen. Het was in ieder geval een wensdroom van velen maar toch leek het minder waarschijnlijk. In de Waterweg verscheen een vloot baggermolens en de

35 lucht was vervuld van het geratel en geklepper van de dag en nacht malende gevaartes die meer zand omhoog brachten dan men voor het opspuiten van de polders rondom Maassluis gebruiken kon. En in-middels kwam de mammoet naderbij. Hij was Het Kanaal al gepasseerd en daar niet vastgelopen, zo vertelde men. Zo heel groot kon het dok dus

40 niet zijn. Niettemin wist iedereen te vertellen dat het dok een zodanige waterverplaatsing had dat een reusachtige vloedgolf door Maassluis zou spoelen, de huizen op het Hoofd zouden waarschijnlijk allemaal weggeslagen worden, van de schepen in de haven zouden de trossen breken, ze zouden op de kade geworpen worden en de vloedgolf zou zo

45 diep in het Westland doordringen dat het met tuinbouw voorgoed gedaan zou zijn. Het werd allemaal verteld door de gepensioneerden op het Schanshoofd en het leek zeer onwaarschijnlijk. Maar zeker was dat

er, zodra het gevaarte bij Hoek van Holland zou worden gezien, vloedplanken geplaatst zouden worden. Dat had mijn vader van de
50 direkteur van Gemeentewerken gehoord. En natuurlijk zouden er ook zandzakken zijn.

Vreemd was dat het net leek alsof het al gebeurd was, alsof het dok allang bij Wilton-Feyenoord lag. De opwinding rondom het gebeuren riep de sfeer weer op na de watersnoodramp in Maassluis. En ook al was dat
55 dan al vier jaar geleden, toch leek het alsof het zo juist had plaats-gevonden en ik zag weer die foto voor me waarop mijn vader stond, wandelend op de Fenacoliuslaan in het water. Hij droeg Kees Koevoet op zijn rug, een jongen uit mijn klas die mij jarenlang voorhield dat die foto in alle kranten van de wereld had gestaan, mijn vader en hij, niet ik. Het is
60 vreemd dat ik, als ik hoor spreken over 1 februari 1953, altijd onmiddellijk aan die foto moet denken. Alle jaloezie die in mij is concentreert zich ogenblikkelijk op die afbeelding, hij en mijn vader op de foto, niet ik. Maar wat mij misschien nog het meest hindert is het feit dat ik zelfs niet eens gezien heb dat die foto gemaakt is omdat ik op dat moment in de
65 huiskamer zat met een potlood en papier om op te schrijven waarover Oom Nico preekte. Op zondag 1 februari werd 's morgens een kerkdienst uitgezonden vanuit de Gereformeerde Kerk Vrijgemaakt te Steenwijk. Voorganger, ds. N. 't Hart. Hij preekte over Hebreeën 11:1: 'Het geloof nu is een vaste grond der dingen.' Het is net alsof er op die dag een patroon
70 is ontstaan voor de dingen die later zouden komen, alsof alles daarna alleen maar herhaling is geweest – de foto, mijn oom, het geloof dat een vaste grond heette te zijn maar drijfzand bleek, mijn vader die er zich zo op had verheugd dat zijn broer voor de radio zou preken maar die niet kon luisteren omdat hij Kees Koevoet moest redden. Maar Kees Koevoet
75 had gemakkelijker zelf door het water kunnen lopen, het stond misschien nog geen 20 centimeter hoog en dat feit maakte alles anders. Hij hoorde helemaal niet op de rug van mijn vader, hij zat daar volkomen ten onrechte. Zit daar moet ik zeggen want op documentaires en filmver-slagen over de ramp van 1953 zie je hem zitten en mijn vader plast door
80 het water en alles raakt gefixeerd, alles wordt vastgelegd voor mij, zo niet voor een heel leven dan toch voor jaren lang. Hoe kun je nu zo denken terwijl 1500 mensen verdronken zijn. Zo denk ik ook niet – het is slechts een schimmenspel in een laag in mijn onderbewuste. Nee, het onder-bewuste bestaat niet; er bestaan slechts dingen waarop het nadenken
85 stukloopt en dat noemen we dan maar onderbewust omdat we dan niet hoeven te erkennen dat er zaken zijn die niet door redelijk denken opgelost kunnen worden.

Wat er gebeurde op die zondag waarop het Mammoetdok dan eindelijk 's morgens om 6.45 u. bij Hoek van Holland werd waargenomen, is geen
90 echte herhaling van zondag 1 februari 1953 en toch lijkt het wel alsof alles werd overgedaan. Er is een foto, genomen op het Hoofd te Maassluis waarop een duizendkoppige menigte te zien is, ja, het is zwart van de mensen en vlak bij de rand van die foto staan Els Borst en de jongen waarmee ze later getrouwd is en ik sta niet op de foto, ik had zelfs niet

95 eens kunnen zien dat de foto gemaakt werd want ik zat in de kerk.

Het was een zondag om nooit te vergeten. Zo'n dag in februari waarop de lente plotseling begonnen lijkt en de zon opeens warmte geeft. Nog voor zes uur werd ik gewekt door het zingen van de merels en toen ik opstond zag ik dat Kareltje aan de overkant alles al in gereedheid bracht
100 om zijn postduiven die diep in Frankrijk gelost waren, te kunnen binnenhalen. Ik was voor de eerste maal verliefd in mijn leven, ik had gisterenavond voor het eerst een paar woorden tegen haar durven zeggen en ik was duizelig en verward gaan slapen en diezelfde dui- zeligheid was bij het ontwaken nog aanwezig. Terwijl ik mij waste onder
105 de koude kraan in de keuken mompelde ik een paar maal haar naam: Els, en ik dacht ook aan haar toen ik in de voorkamer ging zitten om nog even te lezen voordat we naar de kerk zouden gaan. Maar toen ik mij in de stoel liet zakken werd er op het raam geklopt. Ik schoof het gordijn, dat nog dicht was, open. Buiten stond Kareltje, van top tot teen gehuld in bruin
110 leder en dragende een bruin lederen muts die slechts het gedeelte tussen wenkbrauwen en onderlip vrij liet.

'Hij komt eraan,' schreeuwde hij.

'Wat?' riep ik.

'De mammoet.'

115 'Schreeuw niet zo,' zei mijn moeder, 'het is zondag vandaag.'

'Het droogdok komt eraan,' zei ik.

'Varen ze dan op zondag ook?'

'Ja natuurlijk dat kost wat als je dat elke zondag zou moeten stilleggen.'

'Het is toch wat, ze doen maar, zelfs op zondag. Zondaars zijn het. Wie
120 staat er bij het raam?'

'Kareltje.'

'Ook iemand die de Sabbath niet heiligt,' zei mijn vader die naderbij was gekomen, 'duiven melken op zondag.'

'De mammoet is onderweg,' zei ik.

125 'Op de Dag des Heeren?' vroeg mijn vader.

'Ja en ik ga kijken.'

'Geen sprake van! We gaan meteen naar de kerk, niks geen mammoet.'

'Maar iedereen gaat kijken,' zei ik, 'als ik nu eens heel snel naar het Hoofd ren, als...'

130 'As as meel was aten we iedere dag pannekoeken,' zei mijn moeder en dat betekende dat verder praten zinloos zou zijn. Ik praatte ook niet verder, ik liep gedwee met mijn ouders naar de kerk want ik vond zelf ook dat het eigenlijk door en door zondig was om op zondag en nog wel tijdens kerktijd naar een voorbijvarend droogdok te gaan kijken en toch
135 was er een zeer intens gevoel van spijt, niet alleen vanwege de mammoet maar ook vanwege het feit dat Els nu op het Hoofd zou staan. Ik wist zeker dat ze er zou zijn, ze had mij gisteravond nog gezegd dat ze zou gaan kijken als de mammoet voorbij zou komen. Ze woonde bovendien vlakbij het Hoofd, ja, ze zou er ongetwijfeld zijn. Zij zou niet in de kerk zitten, zij
140 was hervormd op grote wielen, een groot gevaar dus voor elke gere- formeerde jongen. Erger dan hervormd op grote wielen bestond niet: dat

het mogelijk zou zijn om iets met een meisje te hebben dat helemaal niets was, was zo ondenkbaar dat er niet eens over gesproken werd. Hervormd op grote wielen was de uiterste grens. Misschien was ik daarom wel
145 verliefd op haar geworden.

In de kerk was het leger dan ik ooit had gezien. De gaanderij werd gesloten en de schaarse kerkgangers verzamelden zich in het midden-schip. Dominee Derksen preekte voor dit 'kleine kuddeke', zoals hij zei, over Hebreeën 12: 'Gij zijt niet genaderd tot een tastbaar en brandend
150 vuur.' Hij zinspeelde even op de mammoet. Wij die hier zaten waren niet wereldgelijkvormig maar de anderen op het Hoofd, voorzover gerefor-meerd, liepen de kans dat te worden. Ik dronk de woorden in want alleen zo, alleen doordat dat zeer waar was, kon de pijn om het niet op het Hoofd staan wat verminderd worden. En juist omdat we hier zaten was het niet
155 daar zijn pijn. Op elk ander tijdstip zou ik 'alleen maar even naar het Hoofd zijn gegaan om het grootste droogdok ter wereld voorbij te zien gaan' en dan zou het verder niets betekend hebben. Het was eigenlijk niets bijzonders zou je zeggen als je weer thuis kwam, alleen maar een groot dok. Wat zie je daar nu aan. Maar nu ik hier zat, nu ik, mede onder
160 invloed van mijn vader en moeder had afgezien van het kijken naar het droogdok, nu leek het wel alsof daar een drijvend Babylon voorbij ging en alsof er vuur en zwavel van de hemel zou regenen. En dat zou ik allemaal moeten missen.

Na de dienst liepen wij door de drukke straten naar huis. Op de Markt
165 praatten tientallen mensen na over het grote gebeuren. De vloedgolf was helaas uitgebleven maar het water was wel in heftige beroering geraakt toen het dok voorbij kwam.

'Heb je het gezien? De Coasters van Geest en Co? Bijna losgerukt.'

'De veerboot moesten ze met extra trossen vastleggen.'
170 'Er zijn een paar jongens uit de bomen gevallen op het Hoofd. Er is één dode.'

'Nee, er zijn meer doden, er zijn mensen in de Waterweg terecht-gekomen door het gedrang.'

'Klets niet, er zijn helemaal geen doden.'
175 'Wat ging hij langzaam.'

'Alles bij mekaar deed hij er een uur over voordat hij voorbij was.'

'Hij was nog hoger dan de toren van de Grote Kerk. Wat een gevaarte.'

'Ik zou het nooit van mijn leven gemist willen hebben, ik heb nog nooit zoiets gezien, ongelofelijk.'
180 'Hij is nu ter hoogte van Verolme. Het staat zwart van de mensen op de Vlaardingerdijk.'

Het bootje van Dirkzwager is omgeslagen. De mensen hadden goed geld betaald om mee te mogen uitvaren om het van dichtbij te zien.'

'Verdronken?'
185 'Allemaal.'

'Net goed,' zei ouderling Scharloo die met ons opliep, 'de zondaars direct gestraft.'

Totdat wij thuis waren was ik alleen maar diep ongelukkig maar toen

gebeurde er zoiets ongelofelijks dat ik ook nu nog maar nauwelijks kan
190 begrijpen dat het echt heeft plaatsgevonden. Het was ook al weer
herhaling, het deed mij denken aan een ogenblik op de Coolsingel in
Rotterdam toen mijn vader opeens had gezegd, zomaar, midden op de
dag: 'We gaan naar de film.' En in de Cineac had ik toen voor het eerst een
film gezien, *De Rode Ballon*, en zowel de film als het feit dat ik een film
195 zag had een verpletterende indruk op me gemaakt.
'Ik had het toch graag gezien,' zei mijn vader.
'Daar zie je nou helemaal niets aan, zo'n droogdok,' zei mijn moeder.
'Dat weet ik zo net nog niet,' zei mijn vader, 'het is vast een spektakel.
Een mammoetdok, dat zie je niet alle dagen. Weet je wat jij moet doen,
200 Maarten, je neemt je fiets en je rijdt de Vlaardingerdijk uit, dan kun je het
misschien nog zien.'
'Op de fiets? Op zondag?' vroeg ik.
'Ja,' zei mijn vader, 'waarom niet?'
'Fietsen op zondag?'
205 'Ik ben er niet voor,' zei mijn moeder, 'maar als je nou graag wilt, vooruit
dan maar.'
Ik had nog nooit gefietst op zondag. Het was volstrekt ondenkbaar dat
dat zou kunnen gebeuren.
'Toe dan, schiet op,' zei mijn vader, 'anders ben je te laat.'
210 Ik was sprakeloos. Ik liep langzaam naar de schuur, ik hoopte vurig dat
de banden lek zouden zijn. Ik zou dan niet hoeven gaan.
'Maar,' zei ik, toen ik mijn geheel intacte fiets door de kamer reed, want
een achterom hadden wij niet, 'je mag toch niet fietsen op zondag?'
'God knijpt wel een oogje toe,' zei mijn vader, 'hij heeft trouwens
215 allebei zijn ogen hard nodig om dat reuzending in de gaten te houden.'
Ik kon het maar niet begrijpen. Ik reed door de inmiddels lege straten
van Maassluis. De zon prikte op mijn huid en ik zondigde. Ik was mij er zo
intens van bewust dat ik zondigde dat mijn keel droog werd en mijn
handen klam aanvoelden. Ik reed en ik reed, voorbij de begraafplaats,
220 over de spoorbomen in de richting van Vlaardingen. Op de dijk liepen en
fietsten veel mensen in de richting van Maassluis, zij hadden het
droogdok gezien en waren nu op weg naar huis. Op de rivier hing een
fijne nevel die ver kijken onmogelijk maakte. De zon schitterde in de nevel
en brandde als vuur. De zon zou mij verblinden, de zon zou mij steken
225 omdat ik fietste op zondag. Zo dadelijk zou ik weggeroepen worden, zo
ineens van de fiets voor de rechterstoel van God.
'Waarom fietste jij op de Dag des Heeren?'
'Mijn vader zei dat het mocht.'
'Niets mee te maken. Wie Mij niet liefheeft boven vader en moeder is Mij
230 niet waardig.'
Vuur zal het regenen, dacht ik, vuur en zwavel. De oostenwind woei de
geuren aan van Pernis. Mijn neusgaten vulden zich met zwavelstank,
mijn hart bonsde. Toch reed ik verder, ik durfde ook niet meer te keren
want dan zou ik stellig niet alleen blijven, ik kende zoveel mensen die
235 huiswaarts keerden dat er vast wel één bij zou zijn die naast mij zou

komen rijden en dan zouden er twee zondaars zijn. Twee zullen er op één veld zijn, de één zal aangenomen worden, de ander niet. Nooit samen met iemand op één veld zijn, dat had zich zo sterk in mij vastgezet dat ik ten koste van alles vermeed om iets met een ander samen te doen.

240 Op de weg waren geleidelijk aan minder mensen en voorbij de grote bocht op de dijk werd het stil. Ik reed geheel alleen op de Vlaardingerdijk, ik was van God en alle mensen verlaten. De angst schudde mijn lichaam, ik tuurde en tuurde over het water. Als ik maar een glimp zou opvangen van het dok, zou ik dadelijk keren en dan zou ik lopend teruggaan, dan
245 zou ik de fiets aan de hand nemen, of nee, beter nog, gewoon in het hoge gras langs de dijk leggen en op slot doen. Ik wist zelf niet goed waarom ik nog reed en waarom ik in ieder geval toch iets van het droogdok wilde zien. Misschien was het om de zonde compleet te maken, een halve zonde was nog erger dan een volledige zonde. Als God zou vragen:
250 'Waarom fietste je,' en je zou moeten zeggen: 'Om het droogdok te zien,' en Hij zou zeggen: 'Maar je bent halverwege teruggekeerd,' dan zou het lijken alsof je iets achterhield, alsof je de waarheid niet wilde vertellen. Het zou achterbaks zijn om niet verder te gaan en ik klemde mijn vuisten om de handvaten van het stuur, ik ging staan op de trappers en reed in de
255 richting van de dichter wordende nevel, de rook van Pernis en van de zon die inderdaad in grijze, veelkleurige dampen versmoord werd. Maar naarmate ik harder begon te rijden nam ook mijn angst toe en opeens kon ik niet meer; het was of ik volkomen leeg werd, alsof alles, elke gedachte, elk gevoel uit me werd verwijderd. Ik bewoog de trappers niet
260 meer, ik reed nog even maar viel toen om. Ik lag in het gras langs de weg. Ik voelde ergens pijn en er was ook bloed, hoewel niet veel. Ik lag zo rustig in het gras, zo heerlijk rustig. God had me ditmaal nog gespaard. Ik dacht aan het Droogdok. Hij heeft een nevel gezonden om mijn oog voor zonde te behoeden, dacht ik. Ik zou mijn fiets hier achterlaten in het gras en mijn
265 vader zou mij uitschelden omdat ik mijn fiets in het gras had laten liggen. En toch zou ik dat doen, dat wist ik zeker, maar nu nog niet, nu lag ik nog in het gras en het werd lente en de eerste veldleeuwerik steeg op want de dieren des veld en de vogelen des hemels hebben geen ziel en weten niet dat het op zondag niet geoorloofd is om op te stijgen.

---

1 *reeds maanden* for months
3 *Maassluis*: small town about 15 km. west of Rotterdam on the north side of *de Nieuwe Waterweg* (referred to simply as *'de waterweg'*)
4 *een al dan niet ver familielid* a close or distant relative (*al dan niet* whether or not)
5 *de sleepdienst* towing service (*slepen* to tow; *sleepboot* tug boat)
8 *heten* to be said (see also line 72)
12 *voor raadsels plaatsen* to puzzle
14 *op de hoogte* informed
17 *naarmate...was = hoe dichterbij hij kwam, hoe duidelijker het geleidelijk werd wat het was*
naarmate (in proportion) as (see also line 257)
naderbij nearer (comparative of *nabij* near)
gaandeweg gradually
20 *vertraging oplopen* to experience delay
23 *pakweg* let's say
26 *heit*: dialect for *heeft*
27 *een Hoofdje pikken* to pass time on the jetty
Hoek = Hoek van Holland ferry port

at the entrance to *de Nieuwe Waterweg*
geen + meer   not another

29 *ter hoogte van*   off

30 *wij zouden hem kunnen zien liggen*
we would be able to see it sitting (there)

32 *de middenstand*   tradespeople
boven de welstandsgrens   above the
poverty level (literally, the 'prosperity
level')

36 *het opspuiten van de polders*   pump-
ing sludge into the polders (the land
below sea-level that has been reclaimed)

38 *Het Kanaal*   the English channel

42 *het hoofd*   jetty (short for *havenhoofd*)

45 *het Westland*   coastal region south of
The Hague and west of Delft

46 *gedaan*   finished off

47 *het Schanshoofd*:   the name of a particular jetty
zeker was = het was zeker   (also in
line 52 *vreemd was*)

49 *vloedplanken*   boards set on edge (for
protection against a sudden onrush of
water)

53 *Wilton-Feyenoord*: (now normally
spelled Wilton-Fijenoord) a shipyard
on the north bank of the Maas River at
Schiedam (i.e., inland from Maassluis).

54 *de sfeer [van] na de watersnoodramp*   the (good) feeling after the
flood disaster (of Feb. 1, 1953, when
high tides combined with a strong wind
broke the dikes and caused 1800
deaths and the inundation of 400,000
acres.
ook al   even though; *was al*   had
been

58 *uit mijn klas*   in my class

voorhouden   to impress upon, hammer away at

67 *Gereformeerd*   (Orthodox) Reformed;
vrijgemaakt: a dissident group of the
gereformeerde kerk, which split off
from the main church in 1944
Steenwijk   town north of Zwolle in the
Province of Overijssel

68 *voorganger*   minister; *ds = dominus*   Reverend
Hebrews 11:1   'Now faith is the sub-
stance of things hoped for, the evidence of things not seen'.

72 *hij had zich er op verheugd, dat zijn
broer voor de radio zou spreken*   he
had been looking forward to his
brother's talking on the radio (*zich verheugen op*   to look forward to)

76 *horen = behoren*   to belong

78 *zit daar moet ik zeggen*   I ought to say
'he *is* sitting there'

80 *raakt gefixeerd*   ends up being fixed
in place
zo niet   if not

83 *het onderbewuste = het onderbewustzijn*   subconscious

84 *dingen waarop het nadenken stukloopt*   things about which our thinking goes awry

92 *is te zien*   can be seen, is visible (*is te
+ inf.*) has a passive meaning

94 *waarmee = met wie*   with whom

96 *om nooit te vergeten*   never to be forgotten (here again, an infinitive with a
passive meaning)

119 *het is toch wat, ze doen maar*   it's
really something the way they just go
ahead

123 *duiven melken*   taking care of pigeons

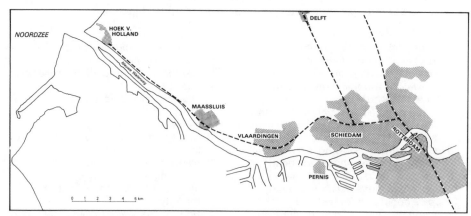

A portion of the province of Zuid-Holland

125 *de Heer*　the Lord (*des Heeren* is the genitive)

127 *geen sprake van!*　out of the question!
niks geen　there'll be no

130 *as as meel was = als as meel was*　if ashes were flour

133 *nog wel*　certainly

140 *hervormd*　reformed (*de Nederlandse Hervormde Kerk*: the largest protestant church in the Netherlands since the 16th century)
op grote wielen:　this uncommon expression refers to enrolled church members who seldom attend

147 *iets met een meisje hebben*　to get involved with a girl

146 *de gaanderij*　the side sections (between the pillars and the outer wall)

149 *Hebrews 12:18*:　'For ye are not come unto the mount that might be touched, and that burned with fire, nor unto blackness, and darkness, and tempest'

151 *voorzover*　insofar as they were

152 *de kans lopen*　to run the risk
alleen zo　only in that way; *zeer waar*　quite true (a rather unusual expression)

153 *de pijn om niet op het Hoofd staan*　the pain of not being on the jetty (cf. line 154, *het niet daar zijn*　not being there)

155 *alleen maar even*　just (without giving the matter a second thought)

158 the *bij-* of *bijzonder* is pronounced *bie-*, and *bizonder* and *biezonder* are alternative spellings

159 *wat zie je daar nu aan*　what do you see in it (that's worthwhile) (see also line 197)
mede　also

160 *afzien van*　to forego the chance of

161 *Babylon*: ancient city of Mesopotamia, legendary for its luxurious and sinful way of life

162 *vuur en zwavel*　fire and brimstone (sulfur)

165 *napraten*　to continue talking (about something that has just occurred)
was uitgebleven　hadn't materialized

176 *alles bij mekaar deed hij er een uur over*　altogether it took an hour

180 *Verolme*:　a shipyard in Rotterdam

181 *Vlaardingerdijk*:　the dike along the Nieuwe Waterweg east from *Maassluis* in the direction of *Vlaardingen*; dikes normally have roads running along the tops of them

186 *net goed*　serves them right

190 *ook al weer*　once again

191 *Coolsingel*:　the main street of central Rotterdam

192 *zomaar*　just like that (implying an action that is taken impulsively or casually)

196 *ik had het graag gezien*　I would like to have seen it

198 *dat weet ik zo net nog niet*　I'm not so sure about that

205 *ik ben er niet voor*　I'm not in favor of it
vooruit dan maar　then just go ahead

209 *toe dan*　go to it; *schiet op*　get a move on

212 *reed*　pushed (in line 216, *reed*　rode)

213 *het achterom*:　a route from the backyard to the front yard (either by a walkway along the side of the house or via an alley)

215 *in de gaten houden*　to keep an eye on

217 *ik was er bewust van dat ik zondigde*　I was conscious of the fact that I was sinning

220 *over de spoorbomen*　across the railroad tracks (*spoorboom*　railroad crossing gate)

225 *wegroepen*　to call away (here: to Heaven)

229 *niets mee te maken*　that's irrelevant

231 *aanwaaien*　to blow (towards) (past tense: *waaide aan* or *woei aan*)

232 *de geuren van Pernis*　the odors of [the oil refineries of] Pernis

236 *Twee...niet*:　Matthew 24:40; Luke 17:36

240 *geleidelijk aan*　gradually

242 *van God en alle mensen verlaten*:here a common cliché for 'abandoned' seems to be used literally

256 *in grijze, veelkleurige dampen versmoord*:　he is recalling lines from Marsman's famous poem on p. 71

263 *iemand behoeven voor*　to protect someone from

267 *de dieren des velds, de vogelen des hemels, [en de vissen der zee]*:　Psalm 8: 7,8; the use of the old genitive forms and archaic plural of *vogel* are typical of Biblical style

Telegrammen

Ferdinand Bordewijk

Nijgh en van Ditmar

F. BORDERIJK

Bordewijk (1884-1965) was born in Amsterdam and spent nearly all his life in The Hague, where he practiced law. His writing in one way or another regularly draws on this world for inspiration, and in fact he once claimed not to be able to create apart from it. One of his early novels, *Karakter* (Character, 1938), uses a large firm of his own experience as its setting. Other novels on which Bordewijk's reputation rests are *Knorrende beesten* (Growling Beasts, 1931) and several others which comment on the dehumanizing effects of modern society. In 1957 he was awarded the Constantijn Huygens literary prize. His first work was *Fantastische vertellingen* (Fantastic Tales, 1919-24), and he has written several other collections of short stories including *De aktentas* (The Briefcase, 1958), from which this story was taken. Bordewijk's plots are constructed with a lawyer's care and logic, and are told in a sober and businesslike way yet always slightly distorted by a surrealistic touch.

Telegrammen shows Bordewijk in a light-hearted mood. The plot is based on a simple misunderstanding (he calls it 'a story of misunderstandings' in line 138) arising from the condensed style of telegrams, which then leads to a whole chain of garbled communications. Bordewijk is an interested but scrupulously detached observer, gently ironic in his use of solemn written language to describe the most humdrum household affairs. The reader can relish this humane touch in Bordewijk's description of the overwhelming effect on a young woman's heart of the commanding figure and magnificent presence of... a streetcar conductor in uniform! The painstaking observation of atmosphere and environment, the sympathetic presentation of the persons, and the logical unfolding of the case all show the experienced lawyer's hand, and this particular case also finds a happy final resolution.

Vader had een niet onaardig centje overgespaard als winkelier in suikerwerken – vulgo snoep – in een volksbuurt van de grote stad, maar de wens uitgesproken – van hem hetzelfde als de wet – om zijn laatste levensjaren dichter bij de natuur te slijten. Hij had de zaak overgedaan, en
5 onder medeneming van gelden, goederen, en vooral ook Moeder, een huisje betrokken van de kleinere plaats zijner geboorte, in het noordoosten, ver van het rosse leven der beide Hollanden, zij het dat dit na een vrij omstandige reis bereikbaar bleef.

Tot het weerzien van de grote stad kwamen ze slechts enkele malen
10 wegens ingewortelde zuinigheid, maar ze kwamen er toch toe omdat ze er hun enig en laat gekomen kind hadden moeten achterlaten. Minnie was er vóór hun vertrek naar de kleinere plaats getrouwd met Gerrit. Deze Gerrit was niet een schoonzoon van de soort als de ouders, en speciaal Vader, zich hadden gedroomd. Geen sterveling kon wat op hem aan-
15 merken, doch men heeft ook onder de kleine burgerij nog standsverschil, dat eerder wordt bepaald naar positie en verdienste dan naar afkomst, en als zodanig deugdelijk afgewogen. Gerrit nu bekleedde de positie van controleur bij de gemeentelijke tram en bus, en dat hij tot die rang reeds betrekkelijk jong was opgeklommen – overigens meer door geluk dan
20 wijsheid in letterlijke zin – legde geen pleister op de wond der teleurstelling. Hij bleef een loontrekkend dienaar – het harde woord moet er maar uit – terwijl zij hadden gehoopt op een schoonzoon, al dan niet met een centje, maar in elk geval vrij man, eigenaar van een bedrijf, zoals hij, de oude heer, was geweest, een vrij bedrijf, hoe klein het ook wezen
25 mocht. Minnie, in dit opzicht nog minder plooibaar dan Vader, zette evenwel haar zin door, en liet haar ouders ongetroost. Ze hadden een zekere genoegdoening kunnen ondervinden van het feit dat ze nooit behoefden bij te springen, dat Gerrit de beste manieren bezat, dat hij zorgvuldig was op zijn kleren en in uniform bepaald indrukwekkend,
30 maar zij, en Vader in het bizonder, troostten zich niet in dat huwelijk, ofschoon het wezenlijk goed mocht heten, en dit leidde tot enige spanningen tussen schoonzoon en schoonouders, waar óók Vader het leeuwenaandeel aan toedroeg.

De keus van Minnie was overigens begrijpelijk voor wie beseft wat de
35 uniform voor de vrouw betekent, en weet met welk een correcte chic de controleurs afsteken tegen conducteurs, bestuurders en buschauffeurs, en met een hoe fijne distinctie de jonge Gerrit nog uitstak boven zijn meest veel oudere collega's. Inderdaad had deze distinctie Minnies hart gewonnen reeds bij de eerste ontmoeting in het binnenste der tram, toen
40 Gerrit in het algemeen vroeg:
'Kaartjes, alstublieft.'
Hij deed het met een keurigheid nauwelijks meer van deze aarde.

Het past niet in het raam van dit verhaal de liefde en haar bondgenoten, toeval en list, op de voet te volgen. Er wordt dan ook slechts melding
45 gemaakt van een gesprekje op een achterbalkon, van latere ontmoetingen, doorgaans zonder uniform, van een strijd waarin de ouders het onderspit dolven, een verloving, een huwelijk. Minnie, zonder kinderen

(maar ze konden nog komen), was gelukkig. Gerrit mocht al geen fantasie bezitten, karig zijn van woorden zowel als van gedachten,
50 kortom behoren tot de grote groep der kleurloze karakters – het deerde haar allerminst. Nimmer verzwakte de indruk van zijn gestalte, gezien in de open tramdeur, van de woorden 'Kaartjes, alstublieft', tot haar gericht, en weliswaar ook tot twintig anderen, maar uitgesproken op een manier die haar rechtstreeks aanging. Eenmaal getrouwd rees tijdens haar
55 huiselijke bezigheden voor haar vaak zijn gestalte op in de open tramdeur, hoorde ze zijn zacht en toch overduidelijk bevel, en zag ze prompt alle handen grijpen in zakken en tassen. Niemand die hem weerstond. Hij was een geboren leider, hij dwong hoog en laag tot gehoorzaamheid, hij was volmaakt.
60   Het enige wat haar kon hinderen was dat de verhouding tussen Gerrit en haar ouders koel bleef, omdat ze van beide partijen hield. Partijen waren het inderdaad, al dacht ze de verhouding niet in dat woord uit – partijen, niet op voet van oorlog, maar toch elk in het eigen kamp, en van daaruit voorzichtig de bewegingen van de tegenpartij volgend – een
65 houding die bevriezend werkte. Ze wist ook dat dit weer in de eerste plaats lag aan Vader, met zijn harde kop. Moeder wilde nog wel anders, mocht echter niet. En wat Gerrit aangaat, hij was een kalf van goedheid. Maar er waren toch grenzen, en niemand mocht eisen dat hij hooghartigheid zou beantwoorden met tegemoetkoming; ze was blij dat hij de
70 speldeprikken van Vader niet achtte, en zich bepaalde tot een waardige reserve. Iemand als Gerrit, het tegendeel van welbespraakt, reageert allicht met de handen als het tot reactie komt. Dat wist ze, en ze wist dat hij het voorzag. Om zijn zelfbedwang hield ze te meer van hem.
   En toen meende ze met vrouwelijke gevatheid de tijd voor toenadering
75 aangebroken. Het was toen Gerrit, die zijn vakantie in gedeelten mocht opnemen, op verzoek van een kollega drie vrije dagen met deze ruilde. Vooraf was bepaald dat zij hun drie dagen zouden doorbrengen bij de ouders in het noordoosten. Nu viel het een maand vroeger en juist in een tijd dat Minnie een zieke vriendin wat in het huishouden hielp. Gerrits
80 toestemming in de ruil was dan ook wel wat ondoordacht gegeven. Minnie loste echter kordaat de moeilijkheden op. Hier lag haar kans. Strikt genomen kon ze haar hulp best onderbreken, maar ze stelde de toestand erger voor dan hij was om te mogen blijven en Gerrit alleen naar Vader en Moeder te sturen. Zonder haar aanwezigheid verwachtte ze dat
85 het ijs tussen beide partijen eerder zou zijn gebroken. De ouders konden moeilijk anders dan hierin toestemmen, en Gerrit, goedig, beperkt in zijn woordenschat en fantasieloos als steeds, maakte van zijn hart een moordkuil en dus geen enkele tegenwerping, al voelde ze dat hij bezwaard vertrok. Ze zag hem nog even na terwijl hij de straat uitliep met
90 een kleine koffer, even netjes als hijzelf, en ze had een beetje medelijden met hem. Enfin, het resultaat zou alles vergoeden.
   De eerste dag leek het er niet naar. Integendeel, door de afwezigheid van de jonge vrouw was de verhouding nog wel zo gedwongen als anders. Een borreltje na het avondmaal maakte nochtans de tongen iets

losser. De tweede dag zette intussen al dadelijk meer hoopvol in, en na het borreltje was er van partijen zelfs nauwelijks meer sprake. Men wenste elkaar een wezenlijk gemeend goede nacht toe. De derde dag gaf toen weer een inzinking te zien – men was te hard van stal gelopen – maar het borreltje, ditmaal om twee uur genuttigd wegens het aanstaand vertrek van de schoonzoon, bracht een onverwachte en volledige ommekeer, en op zeker moment stelde de oude heer met rode koontjes – want hij was evenmin drinker als Gerrit – voor dat hij mee zou gaan. Over Moeder werd niet gerept, maar dat sprak hier vanzelf.

Gerrit, die in kleur Vader evenaarde, bleef met dat al de hoffelijke echtgenoot en wenste Minnie door een telegram te waarschuwen. Daarop kreeg Vader de briljante gedachte hiervoor de telefoon in te schakelen van de buren (die ook een postgirorekening hadden). Aldus werd besloten. Gerrit stelde het telegram op, in die uiterst beknopte stijl welke de dronkenschap kenmerkt, en die de beschonkene zo geknipt maakt voor redacteur van ijltijdingen. Gerrit was overigens allerminst dronken, Vader even zo weinig, maar Vader scheen thans wel zo aanhankelijk geworden dat hij Gerrit niet meer uit zijn ogen liet. Dus gingen ze samen naar de buren die hoorbaar thuis waren, en daar verzond Gerrit het telegram: 'Vader komt slapen. Gerrit.'

'De kosten krijg ik wel van je op,' zei Vader tegen de buurman, met een zijdelingse grootmoedigheid tegenover de behuwdzoon – wat echter onopgemerkt bleef. Toen de koffertjes opgehaald, door Moeder inmiddels gepakt, en de heren weg.

Dit telegram nu kwam op de vreselijkste wijze verminkt over, en leidde daarmee tot onbeschrijfelijke ontsteltenis. Want toen Minnie, niet gewend telegrammen te ontvangen en dus reeds ietwat verontrust, het klevend papier geopend had, las ze: 'Vader ontslapen, Gerrit.'

Als oorzaak van deze ongehoorde fout moet men aanstonds de telegrafiste wegdenken. Het kan zijn dat ze het vreemd vond een dergelijke noodlottige tijding te horen melden met een opgewekt stemgeluid – ze was per slot ambtenares, ze moest doorgeven wat haar werd opgedragen te seinen, en mogelijk dacht ze aan een gehate vader en een behoorlijke nalatenschap. Met een klein voorbehoud mag men de schuld van Minnies schrik ook niet tot haarzelf herleiden. Want weliswaar was het bericht enerzijds veel te onbewimpeld voor een zachtaardig mens als Gerrit, anderzijds veel te plechtig bij zijn beperkte woordenschat – maar wie denkt op zulk een ogenblik aan zoiets? Neen, de hoofdschuldigen waren Gerrit zelf, Gerrit die niet overmatig duidelijk had getelefoneerd, en vooral geen ogenblik goed geluisterd naar de herhaling door de telegrafiste van zijn misverstane taal – waren voorts het borreltje dat zo vroeg niet best werd verdragen – en waren tenslotte Vader die met het borreltje sfeer had geschapen, te veel sfeer.

In dit verhaal van misverstanden past evenmin de uitgebreide beschrijving van Minnies schrik, verbijstering, radeloosheid, verdriet, als die van haar en Gerrits eerste toenaderingen. Ze had haar vader oprecht lief, ondanks zijn vooringenomenheid tegen haar man. Ze dacht ook aan

haar moeder, ja, allereerst aan deze – en toen aan Gerrit. Was hij maar hier, konden ze het maar samen dragen. Dit laatste bracht haar tot handelen. Ze moest onmiddellijk naar ginds. Haar door tranen ver-
145 duisterde ogen zagen toch nog in het spoorboekje dat de eerste trein pas over twee uur vertrok. Toen besloot ze alvast een telegram te sturen. Ze deed het. 'Kom dadelijk over, Minnie.' Ook hier werkte het instinctieve zuinigheid van de telegraferende mens, maar dit bericht, op formulier geschreven, kon nauwelijks verminkt worden, werd ook inderdaad on-
150 geschonden afgeleverd en was bij de door Minnie veronderstelde gebeurtenis volkomen rationeel.

Ze zou nooit precies kunnen navertellen hoe ze het telegram verstuurde, en hoe ze reeds dadelijk – want zowel postkantoor als station waren dicht in de buurt – haar kaartje kocht, toen naar huis ging en zich
155 gereedmaakte tot de reis. Ik hoef het dus ook niet na te vertellen, maar ik breng een eresaluut aan haar tegenwoordigheid van geest. Laten we voorts – als gezegd – niet stilstaan bij haar huilbuien onder het inpakken van haar reisbenodigdheden, haar aandrang om bij een derde steun te zoeken, daartegenover het besef dat dit toch niet aanging bij zo ge-
160 zwollen ogen en beperkte tijd, en haar angst zich in de trein niet goed te kunnen houden. Ja, zelfs voelde ze met tijdelijke verloochening van haar liefde wroeging dat ze tegen Vaders wens in was getrouwd, en dat ze niets meer aan hem kon goedmaken.

Gepakt, gezakt en rijkelijk vroeg opende ze haar huisdeur, zich te midden
165 van haar ellende er toch even over verwonderend dat de deur zo meegaf. Aan de andere kant was de verwondering ook groot, want Gerrit deed tegelijk de deur aan de buitenzijde open. De reactie op deze verrassing evenwel was zeer ongelijk. Minnie zag vóór zich zowel Gerrit als de ontslapene, beiden opmerkelijk door eenzelfde grijns om de mond en
170 dezelfde blosjes. (Daar de stemming tijdens de treinreis voelbaar was gedaald had men er op Vaders kosten nog eentje in de stad genomen.) De heren zagen op hun beurt een verwilderde jonge vrouw, die lijkwit werd. Toen viel Minnie in zwijm.

Gerrit, allerminst van de vlugsten, bleef stokstijf op dezelfde plaats.
175 Vader, bij wie het ouderinstinct sprak, schoot toe. Maar hulp was onnodig, Minnie reeds weer opgestaan, en hoewel ze nog niet aanstonds haar woorden kon vinden, ging ze de heren voor, wees op het open telegram op tafel, en dat helderde de zaak althans ten dele op. De rest kwam toen vanzelf, en het eerste blijk van elkander begrepen hebben
180 was dat men eenparig lucht gaf aan zijn verontwaardiging over zulk een telegrafiste. Toen schoot het Minnie, de rapste in denken gebleven, te binnen dat Moeder nog moest worden gewaarschuwd. Er werd een derde telegram verzonden: 'Kom niet. Brief volgt. Minnie.' Gerrit bracht het weg.
185 De heilzame resultaten mogen niet onvermeld blijven. Men gaat door een opeenstapeling van zo ongewone gebeurtenissen – borreltjes, een premature doodstijding, een bezwijming – niet heen zonder dat ze haar sporen nalaat. Beter wederzijds begrip tussen Vader en Gerrit was

daarvan de vrucht, Moeder volgde later vanzelf, en al zou men te ver gaan
190 met steeds hooggestemde lofzangen op het ambt van tramconducteur te
verwachten, gelijk er nu uit Vaders mond, opnieuw bevochtigd, klonken –
een stevige basis was er toch gelegd. De drie om Minnies tafel waren per
slot best tevreden met de afloop, vooral nadat Gerrit, tot wie de flauwte
van zijn echtgenote ietwat laat was doorgedrongen, van grote veront-
195 rusting blijk gegeven had. Hoe onpraktisch ook waar het geen vragen
naar kaartjes betrof – zijn zorg verwarmde de jonge vrouw.

Een eindeloze huisbel herschiep deze vrede – door Minnie reeds benut
om aan een brief te beginnen – in paniekstemming. Gerrit deed open en
stond tegenover Moeder. Immers, Minnie had op instinctieve telegra-
200 fische bezuinigingsgronden het persoonlijk voornaamwoord weggela-
ten, maar hoe kon Moeder, onbekend met de voorgeschiedenis, in het
telegram iets anders lezen dan een imperatief, en wel een die onder een
doorzichtig kleed iets vreselijks verborg? 'Kom dadelijk over, Minnie.'
Was er iets gebeurd met Vader? Of met Gerrit? Of met beiden? Ach, die
205 borreltjes ook, zo vroeg genuttigd, onder haar ogen. Maar men moest
achteraf toegeven dat aan dit misverstand niemand schuldig stond, zelfs
niet de telegrafiste.

Moeder plofte in een stoel en vroeg voor het eerst van haar leven uit
eigen beweging om een glaasje.
210 Het derde telegram, een paar dagen later door de oudelui in hun
brievenbus aangetroffen, was het enige uit de serie dat niet de minste
verwarring stichtte. Maar het had ook geen goed gedaan.

1 *een niet onaardig centje* a tidy sum, a
pretty penny
2 *vulgo snoep* usually called candy
de volksbuurt working-class neighborhood
4 *de zaak overdoen* to turn over the
business (to others)
5 *onder medeneming van ...* taking
along ...
de goederen goods, possessions (pl.
of *het goed*)
6 *betrekken* to move into
zijner geboorte = van zijn geboorte
of his birth
7 *ros* reddish, ruddy; (here) fast-mov-
ing
*der beide Hollanden = van de beide
Hollanden* of the two Hollands (i.e.,
the two coastal provinces, *Noord-Holland* and *Zuid-Holland*)
zij het dat even though
dit (refers to *het rosse leven*)
10 *wegens ingewortelde zuinigheid* because of deep-rooted thriftiness
ze kwamen er toch toe they did come
there (*er ...toe* means 'to that place';

the *er* five words later means 'in that
place', as it does also in line 12
11 *hadden moeten achterlaten* had had
to leave behind
14 *geen sterveling* not a soul (lit.: no
mortal)
kon wat op hem aanmerken could
find fault with him
15 *doch* but still
de kleine burgerij petty bourgeoisie
16 *eerder naar verdienste dan naar afkomst* by one's achievement rather
than by one's origin (*eerder A dan B* A
rather than B)
17 *als zodanig* as such (i.e., by the cri-
terion just mentioned)
deugdelijk afwegen to evaluate care-
fully (lit.: to weigh scrupulously)
bekleden to occupy (a position)
18 *de controleur* ticket-inspector (the
official who checks to see that all
passengers have a valid ticket)
reeds betrekkelijk jong already at a
relatively young age
19 *overigens* by the way
20 *legde geen pleister op de wond der te-*

leurstelling didn't smooth over the wounds of disappointment

20 *een loontrekkend dienaar* a wage-earning servant

21 *het harde woord moet er maar uit* the harsh word (i.e., *dienaar*) just must come out

22 *al dan niet met een centje* whether he had money or not

23 *de eigenaar van een bedrijf* the owner of a business

24 *hoe klein het ook wezen mocht* no matter how small it might be (*wezen = zijn*)

25 *in dit opzicht* in this respect
nog minder plooibaar even less pliable (i.e., even more stubborn)

26 *evenwel* nevertheless

27 *genoegdoening ondervinden van* to derive satisfaction from
ze behoefden nooit bij te springen they never had to help them out

30 *in het bizonder* in particular

31 *ofschoon het wezenlijk goed mocht heten* even though it might be called essentially good

32 *waar + aan* to which (refers to *spanningen*)

33 *het leeuwenaandeel toedragen* to contribute the lion's share

34 *voor wie beseft* for those who realize (cf., *voor wie dit leest* for whoever reads this)

36 *afsteken tegen* to contrast with

37 *uitsteken boven* to stand out above

39 *reeds bij de eerste ontmoeting* even at the first meeting

40 *in het algemeen* generally (in the sense that his 'tickets, please' was directed to the general public and not to any one person specifically)

42 *nauwelijks meer* scarcely

43 *het past niet* it's not appropriate
in het raam van dit verhaal in the framework of this story
haar bondgenoten its (i.e., love's) accomplices

44 *op de voet volgen* to follow closely

46 *het onderspit delven* to lose out

48 *hij mocht al geen fantasie bezitten* even though me might not have any imagination (*mocht* goes with *bezitten, zijn* and *behoren*)

50 *het deerde haar allerminst* it didn't faze her in the least

51 *nimmer*: a more elegant synonym of *nooit*

52 *richten tot* to direct to

53 *weliswaar* to be sure

54 *rechtstreeks aangaan* to concern directly
eenmaal getrouwd once married
rees op arose (in her mind)

56 *zijn overduidelijk bevel* his very distinct command

57 [*er was*] *niemand die hem weerstond* no one could resist him

58 *iemand tot gehoorzaamheid dwingen* to compel someone to obey (*gehoorzamen* to obey; *de gehoorzaamheid* obedience)

61 *partijen* (opposing) sides

62 *het waren* they were
al even though (note the word order: *al dacht ze ... uit = hoewel ze uitdacht* even though she described)

63 *op voet van oorlog* on a war footing

65 *die bevriezend werkte* which had a chilling effect

67 *mocht echter niet* but it was not possible
een kalf van goedheid good-hearted (the word *'kalf'* implies stupidity)

68 *niemand mocht eisen* no one could expect

70 *de speldeprik* pin-prick (used figuratively here)
zich bepalen tot to restrain oneself to

71 *allicht* probably; easily

73 *voorzien* to anticipate (note *voorzien van* to provide with)
te meer all the more

74 *menen* to think, feel
de tijd is aangebroken the time has come

76 *op verzoek van* at the request of

77 *vooraf was bepaald* it had previously been decided

79 *wat* a little, somewhat (also in line 80)

81 *lag* was (the verbs *liggen, zitten,* and *staan* are sometimes best translated as 'to be')

82 *de toestand voorstellen* to represent the situation

83 *hij* it (refers to *toestand*)
om te mogen blijven in order to be able to stay

84 *de aanwezigheid* presence (*de afwezigheid* absence (see line 92))

85 *konden moeilijk anders dan hierin toestemmen* couldn't easily do anything else except agree to this

87 *als steeds* as always
maakte van zijn hart een moordkuil

kept his feelings bottled up (this expression is almost always used in the negative form *hij maakt van zijn hart geen moordkuil* he doesn't hold anything back, wears his heart on his sleeve)

88 [*hij maakt*] *geen enkele tegenwerping* he didn't make any objection at all

89 *nazien* to watch (someone leave)

90 *medelijden hebben met* to feel sorry for

91 *enfin* oh well (this is a French word, with the accent on the second syllable, often pronounced *'affijn'*)

92 *leek het er niet naar* bore no resemblance to that

93 *nog wel zo gedwongen* still just as constrained

94 *het avondmaal* a formal word normally reserved for the Lord's Supper; more usual are *het eten, het avondeten*, or – for a special occasion – *het diner*

95 *zette intussen al dadelijk meer hoopvol in* started out right away more hopefully

96 *nauwelijks meer sprake van* scarcely any more question of

97 *iemand iets toewensen* to wish someone something
wezenlijk gemeend truly sincere
te zien geven to give some sign of

98 *te hard van stal lopen* to rush matters

99 *nuttigen* to partake of (a rather formal word)
wegens het aanstaand vertrek on account of the forthcoming departure

101 *de om(me)keer* reversal
stelde voor suggested
de koon (poetic) cheek

102 *evenmin* no more

103 *reppen over* to mention
dat spreekt vanzelf that goes without saying

104 *evenaren* to be a match for
met dat al in spite of everything
de hoffelijke echtgenoot the polite husband

106 *inschakelen* to bring into use

107 *de postgirorekening* postal checking account (in The Netherlands the post office, telephone, and telegraph are under the same administration)
aldus werd besloten it was decided to do it in that way

109 *de beschonkene* intoxicated person

geknipt voor cut out for

110 *de ijltijding* express message (an old-fashioned word implying a message containing bad news)
overigens after all
allerminst the very least bit

111 *even zo weinig* just as little

112 *uit zijn ogen* out of his sight

115 *de kosten krijg ik wel van je op* you'll let me know how much I owe you
een zijdelingse grootmoedigheid tegenover de behuwdzoon with an indirect [show of] magnanimity towards his son-in-law (*behuwdzoon* = *schoonzoon*)

117 *toen* [*hebben ze*] *de koffertjes opgehaald* then they picked up their suitcases (the omission of *hebben* and *gingen* impart a feeling of speedy action)

118 *de heren* [*gingen*] *weg* off they went

119 *overkomen* to come through (note *overkomen* to befall, happen to)

121 *reeds ietwat verontrust* already somewhat alarmed

122 *ontslapen* to pass away (an elevated euphemism)

123 *aanstonds* right at the start

124 *wegdenken* to eliminate (from consideration)

125 *noodlottige tijding* fatal news
opgewekt stemgeluid high-spirited tone of voice

126 *per slot* after all
de ambtenares (woman) functionary, official
wat haar werd opgedragen te seinen what she was instructed to telegraph

127 *een behoorlijke nalatenschap* a considerable inheritance

129 *herleiden* to narrow down

130 *enerzijds ... anderzijds* on the one hand ... on the other hand

132 *de hoofdschuldigen waren Gerrit ... voorts het borreltje ... en tenslotte Vader* the principal guilty ones were Gerrit ... also the gin ... and finally Father

134 *geen ogenblik* not for a moment

136 *werd niet best verdragen* didn't agree with them too well

137 *sfeer* (pleasant) atmosphere

142 *was hij maar* if only he were

144 *ginds* there (i.e., her parents' home)
haar door tranen verduisterde ogen her eyes, clouded over by tears (in this 'extended adjective construction' *door*

tranen verduisterde plays the role of an adjective modifying *ogen*; see also line 150 for another example of this construction.

145 *toch nog* still

145 *pas over twee uur* not until two hours later

146 *alvast* in the meantime

150 *bij de door Minnie veronderstelde gebeurtenis* in light of the event, as imagined by Minnie

156 *tegenwoordigheid van geest* presence of mind
voorts moreover (lit.); the ordinary word is *bovendien*

157 *stilstaan bij* to dwell on (the objects of *bij* are *huilbuien* crying spells, *aandrang* impulse, and *angst* fear)

159 *daartegenover ... tijd* (this interposed statement qualifies the preceding clause); *niet aanging* wouldn't do, wouldn't be possible

160 *zich goed houden* to control oneself

161 *met* along with

162 *tegen Vaders wens in* against Father's wishes

164 *gepakt en gezakt* all ready to go
zich er toch even over verwonderend dat ... just being astonished at the fact that ...

165 *meegeven* to give away

169 *de ontslapene* the deceased

171 *er nog eentje* another drink

172 *in zwijm vallen* to faint (an old-fashioned expression, like our 'swoon'; the ordinary word is *flauw vallen*)

173 *lijkwit* white as a ghost (lit.: corpse-white)

175 *toeschieten* to dash forward

176 *[was] reeds weer opgestaan* had already gotten up again (see note to line 117 regarding the omission of the verb)

177 *wees op* pointed to

178 *althans ten dele* at least in part

179 *kwam vanzelf* went along of its own accord

180 *lucht geven aan* to give vent to

181 *iemand te binnen schieten* to occur suddenly to someone

182 *moeder moest nog worden gewaarschuwd* mother hadn't been notified yet (*moeten + nog + inf.* is a common equivalent of 'hasn't yet + p.p.')

185 *door + heen* through

187 *bezwijming* fainting spell (the somewhat poetic sound of this word gives it a slightly comic effect here)
ze and *haar* refer to *opeenstapeling* accumulation

189 *al zou men te ver gaan met ..... te verwachten* even though it would be going to far to expect .....

190 *hooggestemde lofzangen* fervent songs of praise

193 *best tevreden* quite well satisfied
de afloop the way things ended up
de flauwte fainting spell (an example of a noun formed by adding *-te* to an adjective; other examples are *de grootte, de hoogte, de menigte*)

194 *de verontrusting* alarm

195 *blijk geven van* to give evidence of
hoe onpraktisch ook waar het geen vragen naar kaartjes betrof however impractical he might be in matters not pertaining to asking to see tickets (in the streetcar)

197 *een eindeloze huisbel* a long ringing of the doorbell
herscheppen ... in ... to transform ... into ...

199 *op bezuinigingsgronden* for the sake of economy

200 *het persoonlijk voornaamwoord* personal pronoun

201 *de voorgeschiedenis* previous chain of events

202 *en wel een die .... verborg* and in fact one that concealed .....

206 *schuldig aan* guilty of

208 *vragen om* to ask for
uit eigen beweging of her own accord

De engel en de juke-box

Hubert Lampo

Menko ten Cate

HUBERT LAMPO

Lampo was born in 1920 in Antwerp, the city where he has lived and worked as a teacher, journalist and writer all his life. He has established a solid reputation as one of Flanders' most popular writers, a gifted story-teller who blends down-to-earth realism and a strong sense of place with a strain of unpredictability and magic. His most famous work, which brought him fame throughout the Dutch-speaking world, was *De komst van Joachim Stiller* (The Coming of Joachim Stiller, 1960), which is mentioned in passing in the story selected here. Certain mysterious events transcending time and space occur in the setting of Antwerp, draw people into unexpected relationships, and in the person of the elusive Stiller turn out to have religious significance. In 1962 Lampo was awarded the State Prize for Flemish Narrative Prose for this novel, which was dramatized in a film version in 1977. Lampo's 1971 *De zwanen van Stonehenge* (The Swans of Stonehenge) presents the literary trend 'magical realism', a term Lampo applies to himself but seems to mock in the story (line 176). He is a profilic author of novels, short stories, and volumes of essays.

The story *De engel en de juke-box* first appeared in 1972 in *De vingerafdrukken van Brahma* (The Fingerprints of Brahma). Like *Joachim Stiller* it also relies for full appreciation of its flavor on a sense of local color and the setting of Antwerp and even to a certain extent its past. The basic plot is simple: a coincidental meeting of two people both incognito for the same purpose, combined with an unforeseeable error in a newspaper story that affects them both. Lampo permutes and magnifies these seemingly straightforward facts into a story with another dimension suggesting to the reader the hand of fate or magical predestination. The main character, who tells the story in a brisk, journalistic manner in the first person, is never really distinguished from Lampo himself as author. This hardheaded journalist and writer turns out to have a need to create a fantasy world for himself, which in the story escapes from his control and brings about the crisis and ultimate resolution of the plot. The reader may want to speculate whether the root of his fantasy impulse lies in the reason he gives or in some deeper psychological need – as well as where Lampo thinks it is. In writing this story Lampo is having a bit of fun, at the same time satirizing a simpleminded pre-liberation male chauvinism, romances of love and conquest, and most of all himself as a 'magical realist'.

Er was een lichte vorst ingetreden die samen met de ijle novembernevel de auto's in de rij met een tafzijden vlies overtrok. Ik liet de wagen achter op de parkeerplaats van de Grote Markt; terwijl ik de deur op slot draaide betrapte ik mezelf er op baldadig te grinniken. De opgerolde kraag van de
5 blauwe zeemanstrui die ik me 's namiddags speciaal had aangeschaft, kriebelde prettig in mijn nek. Bovendien gaf het mij een stoer gevoel als een achttien-karaatse zeebonk met de handen diep in de zakken van mijn iets té gloednieuwe duffel-coat te lopen.

Ik hield wel van deze nachtelijke straatjes in de havenbuurt, meer door
10 de vensters der kroegen dan door de profijtige gaslantaarns verlicht, klimmend en dalend volgens de topografische gesteldheid van de bodem, waarop volgens de betrouwbare historiografen mijner moe- derstad meer dan duizend jaar geleden een handvol moerasbewoners met de grondvesten der Civitas Antverpiensis aan de boorden van de
15 Schelde deze van een intens florerend nachtleven hadden gelegd, berucht van Southampton tot Wladiwostok – zo heb ik mij tenminste laten wijsmaken. Ik zeg toevallig iets over de gaslantarens. Is het al zo lang geleden, of is het een herinnering uit mijn kindertijd die het ware beeld van elektrische lampen of neonbuizen overlapt? Zo nodig kan ik de
20 redactie opbellen en vragen wanneer hier de laatste gaslantarens verdwenen. Maar ik geef de voorkeur aan de gedachte dat ze er in die tijd nog waren...

Aandachtig bestudeerde ik de vensteropschriften van de cafés om er één uit te zoeken dat mij bijzonder aansprak. Waarschijnlijk was het
25 slechts een vorm van zelfbedrog om de beslissende stap zo lang mogelijk uit te stellen. Er liepen een paar huiverige negers met opgetrokken schouders voorbij, de handen diep in de zakken. Een eind verder zag ik hen in een cafeetje verdwijnen. Terwijl even de deur openbleef, hoorde ik de hartverscheurende klaagzangen van Frankie Laine en kon ik minder
30 dapper zijn dan een paar nikkers van de 'Mare del Plata' of zo, die hun oerwouden hadden verlaten om de oude cultuurgoederen der Europese beschaving deelachtig te worden? Dus talmde ik niet langer, volgde het voorbeeld mijner donkerhuidige broeders en duwde de deur van 'The Golden Mermaid' open, terwijl ik mijn best deed om mijn gezicht in een
35 stoere, wat geblaseerde plooi te trekken. Een trouwens overbodige voorzorg, want geen mens sloeg er de geringste acht op mij...

Zoals de meeste ietwat wereldvreemde intellectuelen, heb ik mij steeds voorgesteld dat zich achter de dubieus verlichte ramen van iedere havenbar bestendig Babelse taferelen afspelen. In strijd met dergelijke
40 adolescentenfantasieën ging het er keurig toe. Achter de tapkast waste de volumineuze waard onder het onvermijdelijke scheepje-in-de-fles de glazen om. Mijn zwartjes nipten reeds zuinig door een rietje aan een glaasje Coca-Cola. In de hoek zat een paartje te trekkebekken. Over een clandestiene borrel heen voerden twee uit de kluiten gewassen Scan-
45 dinaviërs een monosyllabisch gesprek, doch uit de smörebrödklanken kon ik niet opmaken of het Deens of Zweeds was of Noors misschien? Vier Hollandse binnenschippers klaverjasten een partijtje bij een bur-

gerlijk glaasje pils, niet in het minst door de trompet van Armstrong in de juke-box van de wijs gebracht, terwijl twee ietwat naïef opgedirkte
50 meisjes samen dansten, duidelijk alleen maar wegens gebrek aan enthousiasme bij het mannelijk publiek.

Ik voelde mij opgelucht, doch betreurde meteen de kosten van de zeemanstrui en de duffel-coat: ik had net zo goed mijn doordeweekse colbertje kunnen aanhouden. Enfin, het bleven niettemin nuttige kle-
55 dingstukken. Hoe dan ook, omstreeks dit uur van de avond ging het er in de min of meer existentialistische kelders in de buurt van de Academie onder de artistiekerige jeugd beslist heel wat Spaanser toe... Of ik er de verklaring voor mijn vergissing hoopte in te vinden, haalde ik de brief van mijn uitgever in Amsterdam voor de dag en las met een gemelijke grijns:
60 *'... derhalve zouden wij het op prijs stellen een nieuwe roman van u in de volgende najaarsaanbieding te kunnen brengen. De secretaris van onze redactie, dr. S.C.H. Rijfmaar is van oordeel, dat een havenstad als Antwerpen stof in overvloed moet bieden en wij verzoeken u bijgevolg uw gedachten te laten gaan over een boek, dat de haven, de hedendaagse*
65 *maatschappelijke zelfkant of liefst nog beide als achtergrond zou hebben. Aanvaard, waarde heer Heuvelmans...'*

Ik vervloekte binnensmonds alle uitgevers en hun voorschotten, waarmede zij ons, beklagenswaardige penneslaven, aan handen en voeten kluisterden, of althans nam ik me voor ze te vervloeken. De tijd om
70 deze veiligheidsklep te openen, werd mij namelijk niet gegund. Een prettige stem vroeg: 'En voor meneer?'

Ik keek eensklaps geboeid op. Het was een engel. Enfin, een engel bij wijze van spreken, want engelen dragen geen spannende jurken waar hun gatje in afgetekend staat, en hoge hakken. Het kon natuurlijk ook
75 een meisje uit een boek van Hubert Lampo zijn, dacht ik.

'En voor meneer?' herhaalde de engel geduldig, terwijl ik haar blik onderzoekend op me voelde rusten.

'Geef mij... geef mij een witte Cinzano,' stamelde ik, ofschoon ik meer trek had in een kop hete koffie.
80 Maar er was nu éénmaal iets aan haar, dat mij eensklaps deed denken aan een zonnige morgen op een caféterrasje op de Piazza San Marco vlakbij het Grote Kanaal in Venetië, waar ik voor de krant verleden zomer mijn bijdragen over de Biënnale uit mijn duim had zitten zuigen. Ik keek haar vertederd na, vertederd, maar toch met het gevoel of ik een klap op
85 mijn achterhoofd gekregen had. Zo'n klap met een stomp voorwerp, maar die toch aardig aankomt. Als uit een nevel waar de septemberzon doorheen breekt zong Yves Montand in de juke-box 'Feuilles mortes' op dat heerlijke kitscherige vers van Prévert. Zij was verrukkelijk blond, misschien wel Venetiaans blond en in overeenstemming met de mode
90 droeg zij de haren in wat men een paardestaart noemt – een engel met een paardestaart, ik kon er niet ééns om glimlachen.

Toen zij het glas voor me neerzette, graaide ik mijn moed samen en zei, als door de wol geverfd in de kroegen van Reykjavik en Sjanghai: 'En wat ga jij gebruiken, lieve kind... euh, juffrouw, bedoel ik...?'

95   Ze keek mij aan, een tikje spottend, geloof ik, en ik gaf mij er rekenschap van dat er engelen met prachtige grijze ogen bestaan.

'Voor mij hetzelfde maar,' antwoordde zij (en aan dit alles moeten jullie
hoegenaamd geen aanstoot nemen want mijn bedoelingen waren zuiver
als vers gevallen sneeuw en cafeetjes met damesbediening kunnen bij
100   ons in Antwerpen ook erg netjes zijn, zoals uit het voorafgaande reeds
duidelijk mocht blijken).

Zij kwam tegenover mij zitten, de benen gekruist. Het waren prachtige
benen die best model hadden kunnen staan voor een merk van nieuwe
nylons in *Elseviers Weekblad*, wat mij nog sterker voor het geslacht der
105   engelen innam. Het is een vermoedelijk bijzonder onvolwassen neiging
van me steeds in het opwaartse verlengde van zulke moordbenen door te
denken, doch ik houd ze niet voor zo onvolwassen, dat ik de enige zou
zijn die er een dergelijk indiscrete gewoonte op na houdt. Ik bood haar
een sigaret aan. Zij rookte met distinctie en zonder de ietwat uitdagende
110   gebaren die men bij een vrouw van haar soort allicht verwacht.

'Leuke kroeg,' zei ik, van achter een rookwolk.

'Ja, heel leuk,' antwoordde zij, 'als die juke-box tenminste zo geen
leven van hel en duivel maakte.'

'Laten we dansen,' stelde ik overmoedig voor, 'dan zal het je minder
115   hinderen. Maar ik ben een ellendig danser, ik waarschuw je!'

'Zal wel gaan,' stelde ze mij gerust terwijl ze haar sigaret doofde.

Ze gebruikte dure lippenstift want er zat geen rood op het peukje, wat
ik een zeer bijzondere ontdekking vond, zonder precies te weten waarom. Wij dansten. Tot mijn verbazing ging het inderdaad prachtig, waar-
120   schijnlijk omdat zij dadelijk de leiding had genomen, doch daaraan dacht
ik in mijn verwarring niet.

'Welk schip?' informeerde zij langs mijn schouder heen.

'Schip? Hoe bedoel je?' vroeg ik schaapachtig.

'Op welke boot hoor je thuis?'
125   'Copacabana,' flapte ik er uit.

'Nee toch?' repliceerde zij dubbelzinnig.

'Pracht van een schuit,' draafde ik domweg door, 'en een vaart dat die
maakt... Je hebt er gewoon geen idee van, wat voor een vaart die maakt
en...'
130   'Neen,' onderbrak ze mij, met ditmaal duidelijk iets spottends in de
stem, 'neen, dat zal wel niet. Wel vervelend voor je dat die pracht van een
schuit deze morgen afgevaren is en nu ergens in het Kanaal tegenover
Portland dobbert.'

Ik voelde dat ik van kleur verschoot, doch ik hield mij kranig.
135   'Nou,' zei ik luchtig, 'boten genoeg, weet je! De hele haven zit er mee
volgepropt...'

Haar blik leek mij uitermate achterdochtig, doch zij antwoordde niet op
mijn liederlijke onzin. Haar zwijgen hinderde mij ten zeerste. Om de
conversatie weer op dreef te brengen vroeg ik:
140   'Je vindt me een idioot, is het niet?' Ze haalde de fraaie schouders op,
wat ik als een teken van instemming beschouwde. 'Neem me maar voor

een personage van Ben Traven,' zei ik. 'Dat is er een die boeken schrijft, moet je weten, en onder zijn personages lopen een heleboel knullen als ik. Kerels die hun boot missen en dan op de dool geraken...'

145 'Erg interessant,' antwoordde ze spottend terwijl ze een geeuw onderdrukte, 'en erg vriendelijk dat je mij wat cultuur wilt bijbrengen.'

Ik begreep niets van deze vrouw. Heb je ooit zo'n cafémeid over cultuur horen praten?

Toen wij achter een tweede Cinzano bianca zaten en zij mij wat
150 meewarig bekeek met die zeegrijze ogen van haar, vervolgde ik de monoloog die ik reeds een poos in mezelf aan het houden was, eensklaps luidop: 'Goed. Je vindt mij een idioot omdat ik mijn boot het gemist. Maar we missen in ons leven allemaal de boot, begrijp je?'

'Nee, ik begrijp je niet,' lachte ze uitdagend, 'maar ik weet wel dat je te
155 veel op hebt. Je had al een heleboel op toen je hier kwam. Ik heb het dadelijk gemerkt maar wou je een kans geven ... Laat het niet merken aan de baas of hij gooit je er uit. Het is hier een fatsoenlijke gelegenheid.'

'Prachtidee,' grinnikte ik overmoedig, 'ik lees ondertussen wel een krantje. Maar weet je wel wat ik denk over jou?'
160 'Is het belangrijk?'

'Erg belangrijk. Ik houd je voor een engel.'

Haar ogen tintelden van wat mij voorkwam als boosaardige spotlust, doch ik liet mij niet uit het lood slaan. 'Ik geloof in engelen, moet je weten. Engelen die door de Grote Bouwmeester in mensengedaante naar de
165 aarde worden gezonden om voortaan als mens van vlees en bloed het leven van de gewone stervelingen te delen. Zij zorgen er voor, dat de wereld niet direct helemaal om zeep gaat. Voor zo'n engel houd ik jou!'

'Grote Bouwmeester, zei je?'

'Ja, heb je er wat op tegen?'
170 'Voor mezelf niet. Maar het lijkt wel of je een vrijmetselaar bent. Eet je ook kindertjes?'

Ik transpireerde opeens heftig. Het was natuurlijk onzin wat ze insinueerde, ook zonder die kindertjes, maar wie verwacht nu zo'n gesprek in een tent in de oude havenbuurt? Ik houd niet van zulke situaties waar
175 de gewone samenhang der dingen uit de haak schijnt. Dat is goed voor magisch-realisten maar niet voor mij. Ik krijg er de pest van in. Ze had een nieuwe sigaret genomen, blies de rook nonchalant in mijn richting en haar prachtige linkerwenkbrauw ging sceptisch de hoogte in.

'Ik geloof,' zei ze langzaam terwijl ze de as wegtipte, 'dat ik wel weet
180 wat voor eentje jij er bent. De enen zijn brutaal en gaan direct op hun doel af. De anderen trachten je dronken te voeren en beloven je bontmantels of een dure sportwagen. En dan zijn er de zeemzoeten die je met zedepreken enteren.'

'Heus,' protesteerde ik. 'ik begrijp niet...'
185 'Natuurlijk,' vervolgde ze met een vermoeid gebaar, 'nou ga je een verongelijkte toon aanslaan en misschien komt er wel een redevoering over de morele verheffing van de gevallen vrouwen – raad ik het wel? Bij een vent met een gezicht als een heilsoldaat loopt het daar meestal op

uit...' Haar cynische toon deed mij pijn, alsof zij mij op die korte tijd zeer
dierbaar was geworden en mij thans in mijn verwachtingen beschaamde.
Ik voelde mij nameloos verlaten, volkomen hopeloos en stond op het
punt te bekennen dat ik nooit verder gevaren had dan van Breskens naar
Vlissingen, doch zij verleende mij hiertoe niet de tijd. 'Het kan mij
eigenlijk niet schelen, weet je, en je hoeft je over mij helemaal niet druk te
maken. Je bent niet de eerste die mij het verhaal van de gevallen engel
opdist. Ik weet mijn weetje wel en voel mij er best bij...'

Ik kreeg waarachtig tranen in de ogen, alleen door haar aan te kijken,
en flapte er eensklaps onbeheerst uit: 'Je bent mooi. Al de rest is
flauwekul. En zeg nou maar niets, godverdomme! Gun me het plezier er
gedurende een minuut, één enkele minuut alleen maar aan te denken,
dat je mooi bent.'

Ze keek obstinaat langs me heen, doch haar mond stond niet meer
bitter. Ik vroeg me af, hoe ze er als kind had uitgezien...

Eensklaps viel er een schaduw over onze tafel – een schaduw ook over
mijn kortstondig geluk. Ik had net de tijd om te overleggen dat er iemand
zonder gerucht naderbij was gekomen en vlak achter mij stond. Kennen
jullie de kriebeling die men soms in het ruggemerg kan hebben wanneer
je in 't holst van de nacht langs een verlaten landweg loopt? Ik keek
achterom en staarde meteen tegen de onderste vestknoop van een gorilla aan, een kerel als een gorilla bedoel ik, die daar rustig stond te staan,
de handen in de broekzakken, een sigarettepeukje in de mondhoek, de
pet in de nek en de buik vooruit. In de juke-box had Frankie Laine het op
hetzelfde moment, dat vergeet een man zijn ganse leven niet, over een
eigengereide tante die Jezabel bleek te heten. De gorilla pakte mij op de
hoogte van mijn borst beet bij mijn gloednieuwe trui waarop ik mij zo
trots had gevoeld. Ik hoopte nog een linkse directe in zijn maagstreek te
plaatsen, zoals men het mij vaak had aangeraden, doch hij hield mij ver
genoeg zodat ik een erbarmelijk gat in de lucht sloeg... Wat deze wel
bijzonder pijnlijke episode betreft, treed ik bij voorkeur niet in bijzonderheden. Zo moge het volstaan te vermelden dat ik er nauwelijks een
paar seconden later met een sierlijke boog werd uitgekeild, een poos
versuft op de vaderlandse straatkeien bleef zitten mediteren als een yogi
aan lagerwal, doch tenslotte de wijste partij koos daar ik de knopen van
een politie-agent in het lantarenlicht zag opdagen. Het carillon op Onze-
Lieve-Vrouwentoren rammelde net het motief van het beroemde 'Waar
kan men beter wezen' van André-Ernest-Modeste Grétry, zeventienhonderd éénenveertig-achttienhonderd dertien, zoals jullie uiteraard wel
weten.

Welke man zou zichzelf na zo'n vernederend avontuur niet dagenlang
grondig verafschuwen? Ik ging hopeloos aan het knoeien met het boek
waaraan ik nochtans slechts de laatste hand had te leggen. Op de krant
beweerde men dat ik rondliep met het gezicht van een oorwurm die voor
maagzweren vatbaar is. De fatale brief van m'n uitgever had ik in duizend
snippers gescheurd en verstrooid op de winden. Bovendien was ik zo de

235 draad kwijt dat ik mijn jongere collega's voor mijn navrante ervaring aansprakelijk stelde: hun onverkoopbare prullen stapelden zich op honderd uitgeverszolders van Amsterdam torenhoog op en nu moest ik, vergrijsd in het vak (nou ja...), de kastanjes voor de leden van de Vereniging tot Bevordering van de Belangen des Boekhandels uit het vuur
240 halen door op commando snertromans met louche kroegen en gevaarlijke deernen te gaan secreteren.

Toch zou de vernedering draaglijk geweest zijn, was er niet dat ándere, onbestemde gevoel waar ik geen naam aan kon of wilde geven en dat mij van dag tot dag grondiger ondermijnde. Ik at weinig en achteloos, wat
245 mijn hospita, een moederlijke zestigjarige goeierd, diep bedroefde en mij in korte tijd tien pond deed vermageren, had nauwelijks nog aandacht voor mijn lichtgrijze Citroëntje, waarop ik anders zo trots als een aap ben, vergat de typistes van de redactie om haar nieuwe jurken te complimenteren (gewoonte waardoor ik in een goed blaadje bij ze sta, wat
250 voor een journalist belangrijk is), zat 's avonds te dromen voor een maagdelijk vel papier, rookte dagelijks een zo vervaarlijk aantal pijpen dat ik er duizelig van werd en beschouwde mijzelf als de ongelukkigste sterveling op aarde. Er gaat iets dood in een mens die zich éénmaal tot in het merg van zijn ziel gekrenkt heeft gevoeld, geloof ik...
255 Omstreeks die tijd gebeurde het dat laat op de dag mijn vriend Andreas Waterkijker kwam binnenvallen. Ik zat net te knoeien aan een recensie over de laatste roman van Christina Huydecooper, die haar uitgever – toevallig ook de mijne – voor bespreking had gezonden. Het was een heel goede roman, daar niet van, doch mijn artikel schoot bijzonder
260 moeizaam op. Ik had de schrijfster nooit ontmoet en waarschijnlijk was het hieraan te wijten dat het mij moeilijk viel naar behoren tot haar wereld en haar sfeer door te dringen.

Maar terzake: ik zou het dus hebben over het bezoek van Andreas Waterkijker, de arts. Hij stond blozend met zijn meer dan honderdtachtig
265 pond in de deuropening, de instrumententas onder de arm, en grijnsde zijn buitenmaats gebit bloot.

'Allemachtig lang geleden,' jubelde hij, 'wat heb jij in de laatste tijd uitgespookt?'

'Kom erin,' antwoordde ik dof, gestoord in mijn overpeinzingen, 'en ga
270 zitten. Sigaret? Hoe maak je het?'

'Schitterend!' gromde hij achter het vlammetje van de lucifer die ik hem onder de neus hield. 'Ik heb zopas nog een welvarende tweeling ter wereld gebracht. Het was een zwaar karwei, doch moeder en kroost stellen het thans opperbest. Van de moeder gesproken, ik zou haar best
275 nog zo'n tweespan willen maken...' Hij keek mij onderzoekend aan: 'Maar zeg kerel, wat zie jij er pips uit! Ben je ziek?'

Ik was op mijn hoede want ik kende zijn legendarische doortastendheid. In principe bestaan er voor hem geen andere dan zieke mensen.
280 'Ik voel me lekker als kip. Alleen wat vermoeid. Let er niet op en drink een borrel.'

Onbewust kruiste ik de benen en ging er gezellig breeduit bij zitten. Ten slotte was het wel prettig hem hier te hebben. Maar eensklaps gaf hij me een nijdige tik onder de knie. Mijn rechtervoet wipte met een vinnige schok omhoog.

285

'In orde,' meesmuilde hij, of het hem innig speet, 'normale reflexen, zou ik zo zeggen...' Hij drukte de duim op het onderste lid van mijn linkeroog en staarde me als gedegouteerd aan. 'Kleed je uit,' blafte hij en maakte de instrumententas open. Het was te laat om nog verzet te bieden: Andreas heeft steeds sprekend op een op hol geslagen bulldozer geleken. Hij klopte mij op de rug en borst, deed mij de tong uitsteken en 'Aaaaa' zeggen, beluisterde hart en longen, porde mij tussen de ribben, kneep mij gemeen in de maagstreek en proclameerde ten slotte dat er voorlopig geen organische effecten waar te nemen vielen ofschoon hij zich over suikerziekte, uremie of vliegend flerecijn niet met zekerheid kon uitspreken. 'Volgens mij is het veeleer een psychologische, ik bedoel, een psychosomatische kwestie,' verklaarde hij nader, 'en het zit heel diep. Een soort van hysterie, denk ik... Je zoudt 't best maar eens 'n psychiater raadplegen.'

290

295

'Loop naar de pomp!' protesteerde ik, 'ik geloof niet in psychiaters!'

300

'Zo zeggen de ketters, maar zij dwalen,' vermaande hij vaderlijk, 'ik ben ervan overtuigd dat er met je psyche wat aan de hand is. Je zit met verdringingen als vliegtuigmoederschepen.'

'Ja,' ironiseerde ik, 'dát moet het wezen. Op de leeftijd van drie jaar heb ik een heftige passie opgevat voor de juffrouw uit de bewaarschool, doch ik slaagde er niet in, haar een orgasme te bezorgen en nu zit ik met de gebraden peren...'

305

'Je kan nooit weten,' overlegde hij luidop, 'misschien heeft het wel met verliefdheid te maken!' Plots klaarde zijn betrokken gelaat op tot een zonnige glimlach. Ik stelde mij voor, dat Archimedes zo moet geglimlacht hebben toen zijn badkuip overliep. 'Natuurlijk,' vervolgde hij eigenwijs, 'natuurlijk! Kon je het mij niet dadelijk zeggen, stiekeme duikelaar? Je bent verliefd, dáár zit het hem. Doch je weigert het te erkennen, ook tegenover jezelve. Er is iets, dat je er van weerhoudt – één of ander kleinburgerlijk vooroordeel – weet ik veel. Je bent gefrustreerd als een ijsbeer in de Sahara. Voor zoiets kan ik je geen drankje schrijven, ouwe jongen. Tracht met jezelf tot klaarheid te komen. Ik ga nu maar want ik heb vanavond nog een paar prikjes te geven. Dank je voor de borrel en ik beveel me als getuige aan bij de bruiloft!'

310

315

320

En weg was hij.

'Idioot!' riep ik hem na, maar waarschijnlijk heeft hij het niet gehoord.

'Verliefd,' bromde ik gemelijk terwijl ik mijn hemd weer aantrok en mijn das knoopte, 'waar haalt die kwakzalver het vandaan?'

Geheel uit mijn humeur legde ik de laatste hand aan mijn recensie over *De Bron in de Woestijn* van Christina Huydecooper en besloot het stuk dadelijk naar de krant te brengen zodat het morgen nog in de namiddageditie zou kunnen verschijnen. Ik houd wel van zo'n wandelingetje omstreeks middernacht en het zou mij bovendien kalmeren.

325

De volgende dag had ik vrijaf. Van schrijven kwam er echter weer niet
veel terecht: de woorden die uit mijn typewriter knetterden bleven dof,
drukten niet uit wat ik bedoelde en de volzinnen zaten vol luchtzakken.
Verliefd! had die ezel van een Andreas gezegd, dat mispunt met zijn
dwaze grijnzende tronie en zijn moederlijke trots over ieder kind dat hij
hielp geboren worden! Maar hij heeft tenminste iets om voor te leven,
voegde ik er dadelijk vergoelijkend aan toe, hij weet ten minste waarvoor
hij... Ik drukte mijn sigarettepeukje uit, wilde een pijp stoppen, doch
merkte dat ik geen tabak meer had.

Zo komt het dat ik nog geen vijf minuten later in het winkeltje op de
hoek niet alleen een pakje fijne halfzware van 'De Gouden Leeuw' en
meteen ook de avondkrant kocht, zulks met de bedoeling even te kijken
of mijn proza veilig en zonder al te beschamende zetfouten op zijn plaats
was beland. Dat maak ik mezelf tenminste steeds wijs, want in de grond
van mijn hart is het er mij nog immer om te doen, het kinderlijke plezier te
beleven mijn eigen tekst gedrukt te zien. De drukfouten staan er natuurlijk ook in.

Toen ik in het licht van het uitstalraam vluchtig de eerste bladzijde
bekeek, kreeg ik evenwel zo'n dreun op mijn hersenen dat het achteraf
onmogelijk is de opeenvolging van mijn gewaarwordingen exact te
reconstrueren. Een vette titel over vier kolommen: 'Afschuwelijke
lustmoord op barmeisje in de havenbuurt'. Daaronder: 'De dader op de
vlucht.' Ik zou er niet eens aandacht aan geschonken hebben, ware er de
foto niet geweest: een wondermooie, hoogblonde jonge vrouw met
zachte ogen en een lieve glimlach. Duurde het seconden of waren het
inderdaad eeuwen, waarin gans het zonnestelsel stilviel? Het bloed
beukte op mijn trommelvliezen, mijn handen beefden en waren eensklaps klef – vochtig, mijn benen werden slap en mijn knieën knikten. Het
was de engel in mensengedaante uit 'The Golden Mermaid'. En ik wist
ineens dat Andreas het gisteravond... Of eigenlijk wist ik niets meer. Ik
probeerde diep te ademen, ofschoon mijn keel toegeschroefd zat en ik in
de borstkas het gevoel had dat de vrachtwagen die het op Joachim Stiller
had gemunt, er overheen was gereden, je weet wel.

Als een slaapwandelaar heb ik de krant op zak gestoken en ben naar de
garage gestrompeld. Nadat ik het portier van de wagen had dichtgeklapt
en de motor zich met het canailleuze geluid van de eerste versnelling
optrok, begon onder mijn pijnlijke schedel weer stilaan de dichte mist op
te trekken. Ik heb gereden als een gek en tot driemaal toe hoorde ik nabij
de verkeerslichten het fanatieke geluid van een verkeersagent, ofschoon
het mij vermoedelijk pas duidelijk is geworden, toen ik een paar dagen
later op het politiekantoor werd ontboden om er vier proces-verbalen
tegelijk te ondertekenen, doch pertinent weigerde toe te geven dat ik mij
in kennelijke staat van dronkenschap had bevonden en bovendien
staande hield dat men niet viermaal voor dezelfde overtreding kan gestraft worden. De agent van dienst was een Principienreiter die mij
voorhield dat ik nog wel eens zou zien als ik vier mensen tegelijk molde,
in plaats van mij gewoon voor te houden dat ik niet één doch vier

pekelzonden tegen de voorschriften had bedreven en niet één die viermaal gehonoreerd werd. In elk geval heb ik als een gek gereden, met luid
gegier van banden aan iedere straathoek, gevolgd door een vervaarlijk
gekraak in de versnellingsbak, of ik door zo'n druk gedoe de tijd
380 beschamen kon en wat gebeurd was weer ongedaan maken. De een-
richtingverkeersborden aan vele hoeken ten spijt, joeg ik het karretje als
een idioot door de smalle bochtige straatjes van het Schipperskwartier,
waar de meiskens op hun uitkijkpost bij het venster opschrokken, en
stopte tenslotte met gillende remmen bij 'The Golden Mermaid'.
385 Vreemd! Alles bleek er volkomen rustig. Waarschijnlijk had het parket
reeds zijn sinistere taak beëindigd?
Ik legde de hand op de ijskoude deurknop en voelde mijn adem
stokken. De juke-box brulde hemeltergend. Hij stokte voor de tweede
keer, en ditmaal scheelde het niet veel of het was voorgoed, terwijl ik,
390 duizelend als een juffrouw in de menopauze, naar binnen strompelde. In
het aureool van haar etherische, blonde schoonheid stond zij ongedeerd
achter de tapkast en poetste met toewijding de glazen schoon. Ik
overlegde opeens dat zij een uitstekende huishoudster moest zijn. Op
datzelfde ogenblik zag ik de gorilla die mij zo deerlijk had toegetakeld
395 maar thans vreedzaam een glaasje bier tot zich nam. Er ontwaakte een
ijzige rust in mij. Ik ging naar hem toe en zei: 'Hou je klaar, want ik heb
behoorlijk het land aan je!'
Meteen porde ik hem met de linkervuist zo stevig in de maag dat hij
voorover stuikte zodat ik hem met een rechterhoekslag keurig kon
400 opvangen. Het was nochtans niet dadelijk een schoolvoorbeeld van een
technical k.o. Hij bleek namelijk te zwaar om hem volgens de klassieke
voorschriften van de kunst der zelfverdediging tegen de vlakte te
counteren, doch ik voelde mij niettemin bijzonder prettig toen hij slagzij
maakte, met een doffe plof op de vloer terechtkwam en zijn dikke kop
405 tegen de tapkast bonsde. Ik stapte over hem heen met het gevoel dat
Caesar bij de Rubicon overviel: alea jacta est.
De engel kwam glimlachend naar me toe, net of ik hoegenaamd geen
brokken had gemaakt. Ik voelde dat ik er bleekjes uitzag. Was zij soms
één van de vrouwen die met geweld moeten veroverd worden? Dat moest
410 dan maar even wachten! Ik haalde mijn krant te voorschijn (mijn vingers
beefden zo hard dat ik hem nauwelijks kon vasthouden) en stopte hem in
haar handen.
'Ik weet het,' zei ze rustig (heerlijke altstem die al die tijd in mijn
onderbewustzijn was blijven nazingen!). 'Ik weet het al van daarstraks.
415 Eerst dacht ik dat u mij een poets wilde bakken, meneer Heuvelmans,
maar nu moet ik wel geloven dat het een vergissing is...'
'Een vergissing?' stamelde ik, 'een vergissing? En hoe ken jij... Hoe
kent u mijn naam...?'
Zij vouwde het dagblad open en hield mij de middenbladzijde voor. Ik
420 las eveneens geblokletterd: 'De nieuwe roman van Christina Huydecooper: een meesterwerk?' Het duurde even, vooraleer ik mij er rekenschap van gaf, dat het mijn kritiek was.

'Dat vraagteken neem ik u kwalijk. Daar praten we nog over! Kijk nu naar de foto. Ik veronderstel, dat men de clichés verwisseld heeft,
425 begrijpt u?'

In mijn tekst kwam inderdaad het portret voor van een jonge vrouw met een vrij gemeen gezicht, die er niet als een talentvolle romanschrijfster uitzag doch zich veeleer in een bordeel op haar gemak moest voelen.

'De foto's verwisseld...? Neen, dan begrijp ik het nog niet... In de
430 drukkerij kan men de zaken natuurlijk in de war schoppen en het ene cliché voor het andere nemen. Maar dat verklaart hoegenaamd niet wat uw portret in *Het Avondnieuws* komt doen!'

Ik voelde mij door het thans merkbaar wegebben van de spanning verschrikkelijk moe en het leven kwam mij als afschuwelijk ingewikkeld
435 voor. Stilzwijgend aanvaardde ik de royaal geschonken borrel die iemand mij op een bordje eerbiedig aanbood: het was de gorilla, minder grondig gemolesteerd dan het mij in mijn overmoed was voorgekomen. Het leven gunde ik hem trouwens wel.

Ik dronk. Zij legde haar frisse hand op mijn gloeiende, klamme hand en
440 van heel diep uit mijn binnenste steeg er door haar lief gebaar een nameloze gelukzaligheid in mij op. Ik wist dat er mij iets zeer belangrijks overkwam, doch wilde er vooralsnog geen naam aan geven, wat misschien inderdaad op een beklagenswaardige frustratietoestand wees. Zij insisteerde op de toon waarmede men tot een kind spreekt:
445 'Ik zei dat men de portretten verwisseld heeft. Verwisseld, begrijpt u, meneer Heuvelmans? De vrouw van op de vierde bladzijde moest op de eerste, en die van de eerste op de vierde bladzijde staan.'

'Ja,' zei ik verward, 'ja, dat zal wel, vermits u het mij zegt.' In de juke-box zong Charles Trenet en ondanks de regen op de ruiten was de gelagzaal
450 eensklaps vol zon. En dan is alles mij opeens duidelijk geworden. Later heeft ze mij verteld dat ik wel een minuut lang als een gek heb staan lachen. Tenslotte stamelde ik: 'Dan bent u...?'

'Christina Huydecooper... Inderdaad. – Ja, gaat u even zitten. Een paar weken geleden kreeg ik een brief van mijn uitgever – die trouwens ook de
455 uwe is, zo ik mij niet vergis...'

'Stil,' viel ik haar in de rede, 'stil, zeg niets. Laat mij het vertellen. ...*Onze letterkundige adviseur, dr. S.C.H. Rijfmaar is van oordeel, dat een havenstad als Antwerpen stof in overvloed moet bieden en wij verzoeken u bijgevolg*... Goed geraden?'
460 Zij bloosde en kneep zacht in mijn hand. ' "Fleurs de rocaille".' Dan keek zij mij schuldig aan.

'Blijkbaar waren wij precies hetzelfde van zins, meneer Heuvelmans. Maar een vrouw kan zomaar geen borrel gaan drinken in een zee-manskroeg, begrijpt u? Toen bleek het dat ik een baan in "The Golden
465 Mermaid" kon krijgen... Neen, niet wat u denkt: het was een heel fat-soenlijke baan.' En met een terecht wat gegeneerd knikje in de richting van de gorilla voegde ze er aan toe: 'U hebt trouwens zelf gemerkt dat ik voor een uitstekende lijfwacht heb gezorgd...!'

Ik pikte niet dadelijk aan bij deze voor mij wat pijnlijke toelichting, doch

470 niettemin werd ik plots overmoedig, zodat ik vergat dat we elkaar nog niet tutoyeerden zoals de eerste keer. Zonder commentaar wat de lijfwacht betreft antwoordde ik:

'Ik heb je een engel genoemd. Zal ik het er maar bij houden? En ik heb gezegd dat je mooi bent, Christina. Je bent de mooiste vrouw die ik ooit
475 ontmoet heb. Ik wist niet dat er door zulke mooie vrouwen boeken werden geschreven. Goede boeken, bedoel ik. Wij hebben elkaar nog een boel te vertellen. Ik weet een heerlijk Grieks restaurant, hier vlak in de buurt. Daar kunnen wij rustig praten. Een tweede maal laat ik er mij niet meer uittrappen.'

480 Zij antwoordde niet, doch ik wist dat ze mijn invitatie aanvaardde. 'Beware, my foolish heart beware,' speelde de juke-box.

Nu zouden jullie natuurlijk graag het vervolg van het verhaal kennen. Maar jullie hoeven niet alles te weten. Er zijn dingen die zelfs een schrijver niet aan een ieders neus hangt. Wat wij na het etentje nog
485 hebben uitgespookt toen we gezelligheidshalve bij mij thuis koffie zouden drinken, moet je als je het niet laten kunt maar bij dokter Van de Velde of zo naslaan. Voor variaties heeft onze generatie wel wat tijd nodig. Om misverstanden te voorkomen die Christina's goede naam zouden schaden, echter het volgende. Wij zijn veertien dagen geleden
490 getrouwd. Andreas is mijn getuige geweest. De gorilla de hare. Onder ons gezegd en gezwegen: wat een vrouw!

---

1 *intreden* to set in
ijle nevel thin mist
2 *een tafzijden vlies* a silken film
overtrekken to cover (inseparable prefix)
3 *op slot draaien = op slot doen* to lock
4 *zichzelf er op betrappen te grinniken* to catch oneself chuckling
5 *zich aanschaffen* procure
6 *kriebelde prettig in mijn nek* pleasantly tickled my neck
8 *gloednieuw = splinternieuw* brand new
duffel-coat duffle-coat, made of a coarse woolen material (English word, but the name comes from the town of Duffel, south of Antwerp)
10 *profijtig* (Flemish) = *zuinig* economical
verlicht lighted (modifies *straatjes*)
11 *klimmend en dalend* going up and down (modifies *straatjes*)
de topografische gesteldheid van de bodem topography of the ground
12 *mijner moederstad = van mijn moederstad* of my native city
13 *een handvol moerasbewoners...gelegd* a handful of marsh-dwellers established, along with the foundations of the City of Antwerp on the banks of the Schelde, the basis for an intensely flourishing night life
14 *Civitas Antverpiensis* (Lat.) the city of Antwerp (as on coat of arms)
aan de boorden van = aan de oevers van on the banks of
16 *zo heb ik mij tenminste laten wijsmaken* at least so I was led to believe
19 *de neonbuis* fluorescent tube
zo nodig if need be
21 *ik geef de voorkeur aan* I prefer
23 *het vensteropschrift* writing on the windows (i.e., the names of the restaurants, stores, and bars displayed on the windows)
24 *aanspreken* to appeal to
26 *met opgetrokken schouders* with their shoulders hunched up
27 *een eind* a little ways
29 *en kon ik...?* (note that this begins a question)
30 *nikkers* negroes (pejorative)
van de 'Mare del Plata' of zo from the 'Mare del Plata' or some other ship
32 *deelachtig worden* to share in
34 *om mijn gezicht...te trekken* to assume a tough, somewhat blasé expression on my face

35 *een trouwens overbodige voorzorg* actually a superfluous precaution

36 *acht slaan op* to pay attention to

38 *zich afspelen* to be enacted

39 *in strijd met* quite the contrary to

40 *het ging er keurig toe* it was quite orderly there (the verb *toegaan* means 'to happen' or 'to be going on')

40 *omwassen* to wash (out)

42 *mijn zwartjes* my black friends (note the use of the diminutive both here and in the next line: *een paartje* a couple)

44 *een gesprek voeren* to carry on a conversation
uit de kluiten gewassen strapping

45 *smörebrödklanken* 'smorgasbord-sounds'; Scandinavian way of talking
uit ... opmaken to conclude from ...

47 *de binnenschipper* skipper of a river boat
een partijtje klaverjassen to have a game of cards (specifically the game called '*klaverjas*')

49 *van de wijs brengen = in de war brengen (maken)* to upset
opgedirkt dolled up

50 *wegens = vanwege* on account of
gebrek aan lack of

54 *aanhouden* to keep on, wear
het bleven niettemin nevertheless they'd be (cf. *het zijn* they are)

55 *hoe dan ook* anyway
het ging er heel wat Spaanser toe it was a lot wilder (cf. *het ging er keurig toe* in line 40)

57 *of ik er ... hoopte in te vinden* = note that this is *erin* and not *invinden*; *er ... hoopte in te vinden* instead of *er ... in hoopte te vinden* is Flemish style

58 *voor de dag halen* to take out

59 *een gemelijke grijns* a peevish grimace

60 *derhalve* consequently
wij zouden...te kunnen brengen we would like to be able to include a new novel of yours in next fall's catalog

62 *van oordeel zijn* to be of the opinion

63 *de stof* material (for a book, or for clothing; note: *het stof* dust)
uw gedachten te laten gaan over to think about

65 *de maatschappelijke zelfkant* dregs of society

67 *vervloeken* (transitive) to curse, damn (cf. *vloeken* (intransitive) to curse, use foul language)
het voorschot advance (payment)

69 *althans* at least

69 *zich voornemen* to resolve

72 *eensklaps geboeid* suddenly enthralled

73 *een spannende jurk* a tight (fitting) dress

74 *het gatje* behind (vulgar)
staat afgetekend is outlined

79 *trek hebben in...* to feel like having...

80 *er was nu eenmaal iets aan haar* there was just something about her

82 *waar ik mijn bijdragen uit mijn duim had zitten zuigen* where I had been making up (i.e., inventing) my contributions

84 *vertederd* with a tender feeling

85 *stomp voorwerp* blunt object

86 *maar die toch aardig aankomt* but that nevertheless leaves an agreeable feeling

87 *Feuilles Mortes* (French) Dead Leaves

88 *kitscherig* (from German *Kitsch*) oversentimental and in poor taste

92 *ik graaide mijn moed samen* I screwed up my courage
als door de wol geverfd in de kroegen van Sjanghai as if I'd been brought up in the bars of Shanghai

95 *een tikje spottend* with a trace of mockery
zich rekenschap geven van to appreciate fully

98 *hoegenaamd geen aanstoot* absolutely no offense

104 *Elseviers Weekblad* a weekly paper

105 *innemen* to captivate

106 *het verlengde* extension
moordbenen fantastic legs (the slang prefix *moord-* indicates strong approval)
doordenken to reflect on

107 *ik houd ze niet voor zo onvolwassen, dat...* I don't regard them as being so immature that...

108 *er op nahouden* to have (a custom)

109 *uitdagende gebaren* provocative gestures

116 [*het*] *zal wel gaan* it'll be o.k.

124 *thuishoren* to belong

125 *er uit flappen* to blurt out

127 [*een*] *pracht van een schuit* a splendid boat
doordraven to run on (at the mouth)
en een vaart dat die maakt and, man, is it ever fast

131 *dat zal wel niet* probably not (i.e., no

doubt I don't really know how fast the boat is)

132 *het Kanaal*   the English Channel

134 *dat ik van kleur verschoot*   that I turned pale
ik hield mij kranig   I put up a good front

135 *de haven zit er mee volgepropt*   the harbor is full of them

137 *uitermate achterdochtig*   extremely suspicious

139 *op dreef brengen*   to start up

142 *Ben Traven*: author of popular mysteries
dat is er een   he's one of those people

144 *op de dool(weg) geraken*   to go astray

145 *een geeuw onderdrukken*   to suppress a yawn

154 *je hebt te veel op*   you've had too much (to drink)

161 *ik houd je voor een engel*   I think you're an angel

162 *boosaardige spotlust*   malicious love of mockery

163 *ik liet mij niet uit mijn lood slaan*   I didn't allow myself to be thrown off balance

164 *in mensengedaante*   in human form

166 *de gewone sterveling*   the ordinary mortal

167 *om zeep gaan*   to die (*om zeep helpen (brengen)*   to kill)

174 *een tent in de havenbuurt*   a bar near the docks (this use of *tent*, meaning bar, restaurant, etc., is slang)

175 *schijnt uit de haak*   doesn't seem right (*haaks*   vertical)

176 *magisch-realisten:* Lampo here relishes a bit of tongue-in-cheek self-advertisement (as he does again in line 360 in referring to his own novel); 'magical realism', a term borrowed from painting, is a literary school propagated and written abour (*De zwanen van Stonehenge*) by Lampo himself
ik krijg er de pest van in   I get a pain in the neck from it (cf. *ik heb de pest in* that is a pain in the neck; in many expressions *hebben* denotes a state, and *krijgen* the onset of the state: *honger hebben* to be hungry, *honger krijgen* to get hungry; *gelijk hebben* to be right, *gelijk krijgen* to turn out to be right)

180 *wat voor eentje jij er bent*   what kind of guy you are
de enen...de anderen...   some...others...

183 *met zedepreken enteren*   to detain with moralizing sermons

185 *een verongelijkte toon aanslaan*   to act as though your feelings are hurt

187 *de heilsoldaat* Salvationist (*Leger des Heils*   Salvation Army)
het loopt daar meestal op uit   it usually leads to that

190 *beschamen*   to let (someone) down

191 *nameloos verlaten*   unspeakably forlorn

192 *van Breskens naar Vlissingen*: i.e., the 6 or 7-km ferry ride across the Westerschelde

193 *het kan mij niet schelen*   I don't care; it makes no difference to me

194 *je hoeft je over mij niet druk te maken*   you needn't get all excited about me

196 *ik weet mijn weetje wel*   I know what's what
ik voel mij er best bij   I feel pretty good about it

207 *het ruggemerg*   spinal marrow (here: spine)

208 *in 't holst van de nacht*   in the dead of night (*hol* hollow)

209 *de onderste vestknoop*   the bottom vest button

212 *de pet in de nek*   his cap far back on his head
de buik vooruit   his stomach sticking out
had ... het ... over   was telling about (here, of course, referring to the words of his song)

213 *zijn ganse leven = zijn hele leven*

214 *eigengereide tante*   stubborn babe

215 *beetpakken*   to grab, seize

216 *een linkse directe in zijn maagstreek plaatsen*   to land a left to his midriff

219 *in bijzonderheden treden*   to go into details
bij voorkeur   preferably

220 *moge het volstaan te vermelden*   let it suffice to report

222 *als een yogi aan lagerwal*   like a yogi fallen on hard times

223 *koos de wijste partij*   took the wisest course

224 *Onze-Lieve-Vrouwetoren*: the cathedral tower on the market square in Antwerp

230 *grondig verafschuwen*   to loathe thoroughly
knoeien met   to mess about with

231 *de laatste hand leggen aan*   to put the

finishing touches on

233 *vatbaar voor* susceptible to

234 *de draad kwijt zijn* to lose track of things

236 *aansprakelijk stellen voor* to hold responsible for
het prul trash (*prullenmand* wastepaper basket)
zich opstapelen to pile up

238 *vergrijsd in het vak* grown gray in the profession
nou ja... well... (i.e., 'of course you realize that word *vergrijsd* was an exaggeration!')

240 *de snertroman* worthless novel (*snert-* is a prefix meaning 'of no value', but *de snert* is 'pea soup')

241 *secreteren* to secrete, exude

249 *ik sta in een goed blaadje bij ze* I'm in good (standing) with them

250 *een maagdelijk vel papier* a blank (lit.: virgin) sheet of paper

253 *zich tot in het merg van zijn ziel gekrenkt voelen* to feel hurt to the very depth of one's soul (*merg* marrow)

256 *kwam binnenvallen* dropped in

257 *de laatste roman* the most recent novel

259 *opschieten* to make progress
daar niet van that wasn't the reason (why I wasn't progressing)

261 *het was hieraan te wijten* it was because of this

260 *het viel mij moeilijk* I found it difficult
naar behoren = *zoals het (be)hoorde* properly

262 *doordringen tot* to penetrate

263 *maar terzake* but to get to the point

265 *het pond* pound (in the Netherlands and Belgium this means 0.5 kg; 180 *pond* would be 90 kg, or about 198 lbs. in the English system)
grijnsde zijn buitenmaats gebit bloot the grinned exposing his oversized set of teeth (the separable verb *blootgrijnzen* apparently invented by Lampo here)

267 *allemachtig lang geleden* long time no see
wat heb jij de laatste tijd uitgespookt? what sort of mischief have you been up to lately?

273 *een zwaar karwei* a tough job

274 *stellen het opperbest* are getting along superbly

275 *het tweespan* a pair of (matched) horses (*nog zo'n tweespan maken*: an

unprofessional reaction to the mother's attractiveness)

277 *op mijn hoede* on my guard
de doortastendheid energy, tendency to jump into action

280 *lekker als kip* fit as a fiddle (often *kiplekker*)

282 *ging er breeduit bij zitten* proceeded to lean back confortably (*breeduit* has the connotation of 'spraling')

284 *nijdige tik* nasty rap
omhoogwippen to spring up, fly up

286 *meesmuilen* to grin mischievously (inseparable verb)

288 *gedegouteerd* disgusted (formed from the French verb *dégoûter*)

290 *hij lijkt sprekend op* he's the very image of
op hol geslagen runaway

293 *er vielen...waar te nemen* could...be observed (another example of this *er valt...te* + inf. construction is: *er valt niets over te zeggen* nothing can be said about it)

295 *zich uitspreken over* to give an opinion (verdict) about
vliegend flerecijn (Flemish): a nonstandard expression apparently meaning something like 'galloping rheumatism'

300 *loop naar de pomp!* go to blazes!

302 *dat er wat aan de hand is* that there's something amiss

305 *opvatten* to develop, conceive

306 *erin slagen te* + inf. to succeed in - - - ing *met de gebraden (gebakken) peren zitten* to be stuck with the result

308 *het heeft met verliefdheid te maken* it has something to do with love

309 *zijn betrokken gelaat* his clouded face

312 *stiekeme duikelaar* you sneaky reacal (he apparently has in mind the expression *slome duikelaar* 'drip, loser')

313 *dáár zit het hem!* that's the trouble!

315 *weet ik veel* how should I know

316 *(een recept) schrijven* to write out (a prescription)

317 *tot klaarheid komen* to think things through

319 *zich aanbevelen* to offer one's services

321 *naroepen* to call after, holler at

323 *waar haalt hij het vandaan?* where does he get that idea?

329 *vrijaf hebben* to have a day off

er kwam niet veel van terecht nothing, much came of it

332 *die ezel van een Andreas* that jackass Andreas

dat mispunt that louse

336 *stoppen* to fill (a pipe)

339 *fijne halfzware [shag]* fine-cut tobacco for rolling cigarettes

340 *zulks* the latter

341 *al te beschamende zetfouten* overly embarrassing misprints

342 *was beland* had ended up

zichzelf wijsmaken to delude oneself

in de grond basically

343 *het is er mij om te doen, het kinderlijke plezier te beleven* my object is to experience the childish pleasure

346 *het uitstalraam* (Flemish) = *de etalage* show-window

348 *de gewaarwording* feeling, sensation

349 *een vette titel* a caption in boldface

350 *de lustmoord* sex-murder (note the preposition: *moord op* murder of)

351 *aandacht schenken aan* to pay attention to

ware er de foto niet geweest = als er de foto niet was geweest if the photograph hadn't been there (*ware*, the past subjunctive of *zijn*, is seldom used in spoken Dutch)

354 *gans het zonnestelsel = het hele zonnestelsel* the whole planetary system

356 *mijn knieën knikten* my legs gave way

357 *ik wist dat Andreas het gisteravond ... (voorzien had?)*

359 *mijn keel zat toegeschroefd* I couldn't swallow

360 *hijhad het op ... gemunt* he had it in for ...

Joachim Stiller (this refers to the author's own novel *De komst van Joachim Stiller*; Stiller is hit by a truck and killed in the closing pages of the book)

363 *het portier* (car) door (note: *de portier* doorman)

364 *de motor trok zich op* the motor accelerated (in the following line: *de mist begon op te trekken* the fog began to lift)

365 *stilaan* (Flemish) = *langzamerhand* gradually

366 *tot driemaal toe* no less than three times

367 *ofschoon het mij pas duidelijk is geworden, toen ik...* although it didn't become clear to me until I...

370 *weigerde pertinent* flatly refused

371 *in kennelijke staat van dronkenschap* in an obvious state of intoxication

372 *staande houden* to maintain, insist

373 *de agent van dienst* the police officer on duty

der Principienreiter (German; modern spelling *Prinzipienreiter* stickler for principles

374 *dat ik nog wel eens zou zien* that sometime I'd see

mollen do (someone) in

378 *gegier van banden* screeching of tires

vervaarlijk gekraak in de versnellingsbak awful cracking sound in the gear box

379 *of ik door zo'n druk gedoe de tijd beschamen kon en wat gebeurd was weer ongedaan maken* as if such frenetic activity could confound time and undo what had happened

380 *de borden ten spijt* despite the signs

381 *jagen* to urge on

382 *Schipperskwartier* The Captains' District

385 *het parket* the investigative team (from the Ministry of Justice)

387 *ik voelde mijn adem stokken* I felt my breathing stop

391 *het aureool* halo (usually *de aureool*)

395 *nam een bier tot zich* was having a beer

hou je klaar get ready

396 *het land aan iemand hebben* to hate someone

399 *vooroverstuiken* (Flemish) to topple forward

402 *de kunst der zelfverdediging* the art of self defense

tegen de vlakte te counteren to knock (him) down (to the ground)

403 *slagzij maken* to keel over

404 *op de vloer terechtkwam* ended up on the floor

406 *overvallen* to come over

alea jacta est (Latin) the die is cast

407 *net of ik hoegenaamd geen brokken had gemaakt* just as if I hadn't caused any casualties at all

408 *bleek* pale (*bleekjes* palish)

414 *was blijven nazingen* had kept on echoing

van daarstraks about [what happened] just then

415 *een poets bakken* to play a practical joke on

420 *eveneens geblokletterd* also in block letters (i.e., in large headlines similar to those used in the *vette titel* proclaiming the sex-murder in line 349)

421 *rekenschap geven van* to realize the importance of

423 *kwalijk nemen* to resent (*neem me niet kwalijk* I beg your pardon, excuse me)

424 *het cliché* plate (for a photograph)

428 *zij moest zich op haar gemak voelen* she ought to feel at home

430 *in de war schoppen (brengen)* to make a mess of things

442 *vooralsnog* as yet, for the time being

446 *moest staan* ought to have been

448 *vermits* (Flemish) inasmuch as

456 *in de rede vallen* to interrupt

462 *hetzelfde van zins* of (one and) the

466 *gegeneerd* embarrassed (the second 'g' is pronounced as the 's' in 'pleasure', since it is derived from the French verb *gêner*)

467 *voegde ze er aan toe* she added

468 *zorgen voor* to arrange for

469 *aanpikken* to react

471 *elkaar tutoyeren* to say 'jij' to each other (from the French verb *tutoyer*, meaning to sat '*tu*' to each other)

473 *het er bij houden* to stick to it

482 *jullie*: the readers are being addressed here

484 *aan de neus hangen* to tell

485 *gezelligheidshalve* for the sake of conviviality

486 *Dokter Van de Velde*: T.H. van de Velde, author of *Het volkomen huwelijk*, which appeared in English as *Ideal marriage, its physiology and technique*

Rondeel[1]

Een avond die smaakte naar water
en geurde naar pasgemaaid[2] gras
en een jongen komt zorgeloos nader
alsof er geen later was
door de dreef[3] met haar gotisch geblaarte[4]
naar de hoeve[5] waar moeder was
een avond die geurde naar water
en smaakte naar pasgemaaid gras.

En de hemel was blauw bloeiend vlas[6]
en koud golvend graan[7] was de aarde
en de man voor altijd je vader
was geen dubbelganger[8] van later
toen de avond smaakte naar water
en geurde naar pasgemaaid gras.

-- Willy Spillebeen (1932)

1 rondeau
2 freshly mowed
3 country lane
4 foliage
5 farmstead
6 blooming flax
7 waving grain
8 double

Stories

Simon Carmiggelt, 'Etentje'
Welverdiende onrust, De Arbeiderspers, Amsterdam (1982)

Manuel van Loggem, 'De oertijd voor het venster'
De oertijd voor het venster, De Bezige Bij, Amsterdam (1966)

Kees van Kooten, 'broek'
De ergste treitertrends, De Bezige Bij, Amsterdam (1980)

Renate Rubinstein, 'Jaloezie'
Namens Tamar, Querido, Amsterdam (1967)

Marga Minco, 'Iets anders'
Verzamelde verhalen, Bakker, Amsterdam (1982)

Marnix Gijsen, 'De E.B. en Clara-Serena'
Overkomst dringend gewenst, Boekenweek 1978

Gerrit Krol, 'De woonwagen'
Halte opgeheven en andere verhalen, Querido, Amsterdam (1976)

Maria Dermoût, 'Dit is het verhaal van Oji'
Verzameld werk, Querido, Amsterdam (1970)

Adriaan Venema, 'De schim'
Plot, Elsevier, Amsterdam/Brussels (1980)

Hannes Meinkema, 'Gast aan tafel'
Nieuwe verhalen, Boekenweek 1981

Jules de Palm, 'Socotoro'
Antiya, De Bezige Bij, Amsterdam (1981)

Roger van de Velde, 'Spijtig voor het kind'
De slaapkamer, Manteau, Brussels/The Hague (1967)

Maarten 't Hart, 'Mammoet op zondag'
Mammoet op zondag, De Arbeiderspers, Amsterdam (1977)

Ferdinand Bordewijk, 'Telegrammen'
De aktentas, Scheltema & Holkema, Amsterdam (1958)

Hubert Lampo, 'De engel en de juke-box'
De engel en de juke-box, Meulenhoff, Amsterdam (1978)

Poems

Leo Vroman, 'De reiger en de vis'
Huis en tuin, Querido, Amsterdam (1979)

Karel Soudijn, 'Schoonmaak'
Het kruidenboek, Amsterdam (1970)

Hendrik Marsman, 'Herinnering aan Holland'
Verzameld werk, Querido, Amsterdam (1963)

M. Vasalis, 'Afsluitdijk'
Parken en woestijnen, Van Oorschot, Amsterdam (1961)

Willy Spillebeen, 'Rondeel'
Dietsche Warande en Belfort, Vol. 127 (April 1982)

In order to increase the clarity and pedagogical usefulness of the Vocabulary, grammatical information is presented according to the conventions listed below. The references to *'Introduction'* are to W.Z. Shetter, *Introduction to Dutch*, 5th or subsequent editions, or to equivalent chapters in other elementary grammars.

Adjectives are listed in the uninflected form. Inflected forms are understood to follow the orthographical changes as outlined in *Introduction* Ch. 2. When the uninflected form of an adjective may also be used adverbially, the latter form is not separately listed.

If a noun has a regularly formed plural in *-en*, the plural form is not listed. The orthographical changes (see above) are understood to apply. If a noun ends in *-heid* and a plural exists, this is understood to end in *-heden*. The plural of all diminutives in *-je* is understood to be *-s*. All other plurals are listed, unless the plural is rarely or never used. Most neuter nouns that are simply the infinitive of a verb are not separately listed.

Those numbers that happen to occur in the stories are listed, with the exception that compound numerals (e.g. *vijfenveertig*) are not given separately. For numbers see *Introduction* Ch. 11.

The principal parts of strong and irregular verbs are supplied. For a survey of these, see *Introduction* Ch. 14 and 15. All other verbs are understood to be weak, for which see *Introduction* Ch. 13. The word *is* before the past participle of strong verbs indicates that normally the auxiliary *zijn* is used in the perfect tenses. For other verbs, *(is)* is given after the infinitive. For the use of the auxiliaries *hebben* and *zijn*, see *Introduction* Ch. 14.

Verbs with separable prefixes are labeled '(sep.)' for weak verbs and '(sep. str.)' or '(sep. ii.)' for others. In the latter two, the principal parts of the verb are listed under the uncompounded verb. For separable prefixes, see *Introduction* Ch. 19.

The place of the stress is indicated, in a few potentially troublesome or misleading instances, by a line under the stressed vowel. Stress is indicated on the stem vowel of those verbs in which the prefix *aan-, onder-, over-*, or *voor-* happens to be inseparable. The stress shift that accompanies some types of derivation (e.g. *a̲andacht—aanda̲chtig*; *u̲itsteken—uitste̲kend*) is indicated. See *Introduction* Ch. 28. Help is given with an occasional orthographical ambiguity created by the letter *-e-* in open syllable, most commonly in verbs in *-eren*. In a variety of other miscellaneous instances, stress is indicated where experience suggests a reminder is appropriate.

The entry (g = zh) is a reminder that the letter *g* in a particular foreign word has the sound of *g* in *beige* or *s* in *measure*.

A

aan at, on; *hij was ~ het eten* he was eating

aan: ~ hebben to wear, to have on

aanbellen (sep.) to ring the doorbell

aanbevelen (beval - bevalen aan, aanbevolen): zich ~ to offer one's services

aanbieden (sep., str.) to offer, present

de aanblik sight, appearance

aanbreken (is) (sep., str.) to break

aanbrengen (sep., irr.) to bring in, install, place

de aandacht attention: *~ schenken aan* to pay attention to

aanda̲chtig attentive

aandoen (sep., irr.) to affect

de aandrang impulse

aandringen op (sep., str.) to insist

aangaan (sep., str.) to concern, be appropriate, take on, go on

aangeschoten tipsy

aangezien in view of the fact that

aangrijpend poignant

aangroeien (is) (sep.) to expand

aanhangen (sep.) to hang on

aanha̲nkelijk attached

aanhouden (sep., str.) to keep on, arrest, stop, hail (taxi)

aankijken (sep., str.) to look at

aanklampen (sep., str.) to accost

aankomen (is) (sep., str.) to arrive, come, approach

de aankomst arrival

aankondigen (sep.) to announce

aanleggen (sep.) to arrange

de aanloop running start

aanlopen (is) (sep., str.) to drop in

aanmerken op (sep.) to find fault with

aannemen (sep., str.) to accept, assume

aanpakken (sep.) to attack, approach

aanpikken (sep.) to seize hold

aanraden (sep., str.) to advise

aanraken (sep.) to touch

de aanraking contact

het, de aanrecht kitchen counter (including sink)

aanschaffen (sep.) to acquire

aanslaan (sep., str.) to strike (a note)

aanspr̲akelijk responsible; *~ stellen* to hold responsible

aanstaan (sep., str.) to be on

aanstaand forthcoming

aanstaren (tegen) (sep.) to stare at

aanstellen (sep.): *zich ~* to carry on, show off

aanstonds right away

de aanstoot offense

het aantal number (of)

aantekenen (sep.) to mark, note

aantreffen (sep., str.) to come upon, encounter

aantr̲ekkelijk attractive

aantrekken (sep., str.) to put on, pull on

aanva̲arden to accept

aanva̲nkelijk initial

aanvoelen (sep.) to feel, sense

aanvragen (sep., irr.) to request

aanvullen (sep.) to replenish

aanwaaien (heeft, is) (irr.) to blow towards (someone)

aanw̲ezig present

de aanw̲ezigheid presence

aanwijzen (sep., str.) to designate

aanzetten (sep.) to turn on

aanzien (sep., str.) to look at

de aap monkey

de aardappel, -en, -s potato

aardig nice, considerable; *~ voor* nice to; *iemand ~ vinden* to like someone

aarzelen to hesitate

abrupt sudden

de Academie academy, university

accepter̲en to accept

ach oh

de acht attention; ~ *slaan op* to pay attention to

acht eight

achteloos casual, careless

achten to pay attention to

achter behind; ~ *haar om* around behind her; ~ *mij aan* along behind me; ~ *iemand (iets) aan zitten* to pursue someone (something); ~ *in de gang* further back in the hallway

achteraf after the fact, after the event

achterbaks deceitful

het achterbalkon, -s rear balcony

de achterbank back seat

achterblijven (is) (sep., str.) to be left behind

achterdochtig suspicious

de achtergrond background

het achterhoofd back of the head

achterhouden (sep., str.) to conceal

het achterhuis back part of the house

de achterkant back

achterlaten (sep., str.) to leave behind

achternakomen (is) (sep., str.) to follow

het achterom: a passage from the backyard to the street

achteromkijken (sep., str.) to look behind

achterover: ~ *zitten* to sit leaning backwards

achterovergekamd combed straight back

achteroverleunen (is) (sep.) to lean back

achteruit backwards

achterwaarts backwards

achttien eighteen; ~ *-karaats* 18-carat

de adem breath

ademen to breathe

de ader, -s, -en vein

de adolescentenfantasie, -s adolescent fantasy

het adres adress

adviseren to advise

af down; *de trap* ~ down the stairs; *op me* ~ toward me; ~ *en toe* now and then; *eraf zijn* to be rid of it

de afbeelding picture

afbouwen (sep.) to finish (building)

de afdeling department

afdraaien (heeft, is) (sep.): ~ *van* to turn away from

afdrogen (sep.) to dry (off)

afgeroomd skimmed

afgesleten worn out

afgetekend outlined

afgeven (sep., str.) to turn in

de afgunst envy

afhalen (sep.) to go and get

afhankelijk (van) dependent (on)

afkoken (sep.) to boil (the wash)

de afkomst origin

afleiden (sep.) to distract

afleveren (sep.) to deliver

de aflevering episode

aflikken (sep.) to lick clean

de afloop result

aflopen (is) (sep., str.) to finish, come to an end

afmaken (sep.) to finish

afraffelen (sep.) to rush through

afruimen (sep.) to shield

de afschuw revulsion

afschuwelijk horrible

afsluiten (sep., str.) to close off

afsnijden (sep., str.) to cut off

afspelden (sep.) to pin

afspelen (sep.): *zich* ~ to take place

de afspraak arrangement

afspreken (sep., str.) to make an arrangement; ~ *met* to make a date with

de afstand distance

afstandelijk distant

afsteken tegen (sep., str.) to contrast to

aftakelen (is) (sep.) to wear out

aftrekken (sep., str.) to pull off

afvaren (is, heeft) (sep., str.) to sail

afvegen (sep.) to wipe (off)

afvragen (sep., irr.): *zich* ~ to wonder

afwachten (sep.) to wait

de afwas dirty dishes

afwassen (sep., irr.) to do the dishes

afwegen (woog af, afgewogen) to weigh

afwenden (sep.) to turn away, avert; *zich* ~ to turn away

afweten (sep., irr.) to know

de afwezigheid absence

de afwijking deviation

afwijzen (sep., str.) to refuse

de afwijzing refusal

afzetten (sep.) to turn off

afzien (sep., str.): ~ *van* to forego

afzienbaar foreseeable

afzoeken (sep., irr.) to go through (systematically)

afzonderen (sep.): *zich* ~ to isolate oneself

de agent policeman, officer; ~ *van dienst* officer on duty

aha aha

het akkoord chord

de aktentas briefcase

al although; *ook* ~ even though; ~ *dan niet* whether or not

al already; ~ *eens meer* ever before

al all

alarm alarm; ~ *slaan* to sound the alarm

de alcohol alcohol
aldoor the whole time
aldus thus, in this way
algemeen general
alhoewel = hoewel
alla very well
allang for a long time
alle all
allebei both
alledag every-day
alleen alone, only, just; ~ *maar* only
allemaal all (of them); *dat* ~ all of that
allemachtig damned
alleraardigst extremely nice
allereerst very first, first and foremost
allerminst not a bit
alles everything; *dit* ~ all of this
allicht easily, no doubt
de almanak university catalog
als if, as if, when, whenever; as, like
alsnog even now
alsof as if
alstublieft please
althans at least, at any rate
altijd always; ~ *weer* again and again
de altstem alto voice
alvast meanwhile, at the same time
alweer already, again
de ambitie, -s ambition
de ambivalentie, -s ambivalence
het ambt office
de ambtenaar, -en, -s official
de ambtenares (woman) civil servant
Amerika America, The United States
de Amerikaan American; *de Amerikaanse* American woman
ander other, another; *de ene na de andere* one after another; *een of andere reden* some reason or other; *anderen* other people
anders otherwise, different; *iets* ~ something else; *als* ~ as usual; *dan* ~ than usual(ly); ~ *dan* different from
andersom the other way around
anderzijds on the other hand
de anglist anglicist
de angst (voor) fear (of)
angstig fearful
Antwerpen Antwerp
het antwoord answer
antwoorden to answer; ~ *op* to give a reply to
apart special
het apparaat machine
het applaus applause
argeloos unsuspecting
de arm arm

arm poor
het armsgat arm-hole
arren: from *ar*, only in *in arren moede* angrily
de artiest artist
het artikel, -en, -s article
artistiekerig artsy
de arts doctor
Arubaans: of or pertaining to Aruba
as = als if
de as ash(es)
de asbak ash tray
het asfalt pavement
at: see *eten*
de attractie, -s attraction
de, het aureool halo
de auto, -'s automobile, car
de autobus bus
de automobielfabriek automobile factory
de avond evening; *'s avonds* in the evening; *op een* ~ one evening
het avondeten supper, dinner
de avondkrant evening paper
het avondmaal dinner, supper
het avontuur adventure
de Azoren Azores

B

de baan job
de baard beard
de baas boss
babbelen to chatter
Babels: like Babylon, i.e., wildly pagan
babyroze baby pink
baden: *zich* ~ to bathe
de badkamer, -s bathroom
de badkuip bathtub
de bagage (second g = zh) baggage
de baggermolen, -s dredging machine
de bakfiets delivery bicycle
het bakje cup
bakken: *een poets* ~ to play a trick
de bal ball
het, de balatum: inexpensive floor-covering material
baldadig mischievous
de ballon, -s balloon
de balpoot heavy ornamental base
de balzaal ballroom
de ban: *in de* ~ *van* under the spell of
de band tire
de bandrecorder, -s tape recorder
bang afraid; ~ *voor (van)* afraid of
de bank bench, seat, bank; *op de* ~ *staan* to be in the bank

het bankafschrift bank statement
het bankboekje bank book
de bar, -s bar
baren to cause
het barmeisje bar-girl
de beambte official
beangst afraid; ~ *voor* afraid of
beantwoorden to answer
bebloed bloodied
het bed bed
bedanken to thank
bedekken to cover
*de b*e*delaar, -s* beggar
bedenken (bedacht, bedacht) to think (up), come up with, recollect
de bedevaart pilgrimage
de bediende, -n, -s servant
bedienen to serve
bedoelen to mean
de bedoeling intention
het bedrag, bedragen amount
bedriegen (bedroog, bedrogen) to deceive
het bedrijf company
bedrijven (bedreef, bedreven) to commit
bedrinken (bedronk, bedronken): zich ~ to get drunk
bedroeven to sadden
beduiden to indicate
beëindigen to conclude
het beeld image, picture
de beemd (watery) meadow
het been leg
het beest animal
het beestevel animal hide
het beetje -s little bit; *een ~* somewhat, a bit of a
beetpakken (sep.) to grab ahold of
begaafd gifted
de begeleider, -s companion, escort
*beg*e*rig* greedy
begeven (begaf-begaven, begeven): zich ~ to go; het ~ to give out
het begin beginning
beginnen (begon, is begonnen) to begin; *wat moet ik ~* what am I to do
de beginner, -s beginner
de begraafplaats cemetery
begraven (begroef, begraven) to bury
begrijpelijk understandable
begrijpen (begreep, begrepen) to understand
het begrip understanding
de beha, -'s bra
behaaglijk agreeable, comfortable
behalen to attain, grasp
behalve except (for), besides

'behandelen to take care of
behendig skillful
de behendigheid skill
behoeden to protect
de behoefte (aan) need (for)
behoeven = hoeven
behoorlijk considerable
behoren : naar ~ properly
behoren (tot) to belong (to)
behuisd housed; *klein ~* in cramped quarters
de behuwdzoon, -en, -s son-in-law
beide both, two; *beiden* the two of them; *geen van ~* neither
beïnvloeden to influence
bekaf dead tired
bekend known, familiar
bekennen to admit, confess
de beker, -s cup
*bek*e*ren: zich ~ tot* to convert to
bekijken (bekeek, bekeken) to look at, examine
beklagen: zich ~ over to complain about
*beklagensw*aa*rdig* pitiable, pitiful
bekleden to occupy
beklemmend oppressive
de beklemming anxiety
beknopt condensed
bekruipen (bekroop, bekropen) to steal over, seize
de belager, -s waylayer
belanden to end up
het belang interest
belangrijk important
de belangstelling (voor) interest (in); *~ krijgen* to get interested
beledigen to insult
beleven to experience
bellen to phone, call
belonen to reward
de beloning reward
beloven to promise
beluisteren to listen to
bemerken to notice
beminnen to love
ben, bent: see zijn to be
beneden below; *naar ~* down(wards), downstairs
benieuwen: het zal mij ~ of I wonder if
benutten to use
de benzinelucht smell of gasoline, exhaust fumes
bepaald certain, downright
bepalen to determine, decide on; *zich ~ tot* to limit oneself to
beperken to restrict, limit
bereid prepared, ready

bereidwillig willing
bereikbaar attainable
bereiken to reach, attain
het bericht message
beroemd famous
de beroering agitation
berokkenen: schade ~ to cause damage
het berouw regret, contrition
berucht notorious
beschaafd refined
beschamen to embarrass, confound, let down
de beschaving civilization
bescheiden modest
beschikken over to have at one's disposal
beschonken intoxicated
beschouwen to consider, regard
de beschrijving description
het besef realization
beseffen to realize
beslissen to decide
beslissend decisive
beslist certain
het besluit decision
besluiten (besloot, besloten) to decide
besmeren to butter
besmeuren to smear
de bespreking review
best best
bestaan (bestond, bestaan) to exist; *~ uit (in)* to consist of
de bestelling delivery
bestemd intended
de bestemming destination
bestempelen to label
bestendig constant
bestijgen (besteeg, bestegen) to board
bestrijden (bestreed, bestreden) to fight
bestuderen to study
de bestuurder, -s driver
betalen to pay (for)
betekenen to mean
de betekenis meaning
beter better
het betoog discourse
betrappen to catch; *~ op* to catch at
betreffen (betrof, betroffen) to concern; *wat dat betreft* as far as that's concerned; *voor wat dat betreft* as for that
betrekken (betrok, betrokken) to move into
betreuren to regret
betrokken clouded
betrouwbaar reliable
beuken to pound
de beul executioner
de beurt turn; *iemand te ~ vallen* to be accorded someone

het bevel, bevelen command
beven to tremble
bevestigen to confirm, fasten
de bevestiging confirmation
bevinden (bevond, bevonden): zich ~ to be
bevochtigen to moisten
de bevordering advancement
bevredigen to satisfy
bevreemden to surprise
bevreesd afraid
bevriezen (bevroor, bevroren) to freeze
de bewaarschool nursery school
bewaren to maintain, keep
bewegen (bewoog, bewogen) to move, set in motion; *zich ~* to move
de beweging movement; *uit eigen ~* of one's own accord; *zich in ~ zetten* to start to move
beweren to claim
bewogen: ~ raken to be touched
bewonen to inhabit
de bewoner, -s inhabitant
bewust conscious; *de bewuste zaterdag* the Saturday in question
bezig busy; *~ zijn* to be working; *~ zijn + te + inf.* to be (occupied with) ---ing
de bezigheid activity
bezighouden (sep., str.) to occupy
het bezit possession
bezitten (bezat-bezaten, bezeten) to possess
het bezoek visit
bezoeken (bezocht, bezocht) to visit
bezorgen to provide, cause
de bezuinigingsgrond reason of economy
het bezwaar (tegen) objection (to)
bezwaard oppressed
bezweet sweaty
de bezwijming fainting spell
bieden (bood, geboden) to offer
het bier beer
het bierkrat beer crate
het bierschuim beer foam
bij near, at, at the home of. in view of, (along) with; *dicht ~* near; *~ + het + inf.* while ---ing
bijbrengen (sep., irr.) to teach
de bijdrage contribution
bijdragen (tot) (sep., str.) to contribute (to)
bijgevolg as a consequence
bijkammen (sep.) to comb into shape
bijkomen (is) (sep., str.) to come along, regain consciousness
bijna almost
bijspringen (is) (sep., str.) to help out
bijten (beet, gebeten) to bite, sting
bijtijds in good time

bijvoorbeeld for example
het bijzijn presence
bijzonder special, particular; *in het ~* especially
de bijzonderheid detail
binden (bond, gebonden) to tie, bind together
binnen in(side); *naar ~* (to the) inside; *iets naar ~ werken* to force something in
binnengaan (is) (sep., str.) to go in
binnenhalen (sep.) to bring in
binnenkomen (is) (sep., str.) to enter, come in
binnenlopen (is) (sep., str.) to walk inside
het binnenpretje secret amusement
de binnenschipper, -s skipper of a river boat
binnensmonds to oneself
het binnenste innermost part, interior
binnentreden (is) (sep., str.) to step in
binnenvallen (is) (sep., str.) to drop in
binnenvaren (is) (sep., str.) to go in(to)
de biscuiterie biscuit bakery
de bitterkoekjesvla, -vla's, -vlaas: a combination of custard and an almond-flavored biscuit
bizonder = bijzonder
het blad, bladen page, newspaper; *in een goed blaadje staan bij* to be in good with
het blad, bla(de)ren leaf
de bladzijde page
blaffen to bark
blauw blue
blazen (blies, geblazen) to blow
bleek pale
bleekjes pale
blies: see *blazen*
blij happy, glad, cheerful
blijde = blij
het blijk evidence
blijkbaar apparent
blijken (bleek, is gebleken) to appear, seem to be, turn out to be
blijven (bleef, is gebleven) to stay, remain; *~ + inf.* to keep on -ing; *~ liggen* to stay (lying); *~ staan* to stop, keep on standing; *~ steken* to get stuck; *~ zitten* to remain, stick; *~ bij* to persist in
de blik glance, look, gaze
blind blind; *blinde muur* blank wall
blinderen to cover over
het bloed blood
de bloedvlek blood spot
de bloem flower
de bloembol flower bulb
het bloemenwater flower water

de bloes (usually *het bloesje*) blouse
de bloknoot, -en, -s pad of paper
blond blond
bloot bare
blootleggen (sep.) to expose
de blos flushed color
blozen to blush, be flushed
blozend ruddy
de bocht curve, turn
bochtig twisting
de bodem ground
boeien to enchant
het boek book
het boekenrek bookcase
de boekhandel, -s bookstore, book trade
de boel lot, property, thing(s)
de bokking smoked herring
de bokkingeter, -s herring eater
de bol sphere
de Bonairiaan inhabitant of Bonaire
de bondgenoot ally
de bontmantel, -s fur coat
bonzen to pound, throb, bump
de boodschap errand
de boog arch, curve
de boom tree
de boord edge, bank
boos (op) mad (at)
boosaardig malicious
de boosheid anger
de boot boat
het bord plate, sign
het bordeel brothel
het bordje tray
de borrel, -s drink (usually gin)
de borst chest, breast
de borstdoek upper-body kerchief
de borstkas chest (cavity)
de borstrok undervest
de boterham slice of (buttered) bread, sandwich
botsen (is) to collide
de bouwmeester, -s architect
het bouwsel, -s construction
boven above, upstairs; *naar ~* upstairs, upwards
de bovenblad top
bovendien besides, furthermore
de bovengang upstairs hallway
bovenste top
het boxmodel box camera
bracht: see *brengen*
braden (braadde, gebraden) to bake
de brand fire; *in ~ steken* to set fire to
branden to burn; *het licht brandt* the light is on
het brandmerk brand

breed wide, broad
breeduit sprawling
breken (brak-braken, gebroken) to break
brengen (bracht, gebracht) to bring, take, offer, bring about
de brief letter
het briefje note
de brievenbus mailbox
de bril glasses
briljant brilliant
de broeder, -s brother
de broek (pair) of pants
de broekzak pants pocket
de broer, -s brother
de, het brok fragment; *brokken maken* to make a mess
brommen to groan
de bron spring
de brontosaurus brontosaur
het brood bread
broos fragile, brittle
brouwen (brouwde, gebrouwen) to brew
de brug bridge
de bruid bride
de bruidegom, -s bridegroom
het bruidspaar bride and groom
de bruiloft wedding
bruin brown
brullen to bellow
Brussels: ~ *lof* endive
brutaal brazen, brutal
buigen (boog, gebogen) to bend; *zich* ~ to lean over
de buiging bow
de buik abdomen, belly, stomach
de buis tube
buiten outside; *naar* ~ (to the) outside
de buitendeur front door
buitengesloten left out
buitenissig odd
het buitenland foreign country; *in het* ~ abroad
buitenlands foreign
buitenmaats oversized
buitensporig excessive
de buitenzijde outside
bukken to stoop; *zich* ~ to bend over
het bureau, -s desk, office
de burger, -s citizen
de burgerij bourgeoisie; *kleine* ~ petty bourgeoisie
burgerlijk bourgeois
de bus bus, canister
de buschauffeur, -s bus-driver
de bushalte, -n, -s bus stop
de buur neighbor
de buurman, buurlieden, buurlui neighbor

de buurt neighborhood, vicinity
de buurtafel, -s neighbor's table
de buurtbewoner, -s inhabitant of the neighborhood
de buurvrouw neighbor (woman)

C

het café, -'s café
de cafébaas café manager
de cafémeid bargirl
het caféterras sidewalk café
canailleus vulgar
de carrosserie chassis
het, de carré square
het centje sum of money
centraal central
de centrale, -s (telephone) exchange
de champagne, -s champagne
de chauffeur, -s driver
checken to check
de chic smartness
het cijfer, -s numeral
de cirkel, -s circle
het Citroëntje Citroen (affectionate)
clandestien clandestine
het cliché, -s plate for a photograph
het, de colbert, -s sport coat
de collega, -'s colleague
het college, -s (g = zh) course (of lectures)
het commando, -'s command
de, het commentaar comment
compleet complete
complimenteren (om) to compliment (on)
concentreren to concentrate; *zich* ~ *op* to focus on
de conclusie, -s conclusion
de conducteur, -s conductor
het congres meeting, convention
de constructie, -s construction
continu continuously
de controleur, -s ticket-inspector
de conversatie, -s conversation
counteren to knock down for the count
de coupeur, -s cutter
de cultuur culture
het cultuurgoed cultural attainment
de Curaçaoenaar, -s inhabitant of Curaçao
Curaçaos: of or pertaining to Curaçao
cynisch cynical

D

de daad deed; *de ~ bij het woord voegen* to suit the action to the word
daar since, inasmuch as
daar there
daarbij thereby, (along) with that, in doing so
daarboven above it
daardoor thereby
daarentegen on the other hand
daarin in that
daarmee by that, because of that
daarna after that, afterwards
daarom for that reason
daaronder under that
daarop on that, after that
daaropvolgend next
daarover about that
daarstraks a moment ago
daartegenover then again, in regard to that
daarvan of that
daarvoor for that (purpose), before that
dacht: past tense of *denken*
dadelijk immediate, right away
de dader, -s culprit, perpetrator
de dag, dagen day(time; hello; *op een ~* one day; *voor de~* in sight; *~ na~ day* after day; *een dezer dagen* one of these days
het dagblad, -bladen daily paper
dagelijks daily
dagenlang for days
het dak, daken roof
de dakgoot rain gutter
dalen (is) to sink, fall, go down
de dame, -s lady
de Dame Blanche chocolate sundae
de damesbediening ladies' service
de damp vapor
dan then, than; *~ ook* accordingly; *niets ~* nothing but
danken to thank; *dank u wel* thank you
dansen to dance
de danser, -s dancer
de danspas dance step
dapper brave
de das necktie
dat that, which, so that
de datum, -s, data date
datzelfde that same
daveren to resound
de the
het decennium, decennia, decenniën decade
decent proper

het deel part, share; *ten dele* partially
deelachtig: *~ worden* to share in
het Deens Danish (language)
deerlijk grievous
de deerne wench
definitief definite
degene the one; *~ die* the one who
degraderen to degrade
dekken to set (the table)
delen to share
delven (delfde or *dolf, gedolven)* to dig; *het onderspit ~* to lose out
het denkbeeld idea
denken (dacht, gedacht) *(aan)* to think (of, about), remember; *~ over* to think about; *doen ~ aan* to be reminiscent of, bring to mind; *ik denk van niet* I don't think so
der = van de of the (f. or pl.)
derde third
deren to harm
dergelijk similar, such (a); *een ~* such a
derhalve accordingly
dertien thirteen
dertig thirty
des: *~ te beter* all the better
de deskundige expert
desondanks in spite of that
detacheren to reassign temporarily
detoneren to make a jarring note
deugdelijk sound
de deuk dent
de deur door
de deurknop doorknob
de deuropening doorway
deze this, these, the latter
dezelfde the same; *nog ~* the very same
dicht closed, thick, dense; *~ bij* near; *~ in de buurt* right in the neighborhood
dichtbij near(by); *van ~* up close
dichtdoen (sep., irr.) to close
dichterbij closer
dichtklappen (sep.) to slam
dichtschuiven (sep., str.) to close
dichtslaan (sep., str.) to slam
dichtsnoeren (sep.) to pull tight
dichtstbijzijnd nearest
die who, which; that, those; he, she, it
de dienaar, -en, -s servant
diens his, her
de dienst duty, (church) service
diep deep, profound
de diepgang draught
het dier animal, beast
dierbaar dear
diezelfde the same
de dijk dike

dik fat, thick

dikwijls often

het ding thing

de dinsdag, -dagen Tuesday

direct direct, right away

de directie, -s board of directors

de directeur, -en, -s director

discrimineren to discriminate against

discussiëren to discuss

de disgenoot table companion

de distinctie, -s distinction

dit this

ditmaal this time

de divan, -s couch

dobberen to bob up and down

doch nevertheless, but

de dochter, -s daughter

de documentaire, -s documentary

dodelijk deathly

doden to kill

de doek cloth

doek doek thump thump

het doel goal

de doelmond goal (for soccer)

het doeltrappen kicking for goals

doen (deed, gedaan) to do, make, put; ~ *tegen* to act towards; *iets* ~ *aan* to do something about; *het doet er niet toe* it doesn't matter; *hij deed er een uur over* it took him an hour

dof dull

het dok dock

de dokter, -s doctor

dom stupid

domweg just plain, thoughtlessly

de donder, -s: geen ~ *geven om* not to give a damn about

donker dark

het, de donker dark(ness)

donkerblauw dark blue

donkerbruin dark brown

donkerhuidig dark-skinned

donkerrood dark red

de dood death

dood dead; ~ *als een pier* dead as a door-nail

de dooddoener, -s conversation-stopper

doodeenvoudig perfectly simple

doodgaan (is) (sep., str.) to die

doodmoe exhausted

de doodstijding news of death

doodstil deathly quiet

de dool: op de dool(weg) geraken to go astray

door through, because of, by; ~ *en*~ completely; ~ *de laan* down the avenue; *de gang* ~ through the hallway

doorbrengen (sep., irr.) to spend (time), experience

doordat by virtue of the fact that

doordenken (sep., irr.) to think on

doordeweeks everyday

doordraven (is) (sep.) to go right on (talking)

doordringen (is) (sep., str.): ~ *tot* to penetrate into

doorgaan (is) (sep., str.) to continue, take place (as planned)

doorgaans usually

doorgeven (sep., str.) to pass on

doorhalen (sep.) to cross out; *met kruisjes* ~ to 'x' out

doorheen through

doorknippen (sep.) to cut (through)

doorlezen (sep., str.) to read through

doorlopen (is) (sep., str.) to walk through

doorreutelen (sep.) to rattle on

doorsteken (sep., str.) to stab

doorsturen (sep.) to forward

doortastendheid thoroughness

doortastend persistent

doorverbinden (sep., str.) to connect

doorzetten (sep.) to carry out

doorzichtig transparent

de doos box

dopen to baptize

dor barren, dry

het dorp village

het dorpsstation, -s village station

doven to extinguish, go out, dim

d'r = haar her

d'r = er

de draad thread, wire; *de* ~ *kwijt zijn* to lose track of things

draaglijk bearable

de draaideur revolving door

draaien to rotate, dial (telephone number); *een plaat* ~ to play a phonograph record

het draaiorgel, -s street organ

het drafje: op een ~ at a trot

dragen (droeg, gedragen) to wear, carry, bear

dramatisch dramatic

de drang urge

het drankje medicine

dredderig soggy

de dreef: op ~ *brengen* to get moving

dreigen to threaten

de dreun blow

dreunen to hum

drie three

driehoekig three-cornered

driemaal three times; *tot ~ toe* no less than three times
het drietal threesome
het drijfzand quicksand
drijven (dreef, heeft or *is gedreven)* to drive, float
dringen (drong, gedrongen) to push; *~ door* to penetrate
de drinkebroer, -s boozer
drinken (dronk, gedronken) to drink
droevig sad
dromen to dream; *zich ~* to dream up for oneself
dromerig dreamy
de drommel, -s: wat ~ what the deuce
dronken drunk
de dronkenschap intoxication
droog dry
het droogboeket bouquet of dried flowers
het droogdok dry dock
de droom dream
druk busy, crowded, lively, frantic; *het ~ hebben* to be busy; *zich ~ maken (over)* to get excited, be concerned (about)
de druk push
de drukfout printing error
drukken to press, push, print
de drukkerij printing plant (shop)
ds. = dominus Rev.
dubbel double
dubbelzinnig ambiguous
dubieus suspicious
duffel-coat duffle coat
duidelijk clear
de duif pigeon
de duikelaar, -s tumbler
duiken (dook, heeft or *is gedoken)* to dive
de duim thumb; *uit de ~ zuigen* to make up
het duister dark(ness)
de duisternis dark(ness)
de duivel devil
duizelend light-headed
duizelig dizzy
de duizeligheid dizziness
duizend thousand
duizendkoppig thousand-headed
dun thin
duren to last, take (time)
durven (durfde [dorst], gedurfd) to dare, venture; *niet ~* not to have the nerve to
dus hence, (and) so, then, in other words
duur expensive
de duw shove
duwen to shove
dwaas silly

de dwaasheid foolishness
dwalen to be in error
dwepen met to be fanatic about
dwingen (dwong, gedwongen) to compel, force

E

de eb: ~ zijn to be at low tide
echt real, genuine, true
echtelijk marital
echter however
de echtgenoot spouse, husband; *de echtgenote* spouse, wife
het echtpaar married couple
de echtscheiding divorce
de editie, -s edition
een a, an
een one: *~ voor ~* one by one; *de ene* the one; *de enen* some (people)
eender alike
de eenheid unity
eenmaal once, finally; *nu ~* just (simply) *nog ~* once again
eenparig unanimous
het eenrichting(s)verkeer one-way traffic
eens once, just, for a change; *niet ~* not even, not at all; *wel ~* ever; *weer ~* once again; *nogal ~* now and then; *al ~ meer* ever before; *maar ~* just; *het ~ zijn met* to be in agreement with
eensklaps suddenly
het eentje one (piece, drink, etc.); *op je ~* all alone
de eenvoud simplicity
eenvoudig simple
eenzaam lonely; *een eenzame* a loner
de eenzaamheid loneliness
eenzelfde one and the same
eerbiedig respectful
eerder before, more likely, rather
eergisteren day before yesterday
eerlijk honest
eerst first, at first, not until; *voor het ~* for the first time
de eetlust appetite
de eetzak lunch bag
de eeuw century
eeuwig perpetual, eternal
de egel, -s hedgehog
het ei, eieren egg
eigen (one's) own
de eigenaar, -s, -en owner
eigengereid willful
eigenhandig with one's own hands
eigenlijk actual

eigenwijs opinionated
het eike(n)hout oak wood
het eiland island
het eind a little way, end
het einde (aan) end (to)
eindelijk final
eindeloos endless
eindig finite
eisen to demand
elegant elegant
elektrisch electric
elf eleven
elk each, every, any
elkaar each other; *achter ~* one after another; *bij ~* together
elkander = elkaar
de ellende misery
ellendig miserable, wretched
de emigratie, -s emigration
de emotie, -s emotion
en and
ene = een one
enerzijds on the one hand
enfin oh well
de engel angel
enig only, any, a certain amount of; *het enige* the only thing
enige some, several
enkel only; *geen ~* not a single
enkele a few, several
enorm enormous
enteren to board, detain
het enthousiasme enthusiasm
enzovoort and so forth
er there, of them; *we zijn ~* here we are
er + prep.: prep. + it
eraan at it
erbarmelijk pitiful
erbij with it, in addition, among them; *~ zijn* to be present
het eresaluut: ~ brengen aan to salute
het erf yard
erg bad, very
ergens somewhere; *~ heen* somewhere, to some place; *~ aan* about something
de ergernis irritation
erheen to it
erkennen to recognize
de erkenning recognition
ermee with it
ernaast next to it
ernstig serious
erop on it
erover about it
eruit out of it
ervan of it, from it
de ervaring experience

erven to inherit
ervoor in front of it, for it
de etalage, -s (g = zh) show window
eten (at-aten, gegeten) to eat
het eten food, meal
de etenstijd mealtime
de eter, -s eater
etherisch ethereal
ethiek etiquette
de euforie euphoria
euforisch euphoric
Europees European
even just (as), a moment; *nog ~* a little longer; *~later* a moment later
evenals just as
evenaren to equal
eveneens likewise
evenmin just as little
evenwel however
existentialistisch existentialist
expliciet explicit
expres on purpose
extra extra
het extra treat
de ezel, -s jackass

F

f = florijn guilder; *f 10* ten guilders
de fabriek factory
falliek phallic
de familie, -s family
het familielid, -leden family member, relative
de familienaam last name
fanatiek fanatic, desperate
de fantasie imagination
fantasieloos unimaginative
fataal fatal
fatsoenlijk decent
de fauteuil, -s armchair
favoriet favorite
(de) februari February
de feestartikelen (pl.) party supplies
het feit fact; *in feite* in fact
fel fierce, vivid
feliciteren to congratulate
ferm firm
de fiets bicycle
fietsen to cycle
de fietser, -s cyclist
fijn fine, elegant, thin
de file, -s traffic jam; *in ~* bumper to bumper
de film, -s movie
het filmverslag, -slagen newsreel

filosofisch philosophical
de financiering financing
de firma, -'s company
fix<u>e</u>ren to fix
flappen to flap; *eruit~* to blurt out
de flat, -s apartment
de flauwekul nonsense
de flauwte, -n, -s faint(ing)
flauwvallen (is) (sep., str.) to faint
het flerecijn gout, rheumatism
de fles bottle
flink vigorous
flirten to flirt
de flits flash
floreren to flourish
fl<u>ui</u>steren to whisper
fluiten (floot, gefloten) to sing (bird)
de fluitketel, -s whistling tea-kettle
het fonteintje water faucet
het formulier form
fosforescerend phosphorescent
de foto, -'s photo
fotograferen to photograph
de fout mistake
fraai fine, handsome; *dat is niet ~* that's not so nice
de frank (Belgian) franc
Frankrijk France
frapp<u>e</u>ren to strike
fris cool
het fruit fruit
de frustratietoestand state of frustration
de fund<u>e</u>ring foundation

G

gaan (ging, is gegaan) to go; *~ + inf.* to start -ing; *~ staan* to get up; *~ zitten* to sit down; *het gaat niet* it won't work; *het gaat over* it concerns; *het gaat er om* the point is
de gaanderij side aisle
gaandeweg gradually
gadeslaan (sep., str.) to observe
de gamelanbespeler, -s gamelan player
de gang (entry) hall, passageway; *iets op ~ houden* to keep something going
het ganglicht hall light
gans whole
gapen to yawn, to open wide
de gaslantaarn, -s gaslight
gaslucht smell of gas
de gaspit gas burner
de gast host
het gastoestel gas burner (for cooking)
de gastvrijheid hospitality

de gastvrouw hostess
het gat, gaten hole; *in de gaten houden* to keep an eye on
het gatje behind
gauw soon, quickly
het gebaar gesture
gebarsten broken
gebeuren (is) to happen
het gebeuren happening(s), event
de gebeurtenis event
het gebied field
het gebit set of teeth
geblaseerd blasé
geblokletterd in block letters
geboeid enthralled
gebogen bent
de geboorte birth
geboren born
het gebrek, gebreken (aan) lack (of)
het gebruik use, consumption
gebruikelijk customary
gebruiken to use, have
gecompliceerd complicated
gedaan (met) finished (with)
de gedachte thought; *in gedachten* in one's mind
het gedeelte, -n, -s part, portion
gedegouteerd disgusted
het gedoe activity
het gedrag behavior
de gedraging behavior
het gedrang crowd(ing)
het geduld patience, forbearance
geduldig patient
gedurende during
gedwee meek
geel yellow
geen no, not a, none; *helemaal ~* none at all; *~ mens* no one; *~ meer* no longer, no more; *~ van beide* neither; *nog ~* not even; *~ enkel* not a single
geeneens = niet eens not even
de geest mind
de geestdrift enthusiasm
de geeuw yawn
het gefluit whistling, blowing on a whistle
gefrustreerd frustrated
het gegier screeching
geglaceerd frosted
geheel entire, whole
het geheim secret
geheimz<u>i</u>nnig mysterious
het geheugen memory
de gehoorzaamheid obedience
de gejaagdheid agitation
gek crazy, odd, funny; *wat ~* how odd
de gek idiot, madman

het gekir cooing
het geklepper chattering
geknipt voor cut out for
het geknutsel tinkering
het gekraak crunching
het gekras scratching
gekuifd crested
het gelaat countenance, face
de gelaatstrekken (pl.) facial features
de gelagzaal barroom
het geld money
het geld-perikel monetary difficulty
gelden to be valid
de geldkist money box
geleden ago
de gelegenheid establishment
geleidelijk gradually; ~ aan gradually
het gelid: in het ~ in line
gelijk as
het gelijk: ~ hebben to be right
gelijkmatig even
gelijkstaan (met) (sep., str.) to be equiva-
    lent (to)
het geloof faith
geloven to believe, think
het geluid sound, noise
geluidloos mute, soundless
het geluk luck, happiness, good fortune
gelukken: het gelukt hem he succeeds
gelukkig happy, fortunate
gelukwensen (met) (sep.) to congratulate
    (on)
de gelukzaligheid bliss
het gemak easy
gemeen nasty, mean, coarse
de gemeenschap community
gemeente- municipal
gemeentelijk municipal
de gemeentewerken (pl.) public service
gemelijk sour, peevish
de generatie, -s generation
generen (g = zh) to embarrass
de genialiteit genius
de genie (g = zh) genius
genieten (genoot, genoten) to have a
    good time; ~ van to enjoy
genoeg enough
de genoegdoening satisfaction, amends
het genoegen, -s (aan) pleasure (in)
genuanceerd subtle
geoorloofd allowed
de gepensioneerde pensioner
het gepraat talk
het geratel rattling
het gerecht dish
gereed ready
de gereedheid readiness
gereedmaken (sep.) to make ready

het gereedschap equipment
gereformeerd (Orthodox) Reformed
geribbeld ribbed, rough
gerimpeld wrinkled
gering slight
het gerinkel tinkling
het gerucht rumor, noise
geruit checkered
geruststellen (sep.) to reassure
de geruststelling reassurance
de geschiedenis history
het geschiet shooting; hard kick (in
    soccer)
het gescrabbel Scrabble playing
het geslacht genus
het gesprek conversation
de gestalte figure, form
de gesteldheid condition
gestemd disposed
gesticuleren (g = zh) to gesticulate
gestoken fitted out
getrouwd married
de getuige witness
getuigen (van) to testify (to)
de geur scent, smell, odor
geurig fragrant
het gevaar danger; het ~ lopen to run the
    risk
gevaarlijk dangerous
het gevaarte, -n, -s colossus
het geval case; in elk ~ at any rate
gevangen imprisoned; ~ nemen to im-
    prison
de gevatheid quick-wittedness
geven (gaf- gaven, gegeven) to give
het gevoel feeling
gevoelig sensitive
het gevogelte poultry
de gewaarwording sensation
het geweld force
geweldig violent
gewend accustomed (to)
gewoon ordinary, usual, just, simply
gewoonlijk usual
de gewoonte, -n, -s habit, custom
het gezag authority
het gezang singing
gezellig enjoyable, convivial, cozy, so-
    ciable
de gezelligheid conviviality
gezelligheidshalve for the sake of socia-
    bility
het gezelschap company; iemand ~ hou-
    den to keep someone company
het gezicht face
gezien in view of
het gezin family
gezond healthy

gezwollen swollen

gij you

gillen to scream, shriek

ginds yonder, there

ging: see *gaan*

gisteravond yesterday evening

gisteren yesterday; *als de dag van* ~ just like yesterday

de gitaar guitar

het gitaarspel guitar playing

glanzen to shimmer

het glas glass (of)

glazen (made of) glass

de glijbaan slide

glijden (gleed, heeft or *is gegleden)* to glide

de glimlach smile

glimlachen to smile; *zij glimlacht hem toe* she smiles at him

glimmen (glom, geglommen) to gleam, shine

de glimp glimpse

gloednieuw brand-new

gloeien to glow, be red hot, burn (pain)

gluren to leer

de god, goden god; goodness (interj.)

goddank thank God

godsnaam: in ~ in heaven's name

godverdomme damn it

godverlaten god-forsaken

goed good, well; *nou* ~ well o.k.

het goed material; *de goederen* (pl.) goods

de goedheid goodness

de goedkeuring approval

goedig good-natured

goedmaken (sep.) to make good

de goeierd, -s ~~od-natured soul

de golf b~,

gonzen to hum

gooien to throw

de gordel, -s girdle

het, de gordijn curtain

gotisch Gothic

gouden golden

graag gladly; *zou* ~ would like to; *ik had het* ~ *gezien* I'd like to have seen it

het graatje bones (of a fish)

de grap joke

het gras grass

het graszaad grass seed

grazen to graze

het greintje grain

de grens limit

grenzen (aan) to border (on)

de grief grievance

Grieks Greek

griffen to engrave

de grijns grin, grimace, sneer

grijnzen to grin, grimace

grijpen (greep, gegrepen) to seize, reach; ~ *naar* to grab for

grijs gray

de grijsaard, -s old man

grijzend graying

de gril whim, caprice

grimmig sullen, furious

de grimmigheid fury

grinniken to grin, chuckle

groeien to grow

groen green

groente, -n, -s vegetables

de groep group

de groet greeting

grommen to growl

de grond ground, floor; *op de* ~ on the floor, down; *van de* ~ *komen* to rise from the ground; *in de* ~ basically; *uit de* ~ *stampen* to bring into being

grondig thorough

de grondvest foundation

groot large

de grootmoeder, -s grandmother

de grootmoedigheid generosity

de grootouders (pl.) grandparents

de grootvader, -s grandfather

grotendeels for the most part

de gruizelementen (pl.) smithereens

gruwelijk abominable

gruwen to abhor

gunnen to grant, not begrudge

de gunst favor

H

de haak hook, hanger; *uit de* ~ out of plumb, fishy

het haar hair; *de* or *het* ~ (strand of) hair; *bij de haren* by the hair

haar her, to her, their; *van* ~ of hers; *de hare* hers

de haarwrong coil of hair

haarzelf herself

haasten: zich ~ to hurry

haastig hasty, hurried, quick

hagelwit snow white

de hak heel

haken to snag

halen to (go) get, fetch, pull, take; *voor de dag* ~ to pull out

half half (of); ~ *zeven* six thirty

halfgevuld half-filled

halfzwaar medium-weight; *halfzware shag* medium grade cigarette tobacco *hallo* hello

de hallucinatie, -s hallucination

de hals neck

de halsband (animal) collar

de halte, -n, -s (car, bus) stop

halverwege half way

de hamer, -s hammer

de hamerslag, -slagen hammer blow

de hand hand; *er is iets aan de ~* there's something going on; *de laatste ~ leggen aan* to put finishing touches on; *de fiets aan de ~ nemen* to walk one's bicycle; *onder handen nemen* to set about; *iemand de ~ geven* to shake hands

de handdoek towel

handelen to act

handig clever, expert

de handkar push-cart

het handschrift handwriting

het handvat handle

de handvol handful

hangen (hing, gehangen) to hang, be present; *blijven~* to hang around

hangerig listless

de hap swallow, bite

haperen aan to be wrong with

hard hard, fast, harsh, loud; *~ nodig* badly needed

hardnekkig stubborn

de hardnekkigheid stubbornness

hardop loud

de harmonika, -'s accordion

harmonisch harmonious

het hart heart; *van het ~ geen moordkuil maken* to let all one's feelings come out; *iemand op het ~ trappen* to trample on someone's feelings; *het ~ hoog dragen* to be proud

de hartaanval heart attack

hartelijk cordial

hartverscheurend heartrending

haten to hate

hautain haughty

de haven, -s harbor

de havenbar, -s waterfront bar

de havenbuurt harbor district

het havenhoofd jetty

de havenkant harbor direction

de havenstad, -steden port city

hè isn't it, aren't they, etc.

hebben (had, gehad) to have; *iets door ~* to fathom, catch on; *het ~ over* to be talking about

Hebreeën Hebrews

heden today

hedendaags present-day

heel whole, entire, all of, very; *~ de stad* the whole city; *~ wat* a great deal

heen: ~ en weer back and forth

de heer gentleman, master, lord. Mr.

heerlijk magnificent, wonderful, glorious

heersen to prevail

heet hot

heffen (hief, geheven) to raise

heftig violent

heien to drive (piles)

heilig sacred; *de heilige* saint

heiligen to keep holy

de heilsoldaat member of the Salvation Army

heilzaam beneficial

het heimwee homesickness

heit = heeft

het hek fence

de hel hell

de held hero

de helderheid clarity

heleboel: een ~ a lot of (cf. *boel*)

helemaal absolutely, completely; *~ niet* not at all; *~ geen* none at all

helpen (hielp, geholpen) to help; *uit de weg ~* to get rid of

hem him, to him, it

het hemd (under)shirt

de hemel heaven, sky

hemeltergend to high heaven

hen them

herbergen to accommodate

de herfst autumn

het herfstweer autumn weather

herhalen to repeat

de herhaling repetition

herinneren to remind; *zich ~* to remember

de herinnering recollection, memory

herkennen to recognize

herleiden tot to reduce to, narrow down to

herscheppen (herschiep, herschapen) to transform

de hersenen, hersens (pl.) brains

herstellen to repair

hervormd Reformed

het the, it

heten (heette, geheten) to be called, be reported, be said

hetgeen which

hetzelfde the same (thing)

de heup hip

heus really

hevig violent, furious

hier here; *~ vandaan* away from here

hieraan about this

hierin in this

hiernaast next to this, next door
hiertoe for this
hiervan about this
hij he, it
hijgen to pant
hijzelf he himself
hinderen to bother
hinderlijk annoying
de historicus, historici historian
de historiograaf historiographer
het hobbelpaard rocking horse
hoe how; ~ *ook* however, no matter how; ~ *dan ook* anyway
de hoede guard
hoegenaamd: niets ~ nothing to speak of; ~ *niet* hardly at all
de hoek corner
de hoekslag, -slagen hook (punch)
de hoestbui fit of coughing
hoesten to cough
hoeveel how many, how much
hoeven: niet ~ *(te)* not to need to
hoewel although
hoezoe? how come?
hoffelijk courteous
het hok cell, cubicle
hol hollow; *het holst van de nacht* the dead of night
de hol: op ~ *slaan* to run wild
hola hey, wait a minute
Holland Holland, the Netherlands; *de beide Hollanden* the two provinces of Noord-Holland and Zuid-Holland
Hollands Dutch; *het* ~ the Dutch language
hollen to hurry, to scamper
de hond dog
honderd hundred
hongerig hungry
honoreren to pay for
het hoofd head, jetty; *iets uit zijn* ~ *zetten* to dismiss something from one's mind; *door het* ~ *gaan* to go through one's mind; *iemand voor het* ~ *stoten* to rebuff someone
het hoofdeinde head end
de hoofdletter, -s capital letter
de hoofdpijn headache
de hoofdschuldige principal guilty one
hoofs courtly
hoog high, tall
hoogblond golden (reddish) blond
hooggestemd fervent
de hooghartigheid pride
hoogst extremely
de hoogte, -n, -s height, level; *op de* ~ informed; *de* ~ *in* upward; *ter* ~ *van Maassluis* opposite Maassluis

hooguit at the most
de hoop hope
hoopvol hopeful
hoor indeed, believe me
hoorbaar audible
de hoorn (telephone) receiver; *de* ~ *op de haak leggen* to hang up (the telephone)
hopeloos hopeless
hopen (op) to hope (for)
horen to hear, find out; ~ *spreken over* to hear tell about
horen = behoren to belong
horizontaal horizontal
het horloge, -s (g = zh) watch
de hortus botanical garden
de hospita, -'s landlady
het hospitaal hospital
de hotelkamer, -s hotel room
houdbaar: ~ *zijn* to keep (food)
houden (hield, gehouden) to hold, keep, carry on; ~ *van* to like, love; ~ *voor* to consider; *het* ~ *op* to favor; *zich goed* ~ to control oneself; *in de gaten* ~ to keep an eye on; *hou je klaar* get ready
de houding attitude, position
het hout wood
houten wooden
het houvast guiding principle
de huid skin; *iemand de* ~ *vol schelden* to tear into a person
de huilbui crying spell
huilen to cry
het huis house, home; *naar* ~ (towards) home; ~ *aan* ~ door to door; *aan* ~ *komen bij* to drop in on
de huisbel doorbell
de huisdeur front door
huiselijk domestic
huishouden (sep., str.) to keep house
de huishoudster, -s housekeeper
de huiskamer,-s living room
de huisvrouw housewife
huiswaarts homeward
huiveren to tremble, shiver
huiverig shivering
de huizenrij row of houses
hullen to wrap (up)
de hulp help
het humeur mood
hun them, their
de huurster,-s renter (fem.)
het huwelijk marriage
het huwelijksleven married life
hypermodern ultramodern
de hypocriet hypocritical
de hysterie hysteria
hysterisch hysterical

I

het, de idee   idea
de idioot   idiot
ie = hij
ieder   each, every(one)
iedereen   someone
iets   something, anything, somewhat; ~ anders   something else; ~ van   something like, a bit of; ~ aan haar   something about her; ~ met iemand hebben   to pay attention to someone
ietwat   somewhat
ijl   thin
de ijltijding   express message
het ijs   ice
de ijsbeer   polar bear
de ijskast   refrigerator
ijskoud   ice-cold
het ijzer, -s   iron
ijzeren   (made of) iron
ijzig   icy
ik   I
de illusie, -s   illusion
immer   always
immers   after all
de imperatief   imperative
improviseren   to improvise
in   in, into; de tuin ~   into the garden
inbeelden: (sep.) zich ~   to imagine
inbreken   (sep., str.) to break in
inbrengen   (sep., str.) to offer
inderdaad   indeed, really
de Indiaan   Indian
Indiaans   Indian
indien   if
indiscreet   indiscreet
indrinken   (sep., str.) to drink in
de indruk   impression; de ~ wekken   to create the impression
indrukken   (sep.) to push in
indrukwekkend   impressive
ineenfrommelen   (sep.) to crumple up
ineens   suddenly, all at once
ineenzakken (is)   (sep.) to collapse
informeren   to inquire, ask (for information)
ingaan op (is)   (sep., str.) to follow up on
de ingeving   inspiration
ingewikkeld   complicated
de ingewikkeldheid   complexity
ingeworteld   deep-rooted
inhouden   (sep., str.) to include, rein in, hold in, mean
initiaal   initial
het initiatief   initiative
inkijken   (sep., str.) to look in

het inkomen, -s   income
inkopen   (sep., irr.) to buy
inmiddels   in the meantime
innemen   (sep., str.) to occupy, captivate
het innerlijk   the inner self
innig   sincere
inpakken   (sep.) to pack
inschakelen   (sep.) to bring into use
inschenken   (sep., str.) to fill (by pouring)
inschikkelijk   obliging
insinueren   to insinuate
insisteren   to insist
inslaan (is)   (sep., str.) to turn into
de inspecteur, -s   superintendent
de instemming   agreement
instinctief   instinctive
het instrument   device
de instrumententas   instrument case, 'black bag'
intact   intact
integendeel   on the contrary
de integratie, -s   integration
de intellectueel   intellectual
intens   intense
interessant   interesting
interesseren   to interest; zich ~ voor   to be interested in
het interieur, -s   interior
internationaal   international
de intrede   entrance
intreden (is)   (sep., str.) to enter
de intuïtie, -s   intuition
intussen   meanwhile
de invitatie, -s   invitation
inviteren (op)   to invite (to)
de invloed   influence
inwijden   (sep.) to dedicate; een huis ~   to give a housewarming
de inwoner, -s   inhabitant
de inzameling   collection; een ~ houder   to take up a collection
inzenden   (sep., str.) to send in
inzetten (is)   (sep.) to commence
de inzinking   relapse
inzitten   (sep., str.) to sit inside
ironiseren   to treat ironically
de irritatie, -s   irritation
is: see zijn
isoleren   to isolate

J

ja   yes, indeed
het jaar   year; jaren lang   for many years; in de jaren veertig   in the forties
jagen (joeg, gejaagd)   to chase, urge on, send flying

de jaloezie jealousy
de jam, -s jam
jammer too bad; ~ *genoeg* unfortunately
de japon dress
jarenlang for years
de jas coat
jawel yes indeed
jazeker certainly
je you, your, to you, one
jegens against, to
de jenever, -s gin
de jeugd youth
jeugdig youthful
de jeuk itching
jij you
joeg: see *jagen*
jong young
de jongen, -s boy
het jongensboek boys' book
de jongenskop boy's head
jou you (obj.); *van ~* of yours
jouw your
jubelen to rejoice
de juffrouw miss, maiden lady, teacher
juist exact, just, right; *zo ~* just recently
jullie you (fam. pl.)
de jurk dress
de jus gravy
het juweel jewel

K

kaal bare, bald
de kaart map
het kaartje ticket
de kade embankment, dike
het kader, -s framework
het kalf, kalveren calf, dope
kalm calm
kalmeren to calm
de kamer, -s room, living room
kameraadschappelijk comradely
kammen to comb
het kamp camp
het kanaal canal; *het Kanaal* the English Channel
de kans chance; *de ~ lopen* to run the risk; *~ op* chance for
de kant side; *deze ~ uit* this way, in this direction
kapitalistisch capitalistic
kapot broken
kapottrekken (sep., str.) to pull apart
de kapper, -s hairdresser
de kapstok coat-rack
het karakter, -s character
de karbonade, -s, -n chop

karig stingy
het karretje car
het karton, -s cardboard
de, het karwei job
de kassabel cash-register bell
de kastanje, -s chestnut
de kat cat
het, de katoen cotton
kauwen to chew
de keel throat
de keer time; *nog een ~* again, one more time; *op een~* at one point; *~ op ~* time after time
de keerzijde opposite side; *~ van de medaille* other side of the coin
de keet shed, shanty
keihard hard-boiled, hard as nails
de kelder, -s basement (café)
de kelderkast basement closet
de kelner, -s waiter
kenmerken to characterize
kennelijk obvious, apparent
kennen to know, be acquainted with; *te ~ geven* to let it be known
de kennis acquaintance
de kerel, -s guy
keren to (re)turn, turn around
de kerk church
de kerkdienst church service
de kerkganger, -s church-goer
de kerktijd church-time
de kermis fair
de kermispijp (target) pipe at fair
de ketter, -s heretic
de keuken, -s kitchen
de keukenkast kitchen cupboard
de keukenla, -la's, laas kitchen drawer
keurig orderly, neat, exquisite
de keurigheid elegance
de keus choice
de kiepauto, -s dump truck
kiezen (koos, gekozen) to choose
kijken (keek, gekeken) to look, see, watch; *~ naar* to look at; *~ op* to look at
kil chilly
de kilometer, -s kilometer
het kind, kinderen child
kinderlijk childlike
kinderloos childless
de kinderloosheid childlessness
de kindertijd childhood
de kist chest, box
kitscherig cheaply sentimental
de klaagzang lament
klaar finished, done, ready
de klaarheid clarity
klaarmaken (sep.) to prepare, cook

klaarzetten (sep.) to set out
de klacht complaint
klagen (over) to complain (about)
klam clammy, damp
de klank (spoken) sound
de klant customer
de klap blow, slap; *met één ~* instantly
de klapdeur swinging door
klappen to clap
de klarinet clarinet
het klarinettenconcert clarinet concerto
de klas class
klassiek classic
klaverjassen to play *klaverjas* (a card game)
het kledingstuk article of clothing
het kleed, kle(de)ren) garb
de kleerkast wardrobe
klef clammy
klein small
kleinburgerlijk petty-bourgeois
kleineren to belittle
de kleinzoon, -en, -s grandson
klemmen to clamp, clasp
de klep ramp
de kleren(pl.) clothes
de klerenhaak (clothes) hanger
kletsen to talk nonsense
de kleur color; *van ~ verschieten* to turn pale
kleurloos colorless
kleven to stick
de klimkooi jungle-jim
klimmen (klom, is or *heeft geklommen)* to rise
klinken (klonk, geklonken) to sound
de klok clock
kloppen to pound, beat, knock, agree
kluisteren to shackle
de kluit lump; *uit de kluiten gewassen* strapping
de knal bang
knarsetanden to gnash one's teeth
knellen to pinch
knetteren to sputter, rattle
de knie knee
knielen to kneel
de knieschijf kneecap
knijpen (kneep, geknepen) to pinch, squeeze
de knik nod
knikken to nod, give way
knipogen to wink
knippen to trim
knoeien to mess around
de knoop button
het knoopsgat, -gaten buttonhole

de knop knob, button
knopen to knot
knuffelen to cuddle
de knul lout
de knutselaar, -s tinkerer
kocht: see *kopen*
de koe, koeien cow
het koekje (sweet) biscuit, cookie
koel cool
koelbloedig cold-blooded
koesteren to harbor
de koffer, -s suitcase
de koffie coffee
de koffiekop coffee cup
de koffiepot coffee pot
koken to cook, boil
kokhalzen to gag
de kolom column
komen (kwam-kwamen, is gekomen) to come, come about, happen; *~ aan* to touch; *~ op* to get (an idea); *verder ~* to get further; *erachter ~* to find out about it; *te weten ~* to find out about; *ertoe ~ tot* to decide on it; *~ tot* to manage; *~ te inf.* to end up ---ing
komisch comic
de komst arrival
kon, konden; see *kunnen*
het konijn rabbit
de koning king
de kook boiling; *van de ~ brengen* to confuse
de koon (poetic) cheek
het, de koord rope
de koorts fever, temperature
de kop head, headline, cup (of)
kopen (kocht, gekocht) to buy; *iets ~ van* to buy something with
het koper brass
koperen (made of) copper, brass
koppig stubborn
kordaat resolute
de korrel, -s grain
kort short
kortaf simply
kortom in short
kortstondig short-lived
de kost cost; *de kosten* (pl.) expense(s); *op kosten van iemand* at someone's expense; *ten koste van alles* at all costs
kostbaar expensive
kosten to cost
het kostgeld room-and-board money
het kostuum suit
de kostuumafdeling suit department
de kou cold
koud cold

de kous stocking
de kraag collar
kraakhelder spic-and-span
het kraaloog(je) beady eye
de kraan faucet
de kramp cramp
kranig bold; *zich ~ houden* to put up a
  bold appearance
de krans wreath
de krant newspaper
de kreet cry
krenken to harm
kriebelen to tickle
de kriebeling creepy feeling
krijgen (kreeg, gekregen) to get
het krijt chalk
de krijtstreep chalk mark
de kris (Indonesian) dagger
krissen to stab (to death) with a *kris*
de kritiek critique, review; *~ op* criticism
  of
kritisch critical
de kroeg bar
de kroegbaas bartender
kroeglopen (sep., str.; inf. only) to go bar-
  hopping
de krokus crocus
de kroniek chronicle
kronkelen to twist
de kroonprins, -prinsen crown prince
het kroost offspring
de kruimel, -s crumb
de kruimeldief petty thief
het kruis, kruisen cross
kruisen to cross
het krulhaar curly hair
de kudde, -n, -s flock
kunnen (kon-konden, gekund) to be able,
  be possible
de kunst art
de kurk cork
kussen to kiss
het kwaad harm; *het kan geen ~* it can't
  do any harm
kwaad angry, bad
kwaadaardig virulent
de kwaal illness
de kwakzalver, -s quack
kwalijk: ~ nemen to resent
kwam: see komen
het kwartier, -en, -s quarter of an hour
de kwelgeest tormentor
de kwestie, -s question
kwetsen to injure
kwijnen to linger
kwijt: ~ zijn to lose, be rid of
het kwintet quintet

L

de la, -'s drawer
laag low
de laag layer
de laan avenue
de laars boot
laat late; *hoe ~* at what time; *even later* a
  bit later
laatst last; *voor het ~* for the last time; *ten
  laatste* at the latest;
de lach laugh
lachen to laugh
lachwekkend laughable
laf cowardly
de lafheid cowardice
de lagerwal: aan ~ on hard times
het laken, -s (bed) sheet
de lamp lamp, bulb, light
de lampion, -s Chinese lantern
het lamplicht lamp light
het land land; *het ~ hebben aan* to hate
landerig bored
de landerijen (pl.) farmland
de landgenoot compatriot
de landing landing
de landweg, -wegen country road
lang long; *zo ~* for such a long time;
  twintig jaar ~ for twenty years
langs along, through, by way of, by; *~ +
  heen* past; *voor iemand ~* in front of
  someone; *~ komen* to come by
languit streched out
langzaam slow
de lans, lanzen lance; *een ~ breken voor*
  to stand up for
het lantaarnlicht street light
de lantaren, -s street light
larmoyant tearful
lassen to weld
de last burden; *~ hebben van* to have
  trouble with
laten (liet, gelaten) to let, permit, leave,
  cause; *~ zien* to show; *~ zeggen* to in-
  form; *~ vragen* to have inquiries made;
  niet kunnen ~ not to be able to help; *iets
  ~ doen* to have something done
lauw lukewarm
leden: see lid
het leder leather
de leeftijd age
leeg empty
leegdrinken (sep., str.) to empty (by drinking)
leegeten (sep., str.) to eat up; *het bord
  ~* to clean one's plate
leeghalen (sep.) to empty

het leen: te ~ on loan
de leeszaal reading room; *openbare ~* public library
de leeuw lion
de leeuwekop lion's head
het leeuwenaandeel lion's share
legendarisch legendary
leggen to lay, put
de legkast linen closet
leiden to lead
de leider, -s leader
de leiding lead
lek flat (tire)
lekker tasty, nice; *~ + adj.* nice and + adj.; *~ als kip* fit as a fiddle
lenen to loan
lenig supple
de lente, -s spring
de lepel, -s spoon
leren to study; *~ kennen* to get acquainted with
letten (op) to pay attention (to)
letten to prevent
de letter, -s letter (of the alphabet)
letterlijk literal
de leugen, -s lie
leuk nice; *wat ~* how nice, what fun
leunen to lean
het leven, -s life, commotion; *om het ~ komen* to die
leven to live
de levensbehoefte necessity of life
levensgevaarlijk highly dangerous, deadly
het levensjaar year of life
levenslustig vivacious
de levensmiddelenwinkel grocery store
levensnoodzakelijk vital
lezen (las-lazen, gelezen) to read; *~ over* to read about
het lichaam body
lichamelijk physically
het licht light
licht light, easy, slight
lichtblauw light blue
lichtgrijs light gray
lichtjes slightly
de lichtpaal lamp post
het lid, leden member, eyelid
de lidmaatschapskaart membership card
het lied, liederen song
liederlijk miserable
lief dear, sweet
de liefde love
liefhebben (sep., irr.) to love
liefst: ~ nog even better
liegen (loog, gelogen) to lie
lievelings- favorite

liever preferably, rather; *ik heb ~ dat* I'd prefer that
lieverle(d)e: van ~ gradually
de liftkoker, -s elevator shaft
liggen (lag-lagen, gelegen) to lie, be; *gaan ~* to lie down; *dat ligt aan mij* that's my fault; *~ aan* to be ascribed to
lijden (leed, geleden) to suffer (because of)
de lijfwacht bodyguard
lijken (leek, geleken) to appear, seem; *~ op* to resemble, look like; *~ of* to look as if; *~ naar* to look like
lijkwit white as a sheet
de lijn line; *in grote lijnen* in general terms
de lijst list
linker- left
links left
linksaf to the left
het linnen linen
de linnenkast linen closet
het lint (typewriter) ribbon
de lip lip
het lippenrood lipstick
de lippenstift lipstick
de list artifice
loeien to wail (siren)
het lof: Brussels ~ endive
de lofzang song of praise
de logé, -s (g = zh) lodger
de logée, -s (g = zh) (female) guest
het logeergeld (g = zh) room rent
de logeerkamer, -s (g = zh) guest room
logeren (bij) (g = zh) to stay (at the home of)
logisch logical
de lok lock
lomp clumsy
de long lung
het lood lead; *uit het ~ slaan* to bewilder
loodsen to steer
loom lethargic
de loomheid lethargy
het loon wage
loontrekkend wage-earning
de loop course; *in de ~ der jaren* through the years
lopen (liep, is or heeft gelopen) to walk, go, run
de loper runner (on a staircase)
los loose
losbarsten (barstte los, is losgebarsten) to burst forth
losjes casually
losknopen (sep.) to untie, unbutton
loskomen (is) (sep., str.) to come loose

loslaten (sep., str.) to let go of
losmaken (sep.): *zich ~* to detach oneself
losrukken (sep.) to jerk loose
losschroeven (sep.) to unscrew
lossen to release
louche sleazy
louter mere
de lucht air, light, smell; *de ~ in* up into the sky; *~ geven aan* to give vent to
luchten to air
de luchter, -s chandelier
luchtig casual
de luchtzak pocket of air
de lucifer, -s match
luid loud
luidop out loud
luidruchtig boisterous, noisy
luisteren (naar) to listen (to)
lunchen to have lunch
de lust desire
lusteloos listless
de lustmoord sex-murder
de luxe luxury

M

'm = hem
de maag stomach
maagdelijk virgin
de maagkramp stomach cramp
de maagscheur stomach rupture
de maagstreek midriff
de maagzweer stomach ulcer
de, het maal time
de maand month
maar but, just, only
de maat size
maatschappelijk social
de machine, -s machine, typewriter
de machinefabriek engine plant
machteloos powerless
de machteloosheid helplessness, powerlessness
machtig powerful; *het werd mij te ~* it got to be too much for me
mag: see *mogen*
het magazijn storeroom
mager thin
magisch-realist magical realist
maken to make; *te ~ hebben met* to have to do with; *niets mee te ~* nothing to do with, irrelevant
de maker, -s maker
makkelijk comfortable
malen to grind, chew
de mammoet, -en, -s mammoth
het mammoetdok mammoth dock

de man man, husband
de mand basket
manen to urge
de manier manner, way; *op een ~* in a manner
de mankepoot cripple
mankeren to miss; *er mankeert niets aan* there's nothing the matter with it
mannelijk male
de manshoogte height of a man
de mantel, -s coat
de map folder
de markt market (square)
martelen to torture
het masker, -s mask
de mat doormat
de matheid weariness
matig moderate
de, het matras mattress
me = mij
de mechanica mechanics
Mechelen: city in the province of *Antwerpen*
Mechels of, from *Mechelen*
de medaille, -s medal
mede also
mededelen (sep.) to communicate
het medelijden pity
mediteren to meditate
mee along
meedogenloos ruthless
meegaan (is) (sep., str.) to go along
meegeven (sep., str.) to send along (with), give away
meelevend sympathetic
meelijdend sympathetic
meemaken (sep.) to experience
meenemen (sep., str.) to take along, bring along
meer more, any more; *niet ~* no more, no longer; *wel ~* often; *te ~* all the more
meesmuilen to grin mischievously
meest most; *de meeste* most of the
meestal usually
de meester, -s master; *zich ~ maken van* to take possession of
de meesterknecht, -s, -en foreman
het meesterstuk masterpiece
het meesterwerk masterpiece
meetrekken (sep., str.) to pull along
meevallen (is) (sep., str.) to turn out well
meewarig compassionate, pityingly
de meid girl
het meisje girl
de meisjestijd girlhood
het meisken, -s girl (affectionate; Flemish)
mekaar: see *elkaar*

de melatibloem jasmine flower
melden to announce, report
de melding mention, announcement
de melk milk
de melkboer milkman
melken (melkte or *molk, gemolken)* to take care of (animals)
memoreren to recall
men one
de meneer sir, the gentleman, Mr.
menen to think, mean, fancy
menigeen many a one
de menigte, -n, -s multitude
de menopauze menopause
de mens person, human; *mensen* people; *geen mens* no one
de mensengedaante, -n, -s human form
het mensenleven, -s human life
de menstruatie period
de merel, -s blackbird
het merg marrow
het merk brand
merkbaar noticeable
merken to notice; *iets ~ aan* to notice something about
merkwaardig remarkable
het mes knife
met with; *~ dat al* in spite of everything; *~ De Bruin* De Bruin speaking; *~ ons drieën* the three of us
metalen metallic
meteen right away, at once
de meter, -s meter
de meterkast meter-box
methodisch methodical
het meubel, -en, -s piece of furniture; *meubelen, meubels* furniture
de meubelindustrie furniture industry
het meubilair furnishings
meubileren to furnish
mezelf myself
de middag, -dagen afternoon
het midden, -s middle; *~ op* in the middle of; *te ~ van* in the midst of
de middenbladzijde center page
middendoor through the middle
het middenschip nave
de middenstand (the class of) tradespeople
de middernacht midnight
middernachtelijk midnight
mij me, to me; *van ~* mine
mijn my
mijzelf myself
mild generous, mild, slight
het miljoen million
min: ~ of meer more or less; *zo ~* as little as

minachtend disdainful
minder less, fewer
de minnaar, -s, -en lover
minst least; *op zijn ~* at the very least; *ten minste* at least
minutenlang for minutes
de minuut minute
mis wrong
de, het miskraam miscarriage
mislopen (is) (sep., str.) to miss
mislukken (is) to go wrong
de mislukking failure
mismoedig dejected
misprijzen (misprees, misprezen) to disdain
de mispunt louse
misschien perhaps, maybe
misselijk queasy
missen to miss
de mist fog
misverstaan (sep., str.) to misunderstand
het misverstand misunderstanding
m'n = mijn
mobiliseren to mobilize
mocht could, was allowed to; see *mogen*
de mode, -s fashion
het model model; *~ staan voor* to be a model for
het modemagazijn women's clothing store
moe tired
de moed courage; *in arren moede* angrily
de moeder, -s mother
moederlijk motherly
de moederskant: van ~ on mother's side
de moederstad native city
moeilijk difficult, hardly
de moeilijkheid difficulty
de moeite difficulty, trouble; *het kost me ~* it is hard for me
moeizaam laborious
de moerasbewoner, -s swamp-dweller
moesen to mash
moeten (moest, gemoeten) to have to, must, ought to, be supposed to, be necessary; *wat moet dat?* what does that mean?; *wat moet hij?* what does he want?
mogelijk possible
de mogelijkheid possibility
mogen (mocht, gemoogd or *gemogen* or *gemocht)* to be permitted (to), be allowed, be able
molesteren to damage
mollen to do in
het moment moment, instant

mompelen to mumble
de mond mouth; *de ~ houden* to keep quiet; *in de ~ nemen* to say
de mondhoek corner of the mouth
de monoloog monolog
monosyllabisch monosyllabic
mooi pretty, beautiful, handsome, fine
de moordbenen (pl.) terrific legs
de moordkuil bandits' den; *van het hart geen ~ maken* to let all one's feelings come out
moreel moral
de morgen morning, tomorrow, the next day; *op een ~* one morning; *'s morgens* in the morning
morsen to spill
het motief motif
de motor, -en, -s engine
muf stale
de muil mouth (of a large ferocious animal)
munten: het op iemand gemunt hebben to have it in for someone
de muts hat, cap
de muur wall
de muziek music
muzikaal musical

N

'n =een
na after, afterwards; *iets ~* something for dessert
de naad seam
naakt naked, unadorned
de naam name
naar towards, to; *~ + toe* toward, over to
naarmate (in proportion) as
naast next to, beside
de nacht night(time); *op een ~* one night; *'s nachts* at night
nachtelijk nocturnal
het nachtleven night life
de nachtmerrie, -s nightmare
nadat after
nadenken (sep., irr.) to think, consider; *~ over* to think about
nader nearer, in more detail
naderbij closer, nearer
naderen to approach
nadien after that
de nadruk emphasis
nadrukkelijk emphatic
nagenieten (sep., str.) to continue to savor
nahijgen (sep.) to continue to pant
nahouden (sep., str.): *er op ~* to maintain
naïef naive

het najaar fall
de najaarsaanbieding fall offerings catalog
najagen (sep., irr.) to pursue
nakijken (sep., str.) to watch, follow (with one's eyes)
nalaten (sep., str.) to leave behind, leave undone, omit; *ik liet nooit na* I never failed
de nalatenschap inheritance
namaak- imitation
namelijk you see, as a matter of fact
nameloos nameless, unspeakable
de namiddag, -dagen afternoon; *'s namiddags* in the afternoon
de namiddageditie, -s afternoon edition
de narcis narcissus
naroepen (sep., str.) to call after
nasaal nasal
naslaan (sep., str.) to look up
nat (van) wet (with)
de natuur nature
natuurlijk natural, of course
nauw narrow
nauwelijks scarcely
nauwlettend closely
navertellen (sep.) to recount
navrant heartrending
de nazaat descendant
nazien (sep., str.) to follow with one's eyes
nazingen (sep., str.) to continue singing
nederig humble
de nederlaag defeat
de Nederlander, -s Dutchman, Dutch person
Nederlands Dutch
nee, neen no; *~ toch?* not really?
de neef nephew
neerkijken (sep., str.) to look down
neerkomen (is) (sep., str.) to come down
neerleggen (sep.) to lay down, leave (lying)
neerslaan (sep., str.) to knock down
neerzetten (sep.) to set down, put
neerzinken (sep., str.) to sink down
negatief negative
negen nine
de neger, -s negro
de neiging inclination
de nek (back of the) neck
nemen (nam-namen, genomen) to take, have; *tot zich ~* to consume
de neonbuis fluorescent tube
nergens nowhere; *~ voor* for nothing
nerveus nervous
net just, just like, exactly; *~ of* just as if; *~ als* just like

netjes tidy, proper

neuriën to hum

de neus nose

het neusgat, -gaten nostril

de nevel, -s, -en haze, fog

nevelig misty

niemand no one, not anyone

niet not; ~ *eens* not even; *zo* ~ if not; *he-lemaal* ~ not at all; ~ *meer* no longer; *al dan* ~ whether or not

niets nothing, not one bit; *helemaal* ~ nothing at all; *dat geeft* ~ that doesn't matter; ~ *daarvan* none of that, nothing doing; ~ *geen* ... there'll be no ...; ~ *dan* nothing but

de nietsnut good-for-nothing

niettemin nevertheless

nieuw new

het nieuws news

de nieuwsdienst news (service)

nieuwsgierig (naar) curious (about)

de nieuwsgierigheid curiosity

nijdig nasty, angry

de nikker, -s negro (condescending)

niks = niets

nimmer = nooit

nippen to nip

nobel noble(-minded)

nochtans nevertheless

nodig necessary; ~ *hebben* to need; *zo* ~ if need be; *indien* ~ if necessary

noemen to call, name; *de naam* ~ to say the name

nog still, besides, even; ~ *steeds* still; ~ *eens* again; ~ *een keer* again, one more time; ~ *even* just, a moment, a little longer; ~ *maar* only; ~ *wel* sometimes; ~ *nooit* never yet; ~ *eenmaal* once again; ~ *wat* ... some more ...; ~ *een* one more

nogal rather, quite a bit; ~ *eens* now and then

de nonsens nonsense

noodlottig fateful

noodzakelijk necessary

nooit never; *nog* ~ never yet; ~ *meer* never (again)

het noordoosten northeast

het Noors Norwegian (language)

normaal normal

nors gruff

nota bene if you please

nou now; ~ *ja* oh well; ~ *goed* well o.k.; see *nu*

de novemberdag, -dagen November day

de novembernevel, -nevels, -nevelen November mist

nu now, now that; ~ *eenmaal* just (happens to); ~ *nog* even now; *tot* ~ *toe* up until now

nuanceren to modify slightly

nukkig moody

het nummer number

de nummering numbering

nuttig useful

nuttigen to consume

O

o oh

de obsessie, -s obsession

obstinaat obstinate

och oh

de ochtend morning; *'s ochtends* in the morning

de oefening exercise

de oertijd prehistoric times

het oerwoud jungle

de oester, -s oyster

de oever, -s bank (of river)

of or, whether, as if, when

de officier, -en, -s officer; ~ *van justitie* prosecutor

ofschoon although

ofwel or

het ogenblik moment

ogenblikkelijk direct, instant

het ogenduel, -s, -en duel with the eyes

okee okay

de oksel, -s armpit

de oliehaard oil burner

om around, about, on account of, because of, at; ~ + *heen* around

om: ~ *te* + *inf.* (in order) to + *verb*

om all over; ~ *en* ~ mutually

omdat because

omdraaien (sep.) to turn over, turn (around); *zich* ~ to turn around

de omgang social intercourse

omgekeerd turned around

omheen around

omhoog up(ward), upright

omhoogtrekken (sep., str.) to pull up

omhoogwippen (is) (sep.) to swing up

omkeren: (sep.) *zich* ~ to turn around

omkijken (sep., str.) to look around, look back

omlaag down below

de ommekeer reversal

omroepen (sep., str.) to announce, call out

omslaan (sep., str.) to turn (over)

de, het omslag envelope

omspitten (sep.) to spade up

omspoelen (sep.) to wash out

154

de omstanders (pl.) onlookers
omstandig roundabout
de omstreken (pl.) environs
omstreeks around
omvallen (is) (sep., str.) to fall down
omwassen (sep., irr.) to wash up
omzomen to fringe
onaangenaam unpleasant
onaardig: niet ~ nice
onafhankelijk independent
onbeheerst unrestrained, uncontrolled
onbekend unacquainted, unknown
onbelangrijk unimportant
onbeleefd rude, impolite
onbeschrijfelijk indescribable
onbestemd indefinite, indeterminate, vague
onbevredigend unsatisfying
onbeweeglijk motionless
onbewimpeld outspoken
onbewust unconscious
het onbewuste the unconscious
de onbezonnenheid thoughtlessness
oncomfortabel uncomfortable
ondanks in spite of
ondenkbaar unthinkable
onder under, among, along with; *~ het + inf.* while ---ing
onder below; *~ aan de trap* at the bottom of the stairs
onderaan: ~ de trap at the bottom of the stairs
het onderbewuste, onderbewustzijn subconscious
onderbreken (onderbrak-onderbraken, onderbroken) to interrupt
de onderdaan subject
het onderdeel part
de onderdirecteur, -en, -s assistant manager
onderdrukken to suppress
onderen: van ~ from below
ondergaan (onderging, ondergaan) to experience, feel
het onderhemd undershirt
onderkennen discern
de onderlip lower lip
ondermijnen undermine
de onderscheiding distinction
het onderspit: het ~ delven to lose out
onderst lowest, lower, bottom
ondersteunen to support
onderstrepen to emphasize
ondertekenen to sign
de ondertoon undertone
ondertussen meanwhile
ondervinden (ondervond, ondervonden) to experience

onderweg on the way
het onderwerp subject
onderwerpen (onderwierp, onderworpen) to submit
het onderwijs education
de onderwijzeres teacher (fem.)
het onderzoek research (project)
onderzoekend searching
ondoordacht casual
ondoorzichtig nontransparent
onduidelijk unclear
de oneffenheid unevenness
oneindig infinite
ongebruikt unused
ongedaan undone; *~ maken* to undo
ongedeerd unscathed
ongeduldig impatient
ongedurig restless
ongehoord unheard-of
ongekamd uncombed
ongelijk unequal
ongelofelijk unbelievable
het ongeluk unhappiness
ongelukkig unhappy
ongerust worried, uneasy; *~ maken* to worry
ongeschonden undamaged
ongeschoold unskilled
ongetwijfeld undoubtedly
ongeveer approximately
ongevoelig insensitive
ongewoon unusual
ongezond unhealthy
onhandig awkward, inept
onherbergzaam inhospitable
onherroepelijk irrevocable
onleesbaar illegible
onmachtig powerless
onmiddellijk immediate
onmisbaar unmistakable
onmogelijk impossible
onnodig unnecessary
ononderbroken uninterrupted
onopgemerkt unnoticed
onovertroffen unsurpassed
onpersoonlijk impersonal
het onrecht: ten onrechte unjustly
onregelmatig irregular
de onrust uneasiness
onrustig restless
ons, onze our
onschadelijk harmless; *iemand ~ maken* to put someone out of the way
onszelf ourselves
ontberen to do without
ontbieden (ontbood, ontboden) to summon

ontbreken (ontbrak-ontbraken, ontbroken) to be wanting

ontcijferen to decipher

ontdekken to discover

de ontdekking discovery

de ontdekkingsreiziger, -s explorer

ontdoen (ontdeed, ontdaan): zich ~ van to rid oneself of

ontglippen to escape

de ontgoocheling disillusionment

ontkomen (ontkwam-ontkwamen, is ontkomen) to escape

ontmoeten to meet

de ontmoeting meeting, encounter

ontploffen to explode

de ontrouw infidelity

ontslapen (ontsliep, is ontslapen) to pass away

de ontslapene the deceased

ontsnappen to escape

ontspannen (ontspande, ontspannen): zich ~ to be relaxed

ontstaan (ontstond, ontstaan) to come about, to develop

ontsteken (ontstak-ontstaken, ontstoken) to light

ontsteld alarmed

de ontsteltenis consternation

ontvangen (ontving, ontvangen) to receive

de ontvangst reception

ontveinzen: zich ~ to pretend one doesn't know

ontwaken (is) to awaken

het ontwerp design

ontwerpen (ontwierp, ontworpen) to design

onveranderlijk unchanging

onverdienstelijk: niet ~ creditable

onverklaarbaar inexplicable

onverkoopbaar unsalable

onvermijdelijk inevitable

onverschillig indifferent

de onverschilligheid indifference

onverstaanbaar incomprehensible

onverwacht unexpected

onvolwassen immature

onvoordelig disadvantageous

onvriendelijk unfriendly

de onvriendelijkheid unfriendliness

onwaarschijnlijk improbable

onweerstaanbaar irresistible, unrestrainable

onwillekeurig inadvertent

onwrikbaar immovable

de Onze-Lieve-Vrouwetoren tower of the Church of Our Lady

onzeker unsure; *in het onzekere* in the dark

de onzekerheid uncertainty

de onzin nonsense

het oog eye; *uit zijn ogen* out of his sight; *onder vier ogen* with one other person, in private; *iemand onder ogen komen* to appear before someone

het ooglid, -leden eyelid

ooit ever; *~ wel eens* ever at all

ook also, accordingly; *~ nog* besides; *hoe ~* however; *~ al* even when, even though; *~ als* even if

de oom, -s uncle

het oor ear

het oord place

het oordeel judgment; *van ~ zijn* to be of the opinion

de oorlog war

oorspronkelijk original

de oorwurm earwig; *een gezicht als een ~* a sour face

de oorzaak cause

de oostenwind east wind

oosters oriental

op on, onto, at, in; *~ iemand af* toward someone; *~ en neer* up and down

op all gone; *teveel ~ hebben* to have too much (to drink)

opbellen (sep.) to phone

opbiechten (sep.) to confess

opbrengen (sep., irr.) to raise; *de moed ~* to muster up the courage

opdagen (is) (sep.) to come into view

opdat so that

opdirken (sep.) to doll up

opdissen (sep.) to serve up

opdraaien (is) (sep.) to turn onto

de opdracht charge, assignment

opdragen (sep., str.) to assign

opeens suddenly, all at once

de opeenstapeling accumulation

de opeenvolging succession

open open

openbaar public

openblijven to stay open

opendoen (sep., irr.) to open (the door)

opendraaien (sep.) to open

openduwen (sep.) to push open

openen to open

opengaan (is) (sep., str.) to open

openhouden (sep., str.) to hold open

de opening (tot) opening (for)

de openingsrede, -s speech for the (grand) opening

openmaken (sep.) to open

openschuiven (sep., str.) to push open

openslaan (sep., str.) to open
opensnijden (sep., str.) to cut open
opensperren (sep.) to open wide
openstellen: (sep.) *zich ~ voor* to be receptive to
opentrekken (sep., str.) to pull open
openvouwen (vouwde open, opengevouwen) to fold open
de operatie, -s operation
opereren to operate on
opgelucht relieved
opgerold rolled up
opgeven (sep., str.) to give; *hoog ~ van* to speak highly of
opgewekt cheerful, in high spirits
opgewonden excited
opgroeien (is) (sep.) to grow up
ophalen (sep.) to fetch; *de schouders ~* to shrug the shoulders
opheffen (sep., str.) to lift up
ophelderen (sep.) to clear up
ophouden (sep., str.) to stop, detain; *~ met* to stop
opkijken (sep., str.) to look up
de opklapbrug (counterpoised) drawbridge
opklaren (sep.) to clear up
opklimmen (is) (sep., str.) to climb
opkomen (is) (sep., str.) to arise; *bij iemand ~* to enter someone's mind
opkrijgen (sep., str.) to receive (an assignment)
opletten (sep.) to notice, pay attention to
opleveren (sep.) to yield, provide
oplopen (is or heeft) (sep., str.) to incur, experience, walk along, mount
oplossen (sep.) to resolve, solve; *zich ~* to dissolve
de oplossing solution
opluchten (sep.) to relieve
de opluchting relief
opmaken (sep.) to make up, use up, decide
opmerkelijk striking
opmerken (sep.) to notice, observe
de opmerking comment
opnemen (sep., str.) to take, pick up, record
opnieuw anew, again
opnoemen (sep.) to cite
oppassen (sep.) to watch out (for); *~ voor* to watch out for
opperbest superb
de oppervlakte, -n, -s surface
oprapen (sep.) to pick up
oprecht sincere
oprennen (is) (sep.) to run up

oprichten (sep.) to set up, establish, raise
de oprichting establishment
oprijzen (is) (sep., str.) to arise
oproepen (sep., str.) to call to mind
oprotten (is) (sep.) to beat it
opschepen (sep.) to saddle, encumber
opschieten (is) (sep., str.) to hurry up; *~ (met)* to make progress (with)
opschrijven (sep., str.) to write down
opschrikken (is or heeft) (sep.) to start, be startled
opsluiten (sep., str.) to lock up
opspringen (is) (sep., str.) to jump up
opspuiten (spoot op, opgespoten) to pump sludge (as landfill)
opstaan (is) (sep., str.) to get up, stand up
opstapelen (sep.) to pile up; *zich ~* to accumulate
opstellen (sep.) to compose, arrange
opstijgen (is) (sep., str.) to rise (up)
optillen (sep.) to pick up
het optreden appearance
optreden (is) (sep., str.) to go on stage
optrekken (is) (sep., str.) to pull up, rise, accelerate
opvallen (is) (sep., str.) to strike, be noticeable; *het valt mij op* I notice
opvallend conspicuous
opvangen (sep., str.) to catch
opvatten (sep.) to conceive
opveren (is) (sep.) to perk up
opvliegend short-tempered
opvolgen (heeft or is) (sep.) to succeed
opvreten (vrat-vraten op, opgevreten) to gobble up
opwaarts upwards
de opwinding excitement
het opzet intention; *met ~* on purpose
het opzicht respect
opzij to one side, at one side; *van ~* from the side
opzijgaan (is) (sep., str.) to step aside
opzijleggen (sep.) to lay aside
de orde order; *in ~* all right; *in ~ maken* to tidy up, straighten out; *tot de ~ roepen* to call to order
het orgaan organ
organisch organic
het orgasme orgasm
de origine (g = zh) origin
orkestreren to orchestrate
oud old; *de oude* the old man; *de ouderen* the older people
de oudelui (pl.) old folks
het ouderinstinct parent's instinct
de ouderling elder
de ouders (pl.) parents

ouwe: see *oud*

de oven   oven

over   over, about, on, across; ~ + *heen* over; ~ *twee uur*   after (in) two hours; *tien* ~ *acht*   ten after eight

over   extra; *te* ~   plenty of

overal   everywhere

de overall, -s   overalls

het overblijfsel, -s, -en   residue

overblijven *(is)*   (sep., str.) to remain

overbodig   unnecessary, superfluous

overdag   during the day(time)

overdoen   (sep., irr.) to turn over, repeat

overduidelijk   perfectly clear

de overeenstemming   agreement

de overgave   dedication

overhandigen   to hand over, give

overheen   on top of; *jaren* ~   years gone by

het overhemd   shirt

overhouden   (sep., str.) to save (money)

overigens   by the way, otherwise

de overkant: *aan de* ~   across the street

de overkapping   roof

overkomen *(is)*   (sep., str.) to come through, visit

overkomen *(overkwam-overkwamen, is overkomen)*   to befall, happen to

overlappen   to overlap

overlaten   (sep., str.) to leave

overleggen   to consider, reflect

overlopen *(is)*   (sep., str.) to run over

overmatig   excessive

de overmoed   pride

overmoedig   overconfident, reckless

overnemen   (sep., str.) to take over

overnieuw   anew

de overpeinzing   contemplation

overplaatsen   (sep.) to transfer

overrompelen   to overwhelm

oversparen   (sep.) to save up

overspelig   adulterous

oversteken *(is)*   (sep., str.) to cross (the street)

overstuur   upset

de overtreding   violation

overtrekken   (sep., str.) to cover

overtuigd   convinced

overtuigen   to convince

overvallen *(overviel, overvallen)*   to take by surprise

de overvloed   abundance

overwerken   (sep.) to work overtime

de overwinnaar, -s, -en   victor

de overwinning *(op)*   triumph (over)

overzetten *(op)*   (sep.) to transfer (to)

de pa, -'s   pa

de paal   post, pile

het paar   couple; *een* ~   a few, several, a pair (of)

de paardestaart   pony-tail

paarsgewijs   in pairs

het pakje   package

pakken   to pack, grab, get; *gepakt en gezakt*   all ready to go

pakweg   approximately

pal: ~ *achter elkaar*   right after each other

de palmboom   palm tree

de paniek   panic

de paniekstemming   mood of panic

panisch   panicky

de pannekoek   pancake

de pantalon, -s   trousers

de pantalonafdeling   trousers department

het papier   paper

papieren   (made of) paper

de parachute, -s   parachute

pardon   (I beg your) pardon

het, de parfum, -s   perfume

de parkeerplaats   parking space

het parket   team of investigative officers

parodiëren   to parody

de partij   side (in a confrontation), game

de pas   step, pace; *de* ~ *inhouden*   to stop

pas   not until, only, just

de paskamer, -s   fitting room

passen   to fit, be in place

passeren   to pass

de passie, -s   passion

pathetisch   pathetic

het pathos   grandiloquence

het patroon   pattern

de peer   pear; *met de gebraden peren zitten*   to be stuck with the result

de pekelzonde   tiny sin

de pen   pen

de pendule   mantelpiece clock

de penneslaaf   slave of the pen

de pensioenkas   retirement fund

de peper   pepper

het perron, -s   (railroad) platform

de persoon   person

persoonlijk   personal

de persoonlijkheid   personality

het perspectieftekenen   perspective drawing

pertinent   categorical

de pest   plague; *de* ~ *krijgen in*   to get a pain in the neck

de pet   cap, hat

de peter   godfather

het peukje (cigarette) butt
peuteren to pick
de pier pier
de pijn pain; ~ *doen* to hurt
pijnigen to torture; *de hersens* ~ to rack one's brains
pijnlijk painful
de pijp pipe, pantleg
pijpenrek pipe-rack
pikzwart jet-black
de, het pils beer
pips under the weather, peaked
piramidaal pyramidal
de plaat picture, print, (phonograph) record
de plaats place, room, town, role; *in* ~ *van* instead of
plaatselijk local
plaatsen to put in place, land
plaatsvinden (sep., str.) to take place
het plafond, -s ceiling
plakken to paste
het plan plan; *van* ~ *zijn* to intend, plan
de plank shelf
de plant plant
planten to plant
de planteneter, -s herbivore
plassen to go (to the bathroom), splash
het plat blade
plat flat
het platstuk pleat
de plattegrond map (of a city)
het plaveisel, -s pavement
plechtig solemn, stately
de pleegouders (pl.) foster parents
plegen (placht, –) to tend to, be in the habit of
de pleister, -s: een ~ *leggen op de wond van* to offer consolation for
pleiten to plead
de plek spot
het plezier pleasure; *iemand een* ~ *doen* to do a favor for someone
de plicht duty
de plichtpleging ceremony
de plint baseboard
de plof thud
ploffen to plop down
de plooi set expression
plooibaar pliable
plots suddenly
plotseling sudden
het plukje patch
het podium, -s, podia platform
het, de poeder, -s powder
poederen to powder
de poets: een ~ *bakken* to play a trick

poezel chubby
de poging attempt
de polder, -s polder, reclaimed land
de politie police
de politie-agent policeman
het politiebureau, -s police station
het politiekantoor = politiebureau
de pols, polsen pulse
de pomp pump; *loop naar de* ~ go to blazes
het pond pound (one-half kilogram)
de pont ferry boat
de poort entry gate
de poos while
populair popular
porren to poke
het portier (car) door
de portier, -s doorman
het portret portrait
de positie, -s position
de post post, mail
de postduif carrier pigeon
de postgirorekening postal checking account
het postkantoor post office
de postzegel, -s postage stamp
het potlood pencil
het praatje: een ~ *maken* to chat
het praatprogramma, -s talk show
de pracht splendor; *een* ~ *van een* a marvelous
het, de prachtidee, -en, -s great idea
prachtig splendid
praktisch practical
praten (over) to talk (about)
precies exact
preken to preach
prematuur premature
prettig pleasant, pleased
priemend piercing
de prijs price; *op* ~ *stellen* to appreciate
de prijskaart price tag
het prikje shot
prikken to prickle, spear (with fork)
pril early, tender
primitief primitive
het principe principle
de prins, prinsen prince
de prinses princess
proberen to try
het probleem problem
het proces-verbaal, processen-verbaal (police) deposition
proclameren to proclaim
produceren to produce
het produkt product
profijtig economical

het programma, -s plan, show
de promotie, -s promotion; ~ *maken* to be promoted
promoveren (is) to get a doctorate
de prooi prey
de prop bunch, tuft
de propeller, -s propeller
proppen to stuff
protesteren to protest
het protocol protocol
het proza prose
het prul trash
de prulle(n)mand wastebasket
prutsen (aan) to tinker (with)
de psychiater, -s psychiatrist; *de psychiatrice* (fem.) psychiatrist
psychologisch psychological
psychosomatisch psychosomatic
het publiek public
de pukkel, -s pimple
het punt point; *op het ~ zijn om* to be on the point of
de punt point, toe (of shoe)
de put hole (in the ground)
het putwater well-water

R

de raad counsel; *(zich) geen ~ weten met* not to know what to do with
raadplegen to consult
het raadsel, -s, -en enigma
raadselachtig puzzling
raadzaam advisable
raak reckless
het raam window, framework
de radeloosheid bewilderment
raden (raadde or ried, geraden) to guess
de radio, -'s radio
het radiojournaal radio newscast
raken (heeft, is) to get, become, touch
het, de raket rocket
rammelen to rattle, jingle
de ramp disaster
de rancune, -s resentment
de rand edge
de rang rank
rap quick
rationeel rational
rauw raw, rough
de reactie, -s (op) reaction (to)
reageren to react
realiseren: zich ~ to realize
de recensie, -s review
de rechercheur, -s plain-clothes man
recht straight, direct, right; ~ *op* right to
rechten to straighten

rechter- right
de rechterstoel judgement-seat
rechtsaf to the right
rechtsomkeert: ~ *maken* to do an about face
rechtstreeks direct
de reclameboodschap commercial
reconstrueren to reconstruct
de redacteur, -en, -s editor
de redactie, -s board of editors, editorial staff
redden to rescue
redderen to put things in order
de rede, -s discourse; *in de ~ vallen* to interrupt
redelijk reasonable
de reden, -en reason; *om de ~* for the reason; ~ *tot* reason for
de redevoering oration
reeds already: ~ *maanden* for months
de reep strip
regelen to arrange for
regelmatig regular
regelrecht direct
de regen, -s rain
regenachtig rainy
regenen to rain
reiken to reach
de reiniging cleaning
de reis trip
de reisbenodigdheid item needed for a trip
reizen (heeft, is) to travel
het rek rack
de rekening bill
de rekenschap account; *zich ~ geven van* to realize
de rem brake
de renegaat renegade
rennen (heeft, is) to run
de rente, -n, -s interest
repareren to repair
repliceren to reply
reppen over to make mention of
de rest remainder
het restaurant, -s restaurant
het resultaat result
reusachtig gigantic
het reuzending monstrous thing
de rib rib
richten to address; ~ *op* to direct towards; ~ *tot* to direct to
de richting direction
het richtingsgevoel sense of direction
rieten wicker
het rietje (drinking) straw
de rij row

rijden (reed, is or *heeft gereden)* to ride, drive, go
rijk rich
het rijk realm
rijkelijk plenty of
de rilling shivering
rimpelig wrinkly
de ring ring
rinkelen to tinkle
de riolering sewage system
ritselen to rustle
de rivier river
de robe, -s gown
de roede rod
de roekeloosheid recklessness
roepen (riep, geroepen) to call, shout, exclaim; *erbij ~* to summon
roerloos motionless
roestig rusty
roffelen
roken to smoke
de rol roll
rollen to roll
de roman, -s novel
de romanschrijfster, -s (woman) novelist
romeins Roman
rond about
rond round
de ronde, -n, -s: de ~ doen to make the rounds
het rondje tour
rondlopen (heeft, is) (sep., str.) to go around
rondom round about, in connection with
rondreizen (heeft, is) (sep.) to travel around
rondvliegen (heeft, is) (sep., str.) to fly around
rood red
de rook smoke
de rookwolk cloud of smoke
ros ruddy; *het rosse leven* the wild life
rose pink
rot wretched
rot- lousy, rotten
het routinegeluid routine noise
routinematig routinely
royaal generous
de rozestruik rose bush
de rug back; *achter de ~ hebben* to be finished with
het ruggemerg spinal marrow, spine
ruiken (rook, geroken) to smell; *~ naar* to smell of
de ruil exchange
ruim spacious
de ruimte, -n, -s space, room

ruisen to swish
de ruit pane (of glass)
rukken to tug
de rum rum
de rust calm, tranquility; *tot ~ komen* to become relaxed
rusten to rest
rustiek rustic
rustig quiet, calm, peaceful
ruw rough

S

's = eens
de Sabbath sabbath
sacramenteel sacramental
de, het salon, -s sitting-room
samen together
samengraaien (sep.) to scrape together
de samenhang connection
samenzijn (is) (sep., irr.) to be together
de sandelhoutzalf sandalwood salve
de Scandinaviër, -s Scandinavian
sceptisch skeptical
de schaal dish, bowl
schaamteloos shameless
schaapachtig stupid
de schaar pair of scissors
schaars few
de schade damage
schaden to harm
de schaduw shade, shadow
de schakel, -s link
schallen to resound
schamper scornful
de schaterlach burst of laughter
de schavuit rascal
de schedel, -s skull
de schedelbreuk skull fracture
het scheepje model ship
het scheermes razor
schel piercing
schelden (schold, gescholden) to call names; *iemand de huid vol ~* to call someone every name in the book
schelen: het kan mij niet ~ I don't care; *het scheelt niet veel* it makes little difference
de schemerlamp floor lamp
schenken (schonk, geschonken) to give, pay (attention)
het schepje spoonful
scheppen (schiep, geschapen) to create
het schepsel, -en, -s creature
de scherf fragment; *aan scherven* to pieces
scherp sharp

de scheur tear

scheuren to tear

schieten (schoot, heeft or *is geschoten)* to shoot, dash; *te binnen ~* to come to mind

de schieting target competition

de schiettent shooting gallery

schijnen (scheen, geschenen) to seem

de schijnwerper, -s spotlight

schilderen to paint

de schim ghost

het schimmenspel, -spelen shadow-play

het schip, schepen ship

het Schipperskwartier Captains' District

schitteren to glare

schitterend splendid

de schoen shoe

de schok shock, jolt

de schommel, -s swing

de schooier, -s scum

de school school

het schoolvoorbeeld classic example

de schoolvriendin school friend (fem.)

het schoolwerk homework

schoon clean, beautiful

de schoonheid beauty

de schoonouders (pl.) mother- and father-in-law

schoonpoetsen (sep.) to polish

de schoonzoon, -s, -en son-in-law

de schoonzuster, -s sister-in-law

de schoorsteen mantelpiece

de schoot lap

schor hoarse

het schot panel

de schouder, -s shoulder

de schouwburg theater

de schraag wooden support, carpenter's horse

schrapen to scrape; *zich de keel ~* to clear one's throat

schrappen to scrape

de schrede stride, step

de schreeuw scream

schreeuwen to shout, scream

het schrift notebook

de schrijfmachine, -s typewriter

de schrijfster, -s woman writer

schrijven (schreef, geschreven) to write, prescribe

de schrijver, -s writer

de schrik fright

schrikken (schrok, geschrokken) to be frightened, give a start; *wakker ~* to awaken with a start

schrobben to scrub

schudden to shake

de schuif sliding shelf

schuilhouden (sep., str.): *zich ~* to hide out

schuin diagonal, at an angle, leaning to one side

de schuit barge, boat

schuiven (schoof, geschoven) to shove, slide, push

de schuld fault, guilt; *~ hebben aan* to be to blame for

het schuldgevoel, -gevoelens feeling of guilt

schuldig at fault, guilty

schuren to scrub, scrape

het, de schuttersgilde rifle club

de schuur shed

schuw timid

de scooter, -s motor scooter

de seconde, sekonde second

de secretaris secretary

secreteren to secrete

sedert since

seinen to telegraph

het sentiment sentiment

de septemberzon September sun

de serie, -s, -iën series

de sfeer atmosphere

sfeerloos dull, unimaginative

sidderen to tremble

sierlijk graceful

de sigaret cigarette

het sigarettepeukje cigarette butt

sinds since

de singel, -s canal, moat (or a street associated with it)

Sint-Niklaas: manufacturing town in the province of *Oost-Vlaanderen*

de sirene, -n, -s siren

sissen to hiss

de situatie, -s situation

sjouwen to lug; *~ met* to lift and move

de sla lettuce

slaan (sloeg, geslagen) to strike, crash; *in elkaar ~* to collapse; *~ op* to refer to; *naar beneden ~* to come down with a slam

de slaap sleep; *in ~ komen* to go to sleep

de slaapkamer, -s bedroom

het slaapmutsje nightcap

de slaapwandelaar, -s sleepwalker

het slachtoffer, -s victim

de slag, slagen blow, stroke; *op ~* instantly, on the spot

slagen (in) to succeed (in); *~ voor* to pass (an examination)

de slagzij list; *~ maken* to list

slank slim, slender

slap   limp, flabby
slapen (sliep, geslapen)   to sleep, to spend the night
slecht   bad
slechts   only, merely
de sleepboot   tugboat
de sleepdienst   towing service
slepen   to drag
slijpen (sleep, geslepen)   to sharpen
slijten (sleet, gesleten)   to pass (time), while away
slikken   to swallow
slim   sly, wily
de slinger, -s   garland
slingeren   to dangle, swing, meander
de slok   swallow
de sloot   ditch
het slot, sloten   conclusion; *per ~*   after all   *ten slotte*   ultimately; *tot ~*   finally
het slot, sloten   lock; *op ~*   locked; *op ~ draaien*   to lock
sluiten (sloot, gesloten)   to close
de smaak   taste
smadelijk   humiliating
smal   narrow
smeden   to forge
smeken   to implore
smeren   to spread, butter
smijten (smeet, gesmeten)   to fling
de smoking, -s   tuxedo
de smörebrödklank   sound of Scandinavian speech
de sneeuw   snow
snel   rapid, quick
snellen   to rush
snerpend   piercing
de snertroman, -s   cheap novel
snijden (sneed, gesneden)   to cut, carve
de snipper, -s   piece
de snoep   candy
snoeren   to lace; *iemand de mond ~*   to shut someone up
de snuit   snout
soepel   flexible
somber   gloomy
de somberheid   dejection
sommige   some
somptueus   sumptuous
soms   sometimes, perhaps
het soort   kind (of), sort (of); *een ~*   a kind of
de soort   kind, species, type
de sores   (pl.) worries
het souper, -s   (late) supper
de Sovjetunie   Soviet Union
de spa(de), spaden   spade
spannen (spande, gespannen)   to stretch;

het heeft erom gespannen   it was a close call
spannend   tight-fitting
de spanning   tension
sparen   to save
speciaal   especially
specifiek   specific
de speeltuin   playground
het spektakel, -s   spectacle
de speld   pin
de speldeprik   pin-prick
spelen   to play
de spiegel, -s   mirror
het spiegeltje   (rear view) mirror
de spier   muscle
spierwit   snow white
de spijker, -s   nail
de spijt   regret; *... ten ~*   in spite of ...; – *hebben van*   to regret
spijten (speet, gespeten): het spijt mij   I am sorry
spijtig   too bad
de spin   spider
splitsen   to split
spoedig   quick
spoelen   to wash, rinse
het spoor   trace, track, rail(way)
het spoorboekje: book of railroad time tables
de spoorboom   (railroad-crossing) gate
de spoordijk   railroad embankment
de spoorwegovergang   bridge over the railroad tracks
de sportwagen, -s   sports car
de spotlust   love of mockery
spotten   to sneer, mock
de sprake: ~ van   talk of; *geen ~ van*   no question of, out of the question
sprakeloos   speechless
spreiden   to spread; *zich ~*   to spread out
spreken (sprak-spraken, gesproken)   to speak, talk (to); *voor zichzelf ~*   to talk to oneself; *dat spreekt vanzelf*   that goes without saying; *sprekend lijken op*   to be the very image of
springen (sprong, is or *heeft gesprongen)* to jump
spuien   to spew forth
het spul   stuff, thing
het spuug   spit
het staaltje   specimen
staan (stond, gestaan)   to stand, be, be written; *gaan ~*   to stand up; *blijven ~* to stop, keep on standing; *op het punt ~*   to be on the point of; *hij staat te kijken*   he is looking
staand   upright;   *staande houden*   to

maintain

de staart tail

het staartroer, -en, -s rudder

de staat condition, state; *in ~* capable of

de stad, steden city; *de ~ in* downtown

de stadskrant city newspaper

de stadswijk neighborhood

de stal stall; *te hard van ~ lopen* to rush matters

stamelen to stammer

stampen to stamp; *uit de grond ~* to bring into being

de stand position; *tot ~ komen* to come into being; *tot ~ brengen* to bring about

het standsverschil class distinction

de stap step; *een ~ doen* to take a step

de stapel, -s heap, pile

stappen (heeft, is) to step (up), stride

staren to stare; *voor zich uit ~* to stare straight ahead

statig dignified

het station, -s station

de stationschef, -s station-master

het stationshuis depot

het statuut statute

steeds always, continually; *nog ~* still; *~ meer* more and more; *~ groter* bigger and bigger

de steeg narrow street

de steen stone

stekelig prickly

steken (stak-staken, gestoken) to stick, stab, put; *blijven ~* to get stuck

het stel couple

stelen (stal-stalen, gestolen) to steal

stellen to place, situate, propose; *het ~ to get along*

stellig certain, sure

de stelligheid conviction

de stem voice

het stemgeluid tone of voice

stemmen: iemand droevig ~ to sadden someone

de stemming mood

stenen (made of) stone; *~ pijp* clay pipe

sterk strong

de sterveling mortal; *geen ~* not a soul

sterven (stierf, is gestorven) (aan) to die (of)

de steun support

steunen to support, rest

stevig firm, solid, stiff, steady

stichten to found; *verwarring ~* to cause confusion

stiekem (on the) sly

stijf stiff

de stijl style

de stikster, -s (fem.) stitcher

stil quiet

stilaan gradually

stilleggen (sep.) to let (something) sit idle

stilletjes quietly

stilstaan (sep., irr.) to stand still; *~ bij* to dwell on

de stilte, -n, -s silence

stilvallen (is) (sep., str.) to stop

stilzetten (sep.) to turn off

het stilzwijgen silence

stilzwijgend silent

stinken (stonk, gestonken) to stink

het stipje little dot

stipt strict

stoeien to romp

de stoel chair

de stoep doorstep, sidewalk

stoer sturdy

de stof material, cloth

stofzuigen to vacuum

de stofzuiger, -s vacuum cleaner

stokken to pause, catch (in throat)

stokstijf stiff as a board

stollen to congeal

de stomp punch

stomp blunt

stompzinnig obtuse, stupid

stomverbaasd stupefied

stond: see *staan*

de stopnaald darning needle

stoppen to put, stick, fill, stop, darn

storen to disturb

de storm storm

storten (is) to plunge; *in elkaar ~* to collapse

de straat street; *op ~* in the street

de straathoek street corner

de straatkei paving stone

de straatlantaarn, -s street light

de straatrand edge of the street

de straf punishment

straffen to punish

strak stiff

straks presently, a moment later; *~ + nog* the next thing you know

stralen to shine

het strand beach

de streep line, streak; *een ~ zetten on- der* to declare an end to

strekken to stretch

strelen to stroke

striemen to lash

de strijd struggle, conflict

strijken (streek, gestreken) to stroke, iron; *met de hand ~* to run one's hand over

de strijker stringed instrument; (pl.) *strij-*

kers strings
de strik bow-tie
strikt strict; ~ *genomen* strictly speaking
stroef stiff
stromen to flow, pour
strompelen to stumble
strooien to scatter, strew; *iemand zand in de ogen* ~ to pull the wool over someone's eyes
de stroop sugar-beet syrup
struikelen (heeft, is) to stumble
de studeerkamer, -s study
het studieboek textbook, study materials
stug dour, surly
stuiten to check
het stuk, -en, -s piece (of); *een* ~ quite a bit; *kort van* ~ short in stature; *ingezonden* ~ letter to the editor
stuk broken
stuklopen (is) (sep., str.) to go awry
sturen to send
het stuur handlebar
het succes success
suggereren to suggest
de suiker, -s sugar
het suikerwerk confectionery
de suikerziekte diabetes
het sukses success
het symbool symbol
het symptoom symptom

T

't = het
de taak task, assignment
de taal language
de taart cake
de tabak tobacco
de tafel- -s table; *aan* ~ at the table
het tafelblad, -bladen table top
het tafereel scene
tafzijden made of taffeta
talentvol talented
talloos countless
talmen hesitate
talrijk multitudinous
de tand tooth
de tante, -s aunt, woman
de tap bar
het tapijt carpet
de tapijtkunst art of carpet-weaving
de tapkast bar
de tas purse, handbag
tastbaar tangible
te too
te to, in; *om* ~ in order to
technisch technical

de teen toe
de tegel, -s tile
tegelijk at the same time
tegelijkertijd at the same time
de tegemoetkoming accommodation
tegen against, to, at, along towards (time); ~ *haar op* up against her; ~ *de regels in* contrary to the rules; ~ + *in* against, in the opposite direction to; *op iets* ~ *hebben* to be against
het tegendeel opposite
tegenkomen (is) (sep., str.) to come across, run into
tegenover opposite, toward, to, with respect to
het tegenovergestelde opposite
de tegenpartij opponent
de tegenwerping objection
tegenwoordig current
de tegenwoordigheid presence
de tegenzin antipathy
het teken, -s, -en sign; *ten* ~ as an indication
tekenen to mark, sign
de tekentafel, -s drafting table
de tekst text
telefoneren to telephone
de telefoniste (woman) telephone operator
de telefoon, -s, -en telephone
de telefoondraad telephone wire
het telefoongesprek phone conversation
het telefoonnummer, -s phone number
telegraferen to telegraph
de telegrafiste (woman) telegraph operator
telegrafisch telegraphic
de telegramstijl telegram style
teleurstellen (sep.) to disappoint
de teleurstelling disappointment
de televisie, -s television
het televisiejournaal TV newscast
telkens continually, again and again, every time; ~ *wanneer*, ~ *als* whenever
teloorgaan (is) (sep., str.) to be lost
ten (*te + den*): ~ *minste* at least
tenminste at least
tenslotte finally
de tent tent, café
terdege thoroughly
terecht rightly
terechtbrengen (sep., irr.) to bring off
terechtkomen (is) (sep., str.) to end up, land, get done
het terrein ground
tersluiks on the sly
terug back

terugbetalen (sep.) to pay back
teruggaan (is) (sep., str.) to go back
teruggeven (sep., str.) to return
terughalen (sep.) to retrieve, get back
terugkeren (is) (sep.) to turn back
terugkijken (is) (sep., str.) to look back
terugkomen (is) (sep., str.) to come back
terugkrabbelen (is) (sep.) to back away
teruglopen (is) (sep., str.) to go back, run back
terugspoelen (sep.) to rewind
terugwankelen (is) (sep.) to stumble backwards
terugzetten (sep.) to reconnect
terwijl while, whereas
terzake to the point
teveel too much
tevergeefs in vain
tevoren: van ~ in advance
tevreden satisfied; *zich ~ stellen* to be satisfied
thans now
de thee tea
thuis (at) home
thuishoren (sep.) to belong
thuiskomen (is) (sep., str.) to come home
tien ten
het tiental (group of) ten
de tijd time; *op ~* on time; *(in) de laatste ~* recently; *lange ~* for a long time; *tijdje* little while
tijdelijk temporarily
tijdens during
de tijding item of news
tijdlang while
het tijdstip point of time
het tijdverdrijf pastime
de tik tap
het tikje little bit
tikken to type, tap, tick
tillen to raise, lift
de timmerbank workbench
tintelen to sparkle
de titel, -s title, headline
toch still, yet, all the same, after all, don't you?; *~ wel* surely
toe: af en ~ from time to rime; *~ nou!* come on!; *~ dan* go to it
toebehoren (sep.) to belong to
toedienen (sep.) to deliver
toedragen (sep., str.) to contribute
toegaan (is) (sep., str.) to be going on; *het gaat er Spaans toe* there are wild goings-on
toegankelijk approachable
toegeven (sep., str.) to admit
toeknijpen (sep., str.) to close (one's eyes)

toelaten (sep., str.) to allow
het toelatingsexamen, -s entrance examination
de toelichting explanation
toen when; then
de toenadering approach
toenemen (sep., str.) to increase
de toerist tourist
toeschieten (is) (sep., str.) to dash forward
toeschroeven (sep.) to screw tight
toespreken (sep., str.) to speak to
toestaan (sep., str.) to allow
de toestand condition, state (of affairs)
het toestel phone; *aan het ~* on the line
toestemmen (in) (sep.) to agree (with)
de toestemming agreement
toestromen (is) (sep.) to pour in
toetakelen (sep.) to manhandle
het toetje dessert
de toets key (on a keyboard)
het toetsenbord keyboard
de, het toeval chance
toevallig by chance, accidentally
toevertrouwen (sep.) to entrust
toevoegen (aan) (sep.) to add (to)
toewensen (sep.) to wish
de toewijding dedication
tokkelen to pluck
het toneel stage; *~ spelen* to put on a performance
de toneelspeler, -s actor
tonen to show
de tong tongue
de toon tone
toonloos toneless
de top top; *van ~ tot teen* from head to toe
topografisch topographical
de tor beetle
de toren, -s tower
torenhoog towering
tot to, up to, as far as, until, for; *~ aan* all the way to, up to; *~ op* up until; *~ in* all the way into; *~ + toe* up until; *~ + door* all the way through
totaal total
totdat until
het touw rope
toveren to conjure
traag slow
de traan tear
trachten to try
tragisch tragic
trainen to coach; *getraind zijn op* to be trained for
de tram, -s, -en streetcar
de tramconducteur, -s streetcar conductor

de tramdeur streetcar door
transpireren to perspire
de trap staircase, stairs
trappen to kick, tread
de trapper, -s pedal
treden (trad-traden, is or *heeft getreden)* to step, to enter
de treeplank step
treffen (trof, getroffen) to strike
de trein train
de treinreis train trip
de trek feature, expression; ~ *hebben in* to feel like having
trekkebekken to bill and coo
trekken (trok, getrokken) to pull, move, play (an accordion)
treuzelen to dally
het tricot knitwear
de tricotbroek knitted pants
trillen to tremble
de triomf triumph
triomfantelijk triumphant
trof: see *treffen*
het trommelvlies eardrum
de trompet trumpet
de tronie, -s mug
de troost comfort
troosteloos dreary, bleak
troosten to comfort
de tros hawser, rope
de trots pride
trots (op) proud (of); *zo ~ als een aap* as proud as a peacock
trouwen to marry; ~ *met* to get married to
trouwens after all, as a matter of fact, to be sure
het trouwfeest wedding party
de trouwpartij wedding party
de trui sweater
de tuin garden, yard
de tuinbouw horticulture
het tuinhek garden fence, front gate
de tuinmeubelen (pl.) garden furniture
turen to gaze
turquois turquoise
tussen between, in between, among
tussendoor in between
tussenin in between
tussenkomen (is) (sep., str.) to intervene, come up
de tussentijd meantime
tutoyeren to be on familiar terms (with)
de t.v., -s TV
twee two; *voor ons tweetjes* for the two of us
tweede second
de tweeling set of twins

het tweespan pair (of horses)
het tweetal twosome, pair, duo
de twijfel, -s doubt
twintig twenty
typisch typical
de typiste, -s, -n typist

U

u you, to you; *van ~* your, of yours
u. = *uur*
de u.b. = *de universiteitsbibliotheek* university library
uit out (on the town)
uit out (of), from; *de kamer ~* out of the room
uitbarsten (is) to burst out
uitblijven (sep., str.) to fail to happen
uitbrengen (sep., irr.) to utter
uitbundig exuberant
uitdagend provocative, defiant
uitdenken (sep., irr.) to think out
uitdoen (sep., irr.) to take off
uitdossen (sep.) to deck out, dress up
uitdoven (sep.) to go out (fire)
uitdraaien (sep.) to turn off
uitdrukken (sep.) to express, snuff out
de uitdrukking expression
uiteenspatten (is) (sep.) to disintegrate
uiteenzetten (sep.) to explain
het uiteinde end
uiteindelijk eventual
uiten to utter
uiteraard naturally
uitermate extremely
uiterst extreme, utmost, ultimate
uitgaan (is) (sep., str.) to go out; ~ *van* to originate from, proceed from
de uitgang exit
uitgebreid extensive
uitgedost decked out
uitgestrekt outstretched
uitgeven (sep., str.) to spend
de uitgever, -s publisher
de uitgeverszolder, -s publisher's attic
de uiting utterance
uitkeilen (sep.) to toss out
uitkijken (sep., str.) to look out
de uitkijkpost observation post
uitkleden (sep., str.) to undress; *zich ~* to get undressed
uitkomen (is) (sep., str.) to come out, stand out; ~ *op* to open onto
uitlaten (sep., str.) to let out
uitleggen (sep.) to explain
uitlopen (is) (sep., str.) to run out; ~ *op* to turn out like

uitnemen (sep., str.) to take out
uitnodigen (sep.) to invite
uitoefenen (sep.) to conduct; *kritiek ~ op* to criticize
uitpluizen (ploos uit, uitgeplozen) to tease apart
uitschelden (sep., str.) to bawl out
uitschoppen (sep.) to kick off
de uitslag, -slagen rash
uitspoken (sep.) to be up to
uitspreken (sep., str.) to jump out
het uitstalraam show-window
uitsteken (sep., str.) to stick out, stand out, stretch out
uitstekend excellent
uitstellen (sep.) to postpone
uitsterven (is) (sep., str.) to become extinct
uitstralen (sep.) to radiate
uitstrekken (sep.) to reach out, extend
uittrekken (sep., str.) to take off
uitvallen (is) (sep., str.) to drop out
uitvaren (is) (sep., str.) to ride out
uitvinden (sep., str.) to find out
uitvoeren (sep.) to execute, carry out
de uitwerking effect
uitzagen (sep.) to saw out
uitzenden (sep., str.) to send out, broadcast
uitzetten (sep., str.) to stake out, expand
uitzien (sep., str.): *er ~ (als)* to look (like)
uitzoeken (sep., str.) to select
de universiteitsbibliotheek university library
de uremie uremia
het uur hour, o'clock; *om twee ~* at two o'clock
uw your; *de uwe* yours
uzelf yourself

V

vaag vague
vaak often
de vaart speed
vaarwel farewell
de vaat (dirty) dishes; *de ~ doen* to do the dishes
de vader, -s father
het vaderland fatherland
vaderlands native
vaderlijk fatherly
de vadermoorder, -s high starched collar
het vak profession
de vakantie, -s vacation
de vakman craftsman
de val trap; *in de ~ lopen* to fall into a trap

vallen (viel, is gevallen) to fall; *in de rede ~* to interrupt; *het valt waar te nemen* it can be observed
van of, from, off (of); *~ +af* off (of); *~ die* those kinds of; *~ daaruit* hence
vanavond this evening
vandaag today
vandaan: hier ~ away from here
vandaar from that, that's why
vanmorgen this morning
vanuit from
vanwege on account of
vanzelf by itself, automatically, of one's own accord; *dat spreekt ~* that goes without saying; *het gaat ~* it just happens
varen (voer, is or heeft gevaren) to travel, sail, course
de variatie, -s variation
vast solid, certain
vastberaden determined
vasthouden (sep., str.) to hold (onto), hang on
vastklemmen (sep.) to grab ahold of
vastleggen (sep.) to fix, tie down
vastlopen (is) (sep., str.) to run aground
vaststellen (sep.) to ascertain
vastzetten: (sep.) zich ~ to lodge
vastzitten (sep., str.) to be fastened
vatbaar (voor) susceptible (to)
vechten (vocht, gevochten) to fight; *~ tegen* to struggle with
veel much, a lot, many; *velen* many people
veelbelovend promising
veelbesproken much discussed
veeleer rather
de veelheid multitude
veelkleurig many-colored
veelvuldig numerous, often
de veer feather
de veerboot ferry boat
veertien fourteen; *~ dagen* two weeks
veertig forty; *in de ~* in his forties
vegen to brush
de vegetariër, -s vegetarian
het vegetarisme vegetarianism
veilig safe
de veiligheidsklep safety valve
veinzen to pretend
het vel sheet (of paper), skin
het veld field
de veldleeuwerik skylark
Venetiaans Venetian
Venetië Venice
het venster, -s window

de vensterbank window sill
het vensteropschrift window sign
de vent guy, fellow
ver far, distant
verafschuwen to loathe
veranderen to change, alter
de verandering change
verantwoorden to justify
verbaasd surprised, amazed
het verband connection; ~ *houden met* to
    have a connection with
verbannen (verbande, verbannen) to exile
de verbazing surprise, amazement
verbergen (verborg, verborgen) to hide
verbijsterd dazed, bewildered
de verbijstering astonishment
het verblijf stay
verblinden to blind
verbreken (verbrak-verbraken, verbroken)
    to break
de verbroedering brotherhood
verdelen to divide
verder further; ~ *niets* nothing else
het verderf ruin
verdienen to earn, deserve; ~ *aan* to earn
    from
de verdienste earnings, achievement
de verdieping story (of a building)
verdoen (verdeed, verdaan) to squander
verdoezelen to obscure
verdomd, verdomme damn it
verdommen to refuse; *ik verdom het om te*
    + *inf.* I'll be damned if I'll + verb
verdord withered
verdorie darn it
verdragen (verdroeg, verdragen) to tole-
    rate, endure
het verdriet distress, grief, sorrow
verdringen (verdrong, verdrongen) to
    push aside; *zich* ~ to jostle each other
de verdringing repression
verdrinken (verdronk, is and *heeft verdron-*
    ken) to drown
verduisteren to cloud over, obscure
de verduistering blackout (for air raids)
verdwaasd dazed
verdwijnen (verdween, is verdwenen) to
    disappear
de vereniging organization, society
de vergadering meeting
vergankelijk transitory
vergaren to hoard
vergeefs in vain
vergeetachtig forgetful
de vergelding retribution
vergeten (vergat-vergaten, is or *heeft verge-*
    ten) to forget; *om nooit te* ~ unfor-
    gettable

de vergeving forgiveness
de vergiffenis forgiveness
vergissen: zich ~ to be mistaken
de vergissing mistake
vergoeden to make up for
vergoelijken to smooth over
vergrijsd turned gray
het verhaal story
de verheffing uplifting
verheugen: zich ~ *op* to look forward to
verheven elevated
verhoren to interrogate
de verhouding relationship, affair
verhuizen (is, heeft) to move
het verkeer traffic
de verkeersagent traffic officer
het verkeerslicht traffic light
het verkeersongeval traffic accident
het verkeersvoorschrift traffic ordinance
verklaren to explain
de verklaring explanation
de verkoopster, -s saleslady
de verkoper, -s salesman
verkreukelen to crumple
verlammen to paralyze
het verlangen, -s longing, desire
verlangen to desire; ~ *naar* to long for
verlaten (verliet, verlaten) to abandon,
    leave, desert
verleden last
het verleden past
verlegen (om) embarrassed (about)
verlenen to grant
het verlengde extension
verlichten to light, illuminate
verliefd (op) in love (with)
de verliefdheid being in love
verliezen (verloor, verloren) to lose
verloochenen to disown
de verloochening denial
het verloop course; *na* ~ *van tijd* in the
    course of time
verlopen (verliep, is verlopen) to turn out
verlossen to rescue
de verloving engagement
het vermaak amusement
vermageren to lose weight
vermaken to alter
vermanen to admonish
vermelden to mention, report
vermijden (vermeed, vermeden) to avoid
verminderen to lessen
verminkt mutilated
vermissen to miss
vermits provided
vermoedelijk probable, presumable
het vermoeden, -s suspicion

de vermoeidheid   weariness
de vermoeienis   tiring experience
het vermogen, -s   capacity
vermoorden   to murder
vernederen   to humiliate
de vernedering   humiliation
vernemen (vernam-vernamen, vernomen) to hear
vernietigen   to destroy
de vernietiging   destruction
veronderstellen   to presume, suppose
verongelijkt   hurt
verongelukken (is)   to have an accident
verontrust   alarmed
de verontrusting   alarm
verontschuldigen   to apologize
de verontwaardiging   indignation
veroordelen   to condemn
veroorzaken   to cause
veroveren   to conquer
verpletteren   to shatter
verplicht   required
de verplichting   obligation
het verraad   treachery, betrayal
verraden (verried, verraden)   to betray
de verrassing   surprise
verrichten   to carry out, perform
verroeren   to stir
verrukkelijk   enchanting
het vers   verse
vers   fresh
verschansen: *zich ~*   to ensconce oneself
verscheuren   to tear up
verschijnen (verscheen, is verschenen)   to appear
het verschijnsel, -en, -s   phenomenon
verschikken   to arrange
verschillende   various
verschrikkelijk   terrible
verschuilen (verschool, verscholen)   to hide
verschuiven (verschoof, verschoven)   to shift
versierd   decorated
de verslaggever, -s   reporter
versleten   worn out
versmoren   to smother
de versnelling   gear
de versnellingsbak   transmission
verspelen   to lose
verspreiden   to distribute, spread (out)
verstaan (verstond, verstaan)   to understand
verstandelijk   intellectual
de verstandhouding   understanding
verstandig   sensible, clever
verstard   rigid, frozen

versteend   petrified
verstellen   to mend
verstikken   to choke
verstoken (van)   devoid (of)
verstolen   furtive
verstoren   to disturb
verstoten (verstootte or verstiet, verstoten)   to disown, reject
verstrooien   to scatter
versturen   to send
versuffen (is)   to grow dull
versuft   dazed
de verte   distance
vertederd   with a tender feeling
vertellen   to tell, relate
de verteller, -s   story-teller
verteren   to digest
de vertolking   rendition
vertonen   to show
de vertoner, -s   performer
de vertraging   delay
het vertrek   departure, room
vertrekken (vertrok, heeft or is vertrokken)   to depart, distort
de vertroosting   solace
vertrouwd   familiar
vertrouwen   to trust
de vertwijfeling   despair
vervaardigen   to make
vervaarlijk   frightening, alarming
vervangen (verving, vervangen)   to replace, take the place of
vervelen   to bore; *zich ~*   to be bored
vervelend   bothersome
verven   to color; *de lippen ~*   to wear lipstick
vervloeken   to curse
vervoeren   to transport
het vervolg   continuation; *in het ~*   in the future
vervolgen   to resume, continue; *zijn weg ~*   to go on his way
vervolgens   next, thereupon
vervullen   to carry out; *~ van*   to fill with
verwachten   to expect
de verwachting   expectation
verwant   related
verward   confused
verwarmen   to warm
de verwarring   confusion
verwennen   to spoil
verwensen   to curse
verwerpen (verwierp, verworpen)   to reject
verwerven (verwierf, verworven)   to obtain
verwijderen   to remove
verwilderd   disheveled
verwisselen   to transpose, interchange

verwonderen: *zich* ~ to be astonished
de verwondering astonishment
verzamelen to collect; *zich* ~ to assemble
verzeilen: *verzeild raken (is)* to end up
verzekeren to assure
verzenden (verzond, verzonden) to send
het verzet resistance
verzinnen (verzon, verzonnen) to dream up
het verzoek request; *op* ~ by request
verzoeken (verzocht, verzocht) to request
verzot: ~ *op* crazy about
verzwakken to weaken
het vest vest
de vestknoop vest button
vet fat, greasy, boldface
het vet (cooking) fat
veul = veel
via via, by way of, by means of
vier four
vierde fourth
het vierkant square
viermaal four times
het viertal (group of) four
vies dirty, nauseating
de vijand enemy
vijf five
vijftien fifteen
vijftiende fifteenth
vijftig fifty
de vijver, -s pond
vinden (vond, gevonden) to find, think, feel
de vinger, -s finger
de vingerafdruk fingerprint
vinnig sharp
het visioen vision
de visite, -s visit; ~ *hebben* to have company
het, de vismenu, -'s fish dish
de visresten (pl.) fish remains
vissen to fish
de vlag flag
vlak right, directly; ~ *bij* near
vlakbij near
de vlakte level place; *tegen de* ~ onto the ground
de vlam flame
de vlecht braid, pigtail
vlechten (vlocht, gevlochten) to braid
het vlees meat, flesh
het, de vleesmenu, -'s meat dish
vleien to flatter
vlekken to smudge
de vleugel, -s wing
vlezig fleshy
de vlieg fly

vliegen (vloog, is or *heeft gevlogen)* to fly, hasten; *vliegend* galloping (illness)
de vliegerhelm flier's helmet
het vliegtuig airplane
het vliegtuigmoederschip, -schepen aircraft-carrier
de vlierstruik elder bush
het vlies film
vlijmen to cut
vlijmscherp razor-sharp
de vloedgolf tidal wave
de vloedplank board to hold back water
het vloeiblad, -bladen blotter
de vloek curse word
vloeken to swear
de vloer floor
de vloot fleet
vlotten to go smoothly
de vlucht flight; *op de* ~ in flight
vluchten (is) to flee
vluchtig quick
vlug quick
vochtig damp, moist
voeden to feed
het voedsel food
voegen (bij) to join (to)
voelbaar perceptible
voelen to feel; *zich* ~ to feel (like)
voeren to feed, fill
de voering lining
het voertuig vehicle
de voet foot, footing; *op de* ~ *volgen* to follow closely
het voetbalveld soccer field
de voetganger, -s pedestrian
het voetpad, -paden walk
de voetstap footstep
de vogel, -s, -en bird
de vogelnaam bird's name
vol full (of), whole
volbrengen (volbracht, volbracht) to complete
volgen to follow
volgend next
volgens according to; ~ *mij* in my opinion
volgooien (sep.) to fill in
volhouden (sep., str.) to keep on
het volk, -en, eren nation
volkomen complete, perfect
de volksbuurt working-class neighborhood
de volkszaak bargain store
volledig complete, whole
volmaakt perfect
volproppen (sep.) to stuff full
volschenken (sep., str.) to fill (by pouring)
volstaan (volstond, volstaan) to suffice; ~

met to get by with
volstrekt absolute
voltikken (sep.) to type full
volumineus voluminous
volwassen grown up
de volzin sentence
voor in front
voor for, in front of, before, in favor of; ~ *zich uit* straight ahead
voor = voordat
vooraf in advance
voorafgaand preceding
vooral above all
vooraleer = voordat
vooralsnog for the time being
het voorbeeld example
het voorbehoud reservation
voorbereiden (sep.) to prepare
de voorbereiding preparation
voorbestemmen (sep.) to predestine
voorbij past, over
voorbijgaan (is) (sep., str.) to pass, go past
de voorbijganger, -s passer-by
voorbijkomen (is) (sep., str.) to come past
voorbijlopen (is) (sep., str.) to walk by
voorbijvaren (is) (sep., str.) to sail past
voordat before
de voordeur front door
voordien previously
voordoen (sep., irr.): *zich* ~ to arise
voorgaan (is) (sep., str.) to go ahead. precede
de voorganger, -s minister
de voorgeschiedenis previous chain of events
voorgoed altogether, for good
voorheen formerly
het voorhoofd forehead
voorhouden (sep., str.) to hold up (in front of someone); *iemand iets* ~ to impress something on someone
de vooringenomenheid prejudice
het voorjaar spring
de voorkamer, -s living room
de voorkeur preference; *bij* ~ preferably; *de* ~ *geven aan* to prefer
voorkomen (is) (sep., str.) to occur, appear, seem; ~ *als* to seem
voorkomen (voorkwam-voorkwamen, voorkomen) to prevent
voorleggen (sep.) to place before
voorlopig for the time being
de voornaam first name
het voornaamwoord pronoun
voornamelijk primarily
voornemen (sep., str.): *zich* ~ to intend, resolve

het voornemen intention
het vooroordeel prejudice
voorover forward
vooroverbuigen (is or heeft) (sep., str.) to bend over forward
vooroverstuiken (is) (sep.) to topple forward
voorovertuimelen (is) (sep.) to topple forward
de voorraad supply
voorrijden (is) (sep., str.): *de trein rijdt voor* the train comes in
de voorruit windshield
voorschijn: *te* ~ *halen* to pull out
het voorschot advance
het voorschrift precept, regulation
voorspellen to predict
het voorstel suggestion
voorstellen (sep.) to represent, introduce, suggest, mean; *zich* ~ to imagine, wonder
voortaan henceforth
voortdurend continually
voortgaan (is) (sep., str.) to keep going
voortijdig premature
voortkabbelen (sep.) to babble on
voortkomen (is) (sep., str.): ~ *uit* to come from
voorts furthermore
vooruit ahead, out in front; ~ ! go ahead!
het vooruitzicht prospect
het voorwerp object
voorzichtig careful, cautious
voorzien (voorzag-voorzagen, voorzien) to foresee
de voorzitter, -s chairman
de voorzorg precaution
voor zover insofar as
voren: *van te* ~ previously; *naar* ~ forwards
vorig previous, last
de vork fork
de vorm form
vormloos shapeless
de vorst prince, sovereign
de vorst frost
de vouw fold, wrinkle
de vraag question
het vraaggesprek interview
het vraagteken, -s question mark
de vrachtauto, -'s truck
de vrachtwagen, -s truck
vragen (vroeg, gevraagd) to ask, request; ~ *om* to ask for; ~ *naar* to ask about
de vrede peace
de vredespijp peace-pipe
vreedzaam peaceable

vreemd strange, odd
vreselijk horrible, terrible
de vreugde (over) joy (at)
vreugdeloos cheerless
vrezen (voor) to be afraid (of)
de vriend friend
vriendelijk friendly
vriendelijkheid friendliness
de vriendin girl friend, (woman) friend
de vriendschap friendship
vrij free, unattached; *vrije dag* day off
   vrij rather
vrijaf off
de vrijdag, -dagen Friday
vrijen (met) to go out (with)
vrijgemaakt liberated
de vrijheid freedom
vrijhouden (sep., str.) to keep free
de vrijmetselaar, -s, -en freemason
vrijwel virtually
vroeg: see *vragen*
vroeg early; *vroeger* previous, former,
   before
vrolijk cheerful, happy
de vrouw woman, wife
vrouwelijk feminine, female
het vrouwenhuis women's center
de vrouwe(n)stem woman's voice
de vrucht fruit
vuil dirty
de vuist fist
vulgo (Lat.) in plain speech
vullen to fill; *zich ~* to be filled with
vurig fervent
het vuur fire

W

de w.c., -'s toilet
het w.c.-papier toilet paper
waaien (waaide or *woei, gewaaid)* to blow
de waanzin madness; *met ~ geslagen* gone
   mad
waanzinnig insane
waar true
waar where; *~ naartoe* where (to)
waarachter behind which
waarachtig true, actual
waarboven above which
de waard innkeeper
waard worthy; *waarde* dear (in a letter
   salutation); *niets ~* worthless
de waarde value
waardig dignified, worthy (of)
waardoor whereby, as a result of which
waardoorheen through which
waarheen where to, to what place

de waarheid truth
waarin in(to) which
waarme(d)e with which, with whom
waarnemen (sep., str.) to observe
waarom why
waarop on which, in which
waarover about which
waarschijnlijk probable
waarschuwen to warn, notify, alert
de waarschuwing warning
waartoe to what
waaruit out of which
waarvan from which
waarvoor for what
de wacht watch
wachten (op) to wait (for); *het ~ is op*
   hem it's his turn
de wagen, -s vehicle, car
de wagon, -s car (of train)
de wajangpop (Indonesian) shadow pup-
   pet
wakker awake, lively; *~ worden* to awake;
   ~ schrikken to awake with a start
de wand wall
wandelen to take a walk
de wandeling walk, stroll
wanen to imagine (wrongly)
de wang cheek
wanhopig desperate, despairing
wanneer when(ever)
want because, since
wantrouwend suspicious
war: in de ~ schoppen to mess things up
ware: past subjunctive of *zijn*
het warenhuis department store
warm warm; *het ~ krijgen* to become hot;
   warme buurt red-light district
de warmte warmth
de was washing; *was- en strijkinrichting*
   washing and ironing establishment
de wasem, -s steam
de waskom wash basin
de waskuip washtub
de waslijst laundry list
de wasmachine, -s washing machine
wassen (wies, is gewassen) to grow; *uit de*
   kluiten gewassen strapping
wat how, somewhat
wat what, what a, some, something, anything; *~ voor* what kind of; *~ voor een*
   what a; *~ is er* what's the matter; *~*
   nieuws something new
wat which, something that, that which
het water, -s, -en water
de waterrat water rat
de watersnoodramp flood disaster
de waterverplaatsing displacement of

water
we = wij
wederzijds mutual
de weduwe widow
weeïg somewhat sickening
de week week
het weekend, -s, -en weekend
weer again; *al ~* once again; *ook ~* now (recollecting), anyway
het weer weather
weerbarstig unruly
weergaloos incomparable
weerhouden (weerhield, weerhouden) to restrain, prevent
de weerklank echo
weerstaan (weerstond, weerstaan) to resist
weerzien (sep., str.) to see again
de weerzin repugnance
het weetje: hij weet zijn ~ he knows what's what
de weg,-en road, route, wat; *grote ~* high-way; *op ~ naar* on the way to
weg away, gone
wegbergen (borg weg, weggeborgen) to hide away, conceal
wegblijven (is) (sep., str.) to stay away
wegbrengen (sep., irr.) to take away
wegdenken (sep., irr.) to eliminate from consideration
wegdoezelen (is) (sep.) to doze off
wegdrijven (sep., str.) to drive away
wegduiken (is) (sep., str.) to duck out of sight
wegduimen (sep.) to brush away with the thumb
wegduwen (sep.) to push away
wegebben (is) (sep.) to ebb away
wegens because of
weggaan (is) (sep., str.) to go away
weghalen (sep.) to remove, haul away
wegkomen (is) (sep., str.) to escape
weglaten (sep., str.) to omit
weglokken (sep.) to lure away
weglopen (is) (sep., str.) to run away
wegmaaien (sep.) to mow down
wegnemen (sep., str.) to take away
wegpraten (sep.) to get rid of (by talking)
wegroepen (sep., str.) to call away
wegslaan (sep., str.) to sweep away
wegsterven (is) (sep., str.) to die away, die out
wegsturen (sep.) to send away
wegtippen (sep.) to tap away
de wegverbinder, -s 'road connector'
wegvluchten (is) (sep.): *~ van* to shun
wegwerpen (sep., str.) to throw away

weifelen to hesitate
weigeren to refuse
weinig few, little
wekenlang for weeks
wekken to awaken, evoke, arouse
wel indeed, to be sure, in fact; *~ eens* ever, sometimes, now and then; *~ eens meer* often; *misschien ~* perhaps even
het welbehagen pleasure
welbespraakt articulate
de weldoenster, -s benefactress
weleerwaarde reverend
weliswaar to be sure, it is true, indeed
welk which, what
welkom welcome
wellicht perhaps
weloverwogen well considered
de welstandsgrens poverty level
welvarend prosperous
de wenkbrauw eyebrow
de wens, wensen wish
de wensdroom fond wish
wensen to wish
de wereld world; *ter ~* in the world
wereldgelijkvormig worldly
wereldvreemd unworldly
weren to shun
het werk work
werkelijk real
de werkelijkheid reality
werken to work; *het werkt bevriezend* it has a chilling effect
de werkman, -lieden, -lui workman
de werkploeg shift, crew
de werktafel, -s work table
werktuiglijk mechanical
werpen (wierp, geworpen) to throw, toss, cast
de wet law
weten (wist, geweten) to know; *weet je nog?* do you remember?; *weet je wel* you know; *weet ik veel* how should I know; *te ~ komen* to find out about; *~ te* to manage to, succeed in to be able to
wetenschappelijk scholarly
wezen = zijn to be
het wezen nature
wezenlijk basic, true
wie who, whoever; *bij ~* in whose home
het wiel wheel
wiens whose
wier whose (pl.), of which
wij we
wijd wide
de wijk neighborhood
de wijkbewoner, -s inhabitant of the neighborhood

wijken (week, is geweken) to go away, recede
de wijn wine
wijs wise
wijs: *van de ~ brengen* to confuse
de wijsheid intelligence
wijsmaken (sep.): *zich ~* to delude oneself; *zich laten –* to be led to believe
wijst: see *wijs* wise
wijten (weet, geweten): *~ aan* to blame for, ascribe to
de wijze way, manner; *bij ~ van spreken* in a manner of speaking
wijzen (wees, gewezen) to show, point (to); *~ naar* to point to; *~ op* to indicate, point to
de wil will
willen (wilde or wou, gewild) to want (to)
de wind wind; *in de ~ slaan* to discard; *op de winden* to the winds
de winkel, -s store
winkelen to go shopping
de winkelier, -s storekeeper
de winkelstraat shopping street
winnen (won, gewonnen) to win, gain (time)
de winst profit
de winter, -s winter
wippen to flap
de wipplank teeter-totter
wiskundig mathematical
wist: see *weten*
wit white
de woede anger, rage
woei: see *waaien*
de woensdag, -dagen Wednesday
de woestijn desert
de wol wool; *door de ~ geverfd* experienced
de wolf wolf
de wolk cloud
wollen woollen
wollig woolly
de wond wound; *een pleister leggen op de ~ van* to offer consolation for
het wonder wonder
wondermooi wonderfully beautiful
wonen to live
de woonkamer, -s living room
de woonst residence
de woonwagen, -s house trailer
de woonwagenbewoner, -s inhabitant of a house trailer
de woonwijk residential area
het woord word
de woordenschat vocabulary
worden (werd, is geworden) to become;
(passive voice auxiliary)
de wortel, -s root, carrot
wou: see *willen*
de wraak (op) revenge (on)
wreed cruel
wrijven (wreef, gewreven) to rub
wringen (wrong, gewrongen) to wring
de wroeging remorse
wrokkig sulky, grumpy

Z

zaagachtig saw-like
de zaak matter, business, store, establishment, thing
zacht soft, gentle, mild
zachtaardig mild-mannered
zachtjes softly, calmly
zag: see *zien*
de zak pocket, bag; *op ~* in one's pocket
de zakdoek handkerchief
de zakenreis business trip
de zakenrelatie, -s business acquaintance
zakken (is) to fall, sink, droop
de zaklantaarn, -s flashlight
zal: see *zullen*
zalven to anoint
zamen = samen: *te ~* together
het zand sand; *iemand ~ in de ogen strooien* to pull the wool over someone's eyes
de zandbak sandbox
de zandzak sandbag
de zanger, -s singer
zangerig sing-song
zat: *noun + ~* plenty of + noun
de zaterdag, -dagen Saturday; *'s zaterdags* Saturdays
de zaterdag(na)middag, -dagen Saturday afternoon
ze = zij or hun
de zeden (pl.) morals, manners
de zede(n)preek moral sermon
de zee, -en sea
de zeebonk sea-dog
zeegrijs sea-gray
de zeemanskroeg seaman's bar
de zeemanstrui seaman's sweater
zeemzoet syrupy sweet
de zeep soap; *om ~ gaan* to croak
zeer very; *ten zeerste* extremely
zeggen (zei or zegde, gezegd) to say, tell
de zegsman, -lieden, -lui informant
zei: see *zeggen*
zeilen to sail
zeker certain, kind of, for sure

de zekerheid certainty
zelden seldom
zeldzaam infrequent
zelf oneself
het zelfbedrog self-deception
het zelfbedwang self-control
het zelfbeeld self-image
de zelfkant (seamy) fringe
zelfs even; ~ *niet* not even
de zelfverdediging self-defense
zenden (zond, gezonden) to send
de zenuw nerve
zes six
zesde sixth
zestien sixteen
zestiende sixteenth
zestigjarig sixty-year-old
de zetfout printing error
zetten to set, put, establish, take (a step);
van zich af ~ to set aside; *in elkaar* ~ to put together
zeuren to whine
zeven seven
zevende seventh
zeventien seventeen
zich oneself; *voor* ~ *uit* straight ahead
het zicht (op) view (of)
zichtbaar visible
zichzelf oneself; *op* ~ by itself
ziek sick
het ziekbed sickbed
de ziekenbond hospitalization fund
de ziekenkas hospitalization fund
de ziel soul, mind, spirit
het zieleleven spiritual life
zielig pathetic; *iemand* ~ *vinden* to feel sorry for someone
de zieligheid pitifulness
de zielzorgster, -s (fem.) caretaker of one's soul
zien (zag-zagen, gezien) to see, look, regard; *laten* ~ to show; *eruit* ~: see *uitzien*
zij she, they, it
zij: see *zijn* to be
de zijde side
zijdelings indirect
de zijkant side
zijn his, its
zijn (was-waren, is geweest) to be; *zijn + aan het + inf.* to be ---ing; *zij het* though it be
de zijstraat side street
het zilver silver
zilverig silvery
de zin sense, sentence; ~ *hebben (in)* to feel like; *zijn* ~ *doorzetten* to have one's way; *van zins zijn* to intend

zingen (zong, gezongen) to sing
zinken (zonk, is gezonken) to sink
zinloos senseless
zinspelen (op) to allude (to)
het zitmeubel, -en, -s seat
zitten (zat-zaten, gezeten) to sit, be, fit; *gaan* ~ to sit down; ~ *met* to be burdened with; *achter iemand (iets) aan* ~ to pursue someone (something); *er zit niets anders op* there's nothing else to do
zo so, in that way, such, as, in this way, thus, just like that, if; ~ *'n*, ~ *een* such a; ~ *maar* just like that; ~ *niet* if not; ~ *iemand* such a person; *en* ~ and so forth; ~ *?* well?
zoals (just) as, like
zocht: see *zoeken*
zodanig such; *een* ~ such a
zodat so (that)
zodra as soon as
zoeken (zocht, gezocht) to seek, search (for); ~ *naar* to look for; *de weg* ~ to find the way
zoiets something (anything) like that; ~ *moois* something so beautiful
zolang as long as (needed), for the occasion; ~ *totdat* until such time as
zomaar just like that
de zomer, -s summer
de zon sun; *van de* ~ *af* with one's back to the sun
de zondaar, -s, -en sinner
de zondag, -dagen Sunday; *'s zondags* on Sunday
de zondagavond Sunday evening
zondags Sunday (adj.)
de zonde sin
zonder without; ~ *meer* without further ado, nothing short of; ~ *dat + verb* without ---ing; ~ *+ te + inf.* without ---ing
zonderling strange, odd
zondig sinful
zondigen to sin
het zonnestelsel, -s solar system
zonnig sunny
de zool sole
de zoon, -en, -s son
zopas just now
de zorg care, concern; *zorgen maken over* to worry about
zorgen to take care; ~ *voor* to provide for, take care of; *ervoor* ~ *dat* to see to it that
zorgvuldig meticulous, careful
zou: see *zullen*
het zout salt

zoveel so much, many

zover: voor ~ as far as, insofar as

zowel: ~ als as well as; *~ ... als ...* both ... and

de zucht sigh

zuchten to sigh

de zuidkant south side

zuigen (zoog, gezogen) to suck; *uit de duim ~* to dream up

de zuil column

zuinig cautious

de zuinigheid thriftiness

zuiver pure

zulk such

zulks this, that (sort of thing), such a thing, the latter

zullen (zou-zouden, --) shall, will; *dat zal wel* probably so

het zusje: diminutive of *zuster*

de zuster, -s sister

zuur sour; *~ maken* to embitter

de zwaai swing

zwaaien to wave

zwaar heavy, difficult, strong, deep (voice), serious

zwakjes weakly

zwart black

het zwartje black (condescending)

zwartleren (made of) black leather

de zwavel sulfur

de zwavelstank stench of sulfur

het Zweeds Swedish (language)

het zweet sweat

zwellen (zwol, is gezwollen) to swell

het zwembad swimming pool

zwenken to swerve

zweterig sweaty

zwijgen (zweeg, gezwegen) to be silent, remain silent, say nothing; *tot ~ brengen* to silence

zwijm: in ~ vallen to faint